本书是湖北省高校人文社科重点研究基地汉水文化研究基地 2015 年度重点研究项目"汉水流域中上游报刊发展史研究"（项目编号：2015A03）和 2014 年湖北省高校图工委科研基金重点研究项目"汉水文化信息资源保障体系研究"（项目编号：2014ZD10）系列研究成果之一。

汉水上游报刊史话

付鹏 周尚原 程培长　编著

中国文联出版社
http://www.clapnet.cn

图书在版编目（CIP）数据

汉水上游报刊史话 / 付鹏，周尚原，程培长编著 .
— 北京：中国文联出版社，2017. 11
ISBN 978-7-5190-3269-2

Ⅰ. ①汉… Ⅱ. ①付…②周…③程… Ⅲ. ①报业—
新闻事业史—研究—湖北 Ⅳ. ① G219.296

中国版本图书馆 CIP 数据核字（2017）第 286059 号

汉水上游报刊史话

作　　者：付　鹏　周尚原　程培长	
出 版 人：朱　庆	
终 审 人：朱彦玲	**复 审 人**：王　军
责任编辑：刘　旭	**责任校对**：傅泉泽
封面设计：人文在线	**责任印制**：陈　晨

出版发行：中国文联出版社
地　　址：北京市朝阳区农展馆南里 10 号，100125
电　　话：010-85923043（咨询）85923000（编务）85923020（邮购）
传　　真：010-85923000（总编室），010-85923020（发行部）
网　　址：http://www.clapnet.cn　　http://www.claplus.cn
E - m a i l：clap@clapnet.cn　　liux@clapnet.cn

印　　刷：廊坊市海涛印刷有限公司
装　　订：廊坊市海涛印刷有限公司
法律顾问：北京天驰君泰律师事务所徐波律师
本书如有破损、缺页、装订错误，请与本社联系调换

开　　本：710×1000		1/16
字　　数：361 千字	**印　　张**：20.25	
版　　次：2018 年 2 月第 1 版	**印　　次**：2018 年 2 月第 1 次印刷	
书　　号：ISBN 978-7-5190-3269-2		
定　　价：68.00 元		

一、本书系顾问名单

王生铁　湖北省前政协主席

周洪宇　湖北省人大常委会副主任

张维国　中共十堰市委书记、市人大常委会主任

陈新武　十堰市人民政府市长

师永学　十堰市政协主席

张歌莺　十堰市人大常委会常务副主任

刘玉堂　湖北省社会科学院副院长

二、本书系组委会、编委会名单

主　任：

纪光录　汉江师范学院党委书记

周　锋　十堰市委常委、常务副市长、宣传部长

刘荣山　十堰市委常委、十堰市委组织部长

副主任：

潘世东　十堰市政协副主席、汉江师范学院副校长

王雪峰　十堰市委宣传部常务副部长

欧阳山　十堰市社科联主席

刘立辉　十堰市科学技术协会主席

杨启国　十堰市文联主席

杨宝昌　十堰市地方志编纂委员会办公室主任

《汉水上游报刊史话》编委会

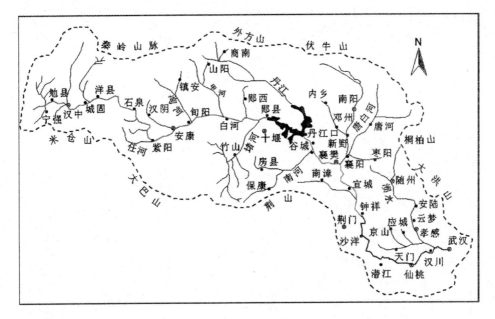

汉江流域图

南水北调中线主线干线工程路线图

序

张维国

　　在东西方世界中都有一条银河，而且，令人不胜惊异的是她们都与"乳汁"
密不可分。在古希腊的神话中，主神宙斯背着夫人赫拉生养了一个私生子。宙
斯期盼这个儿子能够长生不老，便偷偷地把婴儿放在熟睡的夫人赫拉身旁，让
他吮吸赫拉的乳汁，不料孩子把赫拉惊醒，一看吃奶的孩子并不是自己的亲生
儿子，赫拉便一把推开，把孩子含在口中的乳汁溅洒在空中。神奇的乳汁滑过
浩瀚的太空，星光闪闪、波光粼粼，立刻在宇宙之间铺开一条乳白色的大河，
那便是银河在西方传说中的起源。而在中国的古老传说中，银河也叫云汉、银
汉，是牛郎和织女相会的地方，而且，这条天河实际上与大地相连，《诗经》中
有云，"维天有汉"，唯一与银河相接的地上河流，便在中国，便是汉江。汉水
又叫沔水。沔、嫲古音同声转注，沔可读为嫲（mi），嫲即"咪咪"，"咪咪"就
是"妈妈儿"的意思，而"妈妈儿"在汉水流域指的就是乳房，故沔水即奶水，
意即沔水浇灌哺育一方苍生，是中国的母亲河。沧海桑田，万古如斯。汉水行
诗走歌、流金淌银，不仅是一条绿色生态之河、商旅黄金之河、文化大河、历
史大河和魅力大河，更是华夏文明的重要发源地和中华民族的母亲河，被世界
文化学家誉为东方的"莱茵河"。
　　汉水是中国最古老的大河，比长江黄河还要早七亿多年，堪称中国的"祖
母河"。在战国《禹贡》九州导山导水示意图和北宋沈括的《禹迹图》中，黄河
与长江的流向都与如今所见并不相同，中途几经改道，唯有汉江，在这两幅地
图上描绘得与今天的地图几乎一样。人类在 2500 年前就认识了汉江，在 1137
年认识了黄河，在 400 年前还不知道长江源头在青海省。人类对于汉江的认识，

要早于长江与黄河，直至春秋时期，汉江都保持着古中国第一大水的地位。

汉水流域既是地球上古老生命的发祥地之一，更是人类重要发祥地。这里既有世界上规模最大、数量最多、分布最广、龙蛋共生的恐龙蛋化石群，它们距离今天大约 6500 万年；而且也是东方从距今 200 万年到五万年的古人类演变完整链条化石群的所在地。这里出土的郧县人化石大致距今 80 万年至 200 万年之间，距今 75 万年的是梅铺猿人牙齿化石，白龙洞猿人距今 10—20 万年，而黄龙洞猿人则距今 5 万年。汉水流域古人类演变完整链条化石群的发现，彻底改写了人类起源于非洲的历史，使汉水流域升格为人类的老家，成了人类当之无愧的摇篮。

汉水流域是中华民族和中华文明的重要发祥地。在地球的版图上，有一条神秘的北纬三十度线，许多古老的河流文明正是沿着这条纬线，开始了自己跨越千年的文明旅程。公元前 3000 年，两河流域出现了十几个城邦，由此进入了早期的国家状态；尼罗河三角洲一带，也因为土地肥沃，人口密集，成为古代"地中海沿岸的粮仓"，也是古埃及文明的发源之地。汉江，正好处在这条黄金般的北纬三十度文明线之上。据吕思勉和钱穆的观点看，古代民族的得名往往是他们居住的地区。古老的华夏民族主干最早就是生活在汉水流域。他们认为，华夏族就是生活在华山以南、夏水两岸的民族。而古代华山就是现在的河南嵩山，夏水就是今天的汉水。这说明，汉水流域是中华民族最古老族源的发祥地。也正因为如此，汉江还是中国唯一一条被国外（韩国）系统复制迁移了名称、风俗文化和流域地名的大江，她同时也成了远古移民海外韩国人的祖先之河。

2003 年前后，武汉大学考古学家王然教授带领自己的学生来到了汉水之滨的郧县柳陂镇。这里是南水北调的淹没区。他们的任务是抢救性发掘即将被淹没的文物。在一个叫辽瓦梁子的地方，他们被发掘地点的奇异景象惊呆了。此处的文物从明清开始依次纵深掘进，1 到 2 米不等，就代表一个朝代的文物层，层层叠压，一个朝代压着另一个朝代，中间从未间断，竟然连续开挖出了夏商时代的文物。这是在世界文物考古发掘史上都少见的奇观！它雄辩地说明，地处发掘地的汉江流域古老文明一脉长流，历经悠悠五千年从未断绝。因此，他们理直气壮地将遗址所在地辽瓦梁子命名为"中华文明通史遗址"。与此可以相得益彰的是，三皇在这里留下了"伏羲画八卦"、女娲补天、神农尝百草的神话。中国最美丽、最古老、最有影响力的神话传说牛郎织女、嫦娥奔月、汉水女神、大禹治水等在这里诞生，商洛阳墟山发现了仓颉发明的最早文字，钟祥发现了中国最早的稻作遗址，汉口发现了中国最早的盘龙城，随州发现了春秋时代世界上最先进的乐器编钟……

作为兴龙之地，在汉代，从汉水走出了西汉和东汉两朝的开国帝王刘邦和刘秀。由于他们对西汉和东汉王朝的开辟和建立，使一个历史上唯一可以与大唐王朝兴盛强大并驾齐驱的帝国从汉水兴起，使汉水与汉朝、汉人、汉语、汉字、汉族、汉服、汉子、汉学等等有着密不可分的直接联系，使汉水流域成为华夏文明的发祥地之一，也成为世界各地华夏子孙和汉民族祖居圣地。

自古以来，汉水流域缔造了伟大的文明贡献。据现代学者考证，在远古，汉水流域生活的是炎帝的子孙——主要是巴族、苗族和后来的楚族。著名的"西土八国"不仅是当年掌握了先进生产力、助周倒商的强大军事劲旅，而且代表了春秋以前神州大地大西南和华南的最高文明。中国文学的两大源头《诗经》和《楚辞》均发源交汇于汉水流域，《诗经·汉广》描写的汉水神女是中国文学史上最早的江河女神形象。诗祖尹吉甫在这里创造了中国最早的个人署名诗篇，并且采编了中国诗歌元典《诗经》；爱国诗人屈原是中国最伟大的浪漫主义诗人之一，也是我国已知最早的著名诗人和伟大的政治家。他创立了"楚辞"这种文体，也开创了"香草美人"的传统。《离骚》和《诗经》开创了中国文学现实主义和浪漫主义的伟大先河和光辉传统，成为中国文学的渊薮。

出现在曾侯乙墓中的二十八宿天象图，拉开了中国最早天文学之序幕，而《甘石星经》的作者之一甘德是楚人，远远早于印度发现彗星，更比伽利略早1300多年。张衡诞生于南阳郡汉水流域白河之畔的西鄂县（今河南南阳市石桥镇），是我国东汉时期伟大的天文学家、地震学家和发明家。他提出浑天说，发明浑天仪，开启了我国航天遥测技术；他探索地震起因，发明了世界上最早的地动仪。

西汉时期的外交家张骞从汉水边的城固踏出了第一条通向世界的丝绸之路；东汉的蔡伦封侯于汉水边的龙亭铺，发明了造纸术。"医圣"张仲景是东汉南郡涅阳县（今河南省南阳县）人，为我国古代伟大的医学家，因含仁心仁德，后人尊称他为"医宗之圣"或"医圣"。他所著述的《伤寒杂病论》是我国最早的理论联系实际的临床诊疗专书，是继《黄帝内经》之后一部最有影响的光辉医学典籍，被后世医家誉为"万世宝典"。"千古良相"诸葛亮"鞠躬尽力，死而后已"的献身精神，择才使用、任人唯贤的用人之道，忠诚无私的高尚品格，开拓创新的进取意识，千百年来一直为人们所敬仰、称道和怀念。其手摇羽扇，运筹帷幄的潇洒形象，千百年来已成为人们心中"智慧"的代名词。习凿齿是东晋人物志史学家，他所著作的《襄阳耆旧记》是中国最早的人物志之一……"宰相之杰"张居正世人称其为"张江陵"，他是中国历史上最优秀的内阁首辅，明代最伟大的政治家、改革家。"茶圣"陆羽擅长品茗，对中国茶业和世界茶业发展作出了卓越贡献，被誉为"茶仙"，尊为"茶圣"，祀为"茶神"。

汉水流域物华天宝，人杰地灵。这里不仅文化伟人英雄辈出，撼动天下、扛鼎历史，而且更富跨代绝响、超世贡献。无论政治历史、经济社会、农业医药、科学技术、军事外交、文学艺术、语言文字等方面，都在不同历史时期，谱写了中华文明不同发展阶段上的绝顶奇迹，对人类文明做出了巨大贡献，留下了不可磨灭的丰功伟绩，泽被千秋，影响深远，为古今中外的文化历史学家所景仰、所赞叹。

汉水流域拥有丰富璀璨的著名文化品牌。汉水流域不仅享有古人类、中华民族、中华文明三大发祥地之誉，更是一座国内少有、世界罕见的文化资源宝库。这里有世界独一无二的野考基地神农架，有世界文化遗产武当山和明显陵，有世界最大的流放地古房陵，有世界民间故事村伍家沟村，还有中国七大历史文化名城和二十大国家级文化品牌，她们分别是三皇品牌、汉民族史诗《黑暗传》、汉民族第一民歌村吕家河、中华文明的第四源头古巴域、中国最古老的大江汉水、中国第一诗人和第一诗人的故乡尹吉甫和房陵、中国郧县人、中国楚文化的发祥地、中国孝文化的摇篮孝感、中国最古老的城堡盘龙城、中国古代最先进的乐器曾侯乙墓古编钟、拥有最宽的人工护城河和最完备古城的中华第一城池襄阳城、中国最有影响的布衣山水田园诗人孟浩然的故居所在地和隐居地鹿门山、中国智圣诸葛亮的隐居地与耕读地古隆中、在宋元之战号称铁打的襄阳、沿用时间最长的私家园林鼻祖和郊野园林典范习家池、"牛郎织女"与七夕节起源地、被誉为古代土木工程的第三大奇迹的褒斜石门古隧道、太极湖和中国最早的楚长城。此外，这里聚集了68处国家文化遗产保护单位、49处国家非物质文化遗产，还有大量的文化遗址正在论证、申报之中，而省级文化保护单位和非物质文化遗产则比比皆是，据初步统计，已达1100余处。这些宝贵的文化资源，有的填补了人类文化的空白，有的代表了中华文明该历史时代发展的高峰，有的昭示了人类无法测度、永无止境的高贵智慧，有的则是取之不尽、用之不竭的精神宝藏。他们闪烁着中华文明的璀璨光华，散发着强烈的东方智慧神奇魅力，是中华民族骄傲、自豪和无上光荣之所在，也是汉水流域永续发展的信心和福祉所在！

汉水文化是中国传统文化重大特大题材与主题。汉水流域是人类的古老发祥地之一，是以华夏民族为主干的汉民族重要发祥地，更是古老伟大中华文明的重要发祥地。600 年前，因为明朝北修故宫、南修武当使汉水武当与北京建立起神秘的连接而异军突起，一跃而为圣山、仙山，600 年后的今天，随着南水北调工程的实施和完成，汉水与汉水文化又将再一次与北京缔结神秘的联系，将会成为横空出世、举世瞩目的圣河和文化宝藏。

正是在这个意义上，如果说，大唐文化在西安，大宋文化在开封，那么，我们也有充分的理由说，大汉文化、汉文化就在汉水！汉水文化不仅属于汉水、汉水流域、汉民族，而且更属于神州大地，属于中华民族，属于人类和世界。而汉水文化内含的价值和高度，不仅具有流域文化的地标性，更富于民族特性和国家高度，是我们伟大民族和伟大国家应该倍加珍惜和保护、大力弘扬和传承、科学发掘和开发的无上宝藏。

习近平总书记指出，历史和现实都证明，中华民族有着强大的文化创造力。每到重大历史关头，文化都能感国运之变化、立时代之潮头、发时代之先声，为亿万人民、为伟大祖国鼓与呼。没有中华文化繁荣昌盛，就没有中华民族伟大复兴。中华优秀传统文化是中华民族的突出优势，中华民族伟大复兴需要以中华文化发展繁荣为条件，必须大力弘扬中华优秀传统文化。要对传统文化进行创造性转化、创新性发展，让收藏在禁宫里的文物、陈列在广阔大地上的遗产、书写在古籍里的文字都活起来。[1] 正是基于这种认识，汉江师范学院立足于文化历史学、文化社会学、文化哲学和文化地理学等学科背景，着眼于历史性、时代性、全面性、典型性、学术性和普及性等学术定位，运用现代学术规范，从全流域的角度，系统地梳理了汉江流域经济社会、历史文化发展的辉煌历程，汉水文化的形成和发展的古今概貌，揭示了汉水文化的基本内涵和特征，全面地描绘了汉水流域具有典型意义、五彩纷呈的文化事象和民风民俗，形成了《汉水文化研究书系》这部独具特色的地域文化研究、流域与河流文化研究的系列丛书。丛书的出版，既是汉水流域文化研究的喜事、盛事和要事，也是汉江师范学院学科建设、教育教学改革转型发展的重要成果，更是地方高校践

---

① 习近平总书记 2013 年 11 月考察孔子研究院时谈对中华优秀传统文化的传承与创新时讲话。

行政产学研企融合、努力传承发展地方历史文化、强力服务地方经济社会发展的突出表现，值得社会各界的点赞和欢迎。

汉水是古代"江河淮汉"四大名渎之一，在中国流域文化中，其文化的兼容性、开放性、固执性和创新性都非常典型。汉水文化是特异型的流域文化。汉水流域历史上基本形成了整体性的文化系统和文化结构，构成了相对独立的文化区；汉水流域的历史发展和文化变迁是中华文明历史演变的一个缩影。汉水流域以两大平原（江汉平原和伊洛平原）和三大盆地（汉中盆地、南阳盆地和襄阳盆地）为地理环境条件，以四大流域文化（秦陇文化、巴蜀文化、荆楚文化和中原文化）为人文语境条件，形成上游、中游、下游三个区系，它是甘、陕、鄂、豫、川、渝交界地区，是承东启西、连接南北的枢纽地带，形成内陆性的文化走廊和黄金文化带。作为特异型的流域文化，汉水文化在自身的历史进程中处于南北文化激荡交锋的锋面，融合黄河文化和长江文化的优长，具有兼容会通的特色，独树一帜，别具一格，是得天独厚、不可代替的流域文化范型。对汉水文化的观照和审视，从某种意义上说，就是对中华文化的重心和关节点的观照和审视。我坚信，随着《汉水文化研究书系》的问世，关于汉水文化赋存资源现代转型的研究和开发，对于中西部地区的先进文化建设与和谐文化建设，对于流域文化、城市文化和文化学的学科建设，对于进一步振兴中华民族传统文化，具有重要的理论意义和现实意义；对于全流域地区的文化资源优势转化为文化产业优势，对于推进文化强省建设和文化产业跨越式发展，对于南水北调中线工程实施和文化生态保护，具有重要的促进和推动作用。我们期望，随着《汉水文化研究书系》的出版，一个更大范围、更大力度的保护和传承、研究和发展汉水文化的高潮会尽快到来。

是为序。

（序作者为中共十堰市委书记、人大常委会主任）

2017 年 5 月

藏报忆历史

传播正能量

罗同松

罗同松系《人民日报》高级编辑、记者、中国报业协会集报分会名誉会长。

十堰大地　翰墨飘香

——为《汉水上游报刊史话》作序

罗同松

　　盛世修史是中国文化的传统，年过八旬的老新闻工作者、十堰集报协会会员周尚原前辈，与汉江师范学院图书馆付鹏及十堰市集报协会会长程培长同志合作，在湖北省普通高校人文社会科学重点研究基地汉水文化研究基地和十堰日报社的大力支持下，广泛收集史料，多方探寻考证，几易其稿，精心编校，历经数载合力完成《汉水上游报刊史话》，其情可嘉，其事可贺！该书全面系统深湛翔实地记述和反映了汉水流域上游报刊发展历程，是迄今为止十堰市第一部研究本土报刊史的著作。它为我们认识和把握十堰报刊发展的历史脉络，研究和总结十堰报刊发展的历史经验，探索和揭示十堰报刊发展的历史规律，提供了极其珍贵的史料，是一件功在当代、惠及后人的文化基础工程。

　　以十堰地域为中心的汉水流域上游文化源远流长，博大精深。根植于这片沃土的报刊，汲取汉水流域文化精华，忠实记录十堰大地的沧桑巨变，热情讴歌十堰人民的奋斗荣光。特别是改革开放以来，十堰报刊业步入发展快车道，在宣传职能和事业发展上都取得了长足进步，在传播先进思想文化、服务经济社会发展、反映人民群众呼声、普及科学技术知识等方面，扮演了重要角色，发挥了独特作用，产生了积极影响。

　　《汉水上游报刊史话》告诉我们，无论是什么时代、什么类型、什么读者对象的报刊，要想办出特色、办出水平、办出成效，都必须体现时代要求，遵循客观规律。就如清代文学家、史学家赵翼诗句所云："诗文随世运，无日不趋新。"十堰新闻届几十年的办报办刊实践，有四点宝贵经验值得坚持和发扬。一是必须坚持党性原则。就是要坚持党管报刊和政治家办报的原则，坚定团结稳定鼓劲、正面宣传为主，弘扬主旋律，传播正能量，巩固壮大主流思想，正确引导社会舆论。二是必须以围绕中心为重任。就是要把围绕中心、服务大局作为基本职责，服务市委、市政府重大决策部署，努力为全市经济社会发展提供思想保证、智力支持和精神动力。三是必须以服务人民为宗旨。就是要全面宣传党的方针政策，准确反映人民群众意愿，坚持贴近生活、贴近实际、贴近群众，努力使刊物成为群众获取知识的宝库、提升素质的桥梁、解疑释惑的益友。四是必须以改革创新为动力。就是要全面深化体制机制改革，加快与新兴媒体的融合发展，创新观念、创新内容、创新形式、创新方法、创新手段，努力使报刊体现时代性、把握规律性、富于创造性。

新时期新常态新使命，十堰报刊界的同志正在用新思维深刻认识推进汉水流域报刊发展的文化意义、经济意义和政治意义，认真总结数十年来十堰报刊发展的历史经验，深入把握十堰报刊发展的客观规律，着力推进十堰报刊转型融合发展。我相信，在新的征程上，一定能够继承十堰报刊业的优良传统，为推进全市文化大发展大繁荣书写新的壮丽诗篇，为全市加快区域性中心城市建设，做出无愧于时代、无愧于人民的新贡献！

是为序。

《人民日报》高级编辑、记者

中国报业协会集报分会名誉会长　　罗同松

前　言

　　报刊是对历史最真实的记录，对文化传播、经济发展都起着举足轻重的作用。汉水流域内产生的报纸也对汉水文化的传播具有至关重要的作用。《汉水上游报刊史话》记录了1924年至今汉水流域上游相关报刊的发展历程，对汉水文化的研究既有历史意义，又有现实意义。

　　近年来，围绕汉水流域展开的文化研究逐渐成为国内地域文化关注的热点。迄今为止，还没有对汉水上游报纸的发展历史进行论述的专著，从报刊史学角度与新闻传播学的交叉角度进行研究汉水文化也尚未有学者涉及。我们从报刊发展史的角度研究汉水文化的特性，具有文化的独瞻性和原始性。

　　在充分调研与史料查询的基础上，分析了汉水上游沿线城市报刊发展的基本历史，概括出各个时期、阶段报刊发展动态，较客观、全面地对汉水上游沿线城市的报刊进行了梳理、归纳。为从事汉水文化研究的专家及从事新闻传播领域的研究学者提供一定的参考，进而为汉水文化研究领域的科研立项及学科规划提供决策依据和信息参考。

　　这部书主要通过查阅档案资料，同时将以曾经从事《鄂陕周报》《鄂陕报》《陕南日报》《郧阳报》及汉水中上游十堰各区县开办的报纸工作人员的回忆录为基础。通过整理发掘，选择出真实具体的谈话内容，通过对这些回忆史料进行梳理，描述出各个时期报刊创办、发行的情况，尽可能比较客观、科学地反映出当地报刊发展的历史印迹。

　　本作品从文化史、地方史等视角勾勒出汉水流域报刊业的发展线索，内容涵盖史料、回忆录、新闻人物、大事记等。它既可供人们了解十堰地区报刊事业的发展过程，又可为总结全区报刊事业的经验教训、未来新闻改革、年轻的新闻工作者的传统教育等方面起到一定的作用。

编　者

2016 年 6 月

目　录

第一章 《鄂陕周报》和《鄂陕报》

一、创办背景

1947年11月5日，我人民解放军四纵队十二旅，采取"兵分三路，长驱直入，打开局面"的大反攻方针，由豫西向陕南、鄂西北地区挺进。到1947年12月底，仅一个半月，已建立了镇安、山阳、山商、上关、郧西、郧阳等县政权及各县所属区政权。1948年1月1日，十二旅奉纵队命令兼鄂豫陕四地委、专署、军分区（亦称鄂陕地委、专署、军分区），辖镇安、上关、山阳、旬阳、白河、郧西、郧县、均县、山商9个县。在这种胜利的大好形势下，不仅解放战争的军事进展需要大宣传，而且有关党开辟新区的方针、政策，也需要大宣传，以鼓舞党、政、军、民的斗志，并指导新区的工作。当时，鄂陕根据地远离各个老解放区，根本看不到任何报纸，旅政治部原来办的油印小报，又不能担负起这个任务，于是，十二旅党委决定新创办一种报刊。《鄂陕周报》就是在这种形势和背景下创办起来的。

二、筹备简况

鄂陕周报社成立于1948年2月。负责筹备工作的是十二旅政治部宣传干事刘紫池同志。第一次筹备会议是在郧西县城一户姓徐的家里召开的，参加会议的有刘紫池（会议召集人、主持人）、李全福（通信员）、陈哲文、王大纲、杨果行、王克全等。这次会议开得很简短，会上首先由刘紫池同志向大家讲了部队党委办报的意图和报刊的名称及报社的社址（郧西土门镇），接着进行了座谈。过了几天，同志们就来到土门。开始，大家住在一家中药铺里，不久就搬到土门镇东头一栋靠路边的两层楼房里办公（原先是个中心小学）。报社社址之所以设在土门，主要是因为十二旅领导机关和鄂豫陕四地委机关都在这里，经过半个多月的筹备，《鄂陕周报》于1948年3月1日正式诞生了。

三、性质及内容

《鄂陕周报》属部队办的报纸，由十二旅党委领导（鄂陕军分区党委领导）。当时，部队和地方党政领导，对办好《鄂陕周报》是十分重视的。司令员刘金轩、政委李耀都亲自抓报纸工作，他们从前线回来后，利用空余时间，常到报社了解情况，看望报社工作人员，或去收听广播。如发现重要消息，就指示及时刊登；如发现报社有困难，便研究解决。在出版创刊号的那天，分区首长们怀着高兴的心情到报社祝贺。刘金轩司令员指着摊在桌子上的创刊号高兴地说："这个报纸有前途哟！"并勉励大家继续努力，办好报纸。一次，新华社要广播任弼时同志关于土改问题的报告（指任弼时同志在1947年12月党中央于米脂杨家村举行的会议上做的重要发言，这次会议重要议题之一是纠正"左"的倾向，使土改运动健康发展——编者）。李耀同志再三交代要好好记录，尽快见报。刘司令员要求报社全体同志参加抄收。他说："记录不全不要紧，参照着整理就少遗漏，起码不会发生重大问题的遗漏。"当李耀同志知道报社的同志吃霉苞谷糁时，他便对同志们说："你们是脑力劳动者，办报任务繁重，应该照顾一下，尽可能给你们解决点困难！"不久，报社就吃上了好苞谷糁，有时还能吃到白米、白面。地方领导对报纸也很重视，四地委副书记祁果，在短短的四个月里，向报社人员做过形势报告和有关编辑、记者任务的讲话，特别是对报纸的宣传报道工作，做过不少指示。

《鄂陕周报》虽属部队办的报纸，但它又不同于一般部队办的内部报纸，它既要面向连队，又要兼顾地方。因此，《鄂陕周报》当时的任务，主要是宣传党的方针、政策，宣传革命的大好形势，传播我军在各个战场上的捷报，反映十二旅开辟建立根据地的情况与动态，以及军政、军民和部队内部的官兵关系；地方新闻，主要是报道建立政权、发动群众减租反霸、剿匪、变工互助、生产自救、支援前线等情况。它的任务是相当繁重的。

四、稿件来源

《鄂陕周报》在宣传中，当时以报道人民解放战争的胜利进展为主，其稿件来源，靠每天抄收陕北新华广播电台（中央人民广播电台的前身）的口语记录新闻，它是报道国内外新闻的唯一来源；地方稿件的来源，一是靠部队和地方送来的工作报告、总结。报社根据其内容，按版面的需要，改成消息、通讯、特写或评论等体裁，予以刊登。对这样的来稿，能用而需要补充的，就及时写信向通讯员提出需要补充的意见；不能用的，做到及时退稿，并说明不用的原因。还有一个来源靠报社记者到实际工作中去采访（初创刊时记者下去采访很少），当时山商、镇安和上关等县，虽说是解放了，但各县的人民政府都还没有一个固定的所在地，只有几匹骡马十几条枪（实际是个游击小分队）家当，既担负着发动群众建立基层政权的任务，又担负着战斗和扩充队伍的任务。因此，记者被派到哪里去采访，就毫无例外地参加到当地的实际斗争中去，先把工作做好了，再写新闻报道。

五、印刷与发行

当时，报社没有铅印厂，只有一部石印机，由三个文印员用工整的楷书体，将编排好的稿件写在一种药纸上，然后过到石板上，再印成报纸。每期报纸只有两个版面：一版是国内外和本地要闻；二版是综合新闻（军队和地方工作），用四开纸单面印刷。那时印刷用纸很困难，印报用的多是白皮纸，遇到有重要消息时，才用带颜色的油光纸，红、绿、黄、粉红色的均有，这些纸多是从政治部宣传科的标语用纸中节省下来的，纸的质量虽说不好，但石印的字迹却颇清楚。《周报》出多少期不详，它从1948年3月1日创刊，至1948年6月底停刊，共出报四个月。

《周报》主要是供干部阅读，而且是赠送的。每期印有500份到1000份，没超过1000份。当时交通不便，鄂陕根据地尚未建立起邮政系统，报纸的发行范围很窄，部队发至连队，地方发到区人民政府，县城附近的村政权（相当于乡），也发一份，区公所门外贴一份。因此，一般群众很少能够看到它。报纸的发行方法，主要靠十二旅司令部的通信科，通过步兵或骑兵通信人员向外投送，有时托付来去人员捎送。

六、编制设置

《周报》初创时，人手很少，没有什么明确的编制，基本上是有什么事，叫谁做谁就去做。刘紫池同志虽然没有什么明确职务，但是他实际上承担着报社社长、总编和编辑的工作，除负责报社的全盘工作外，还要具体负责报纸的日常出版工作，抄收记录新闻、看稿、改稿、审稿，样样工作他都做。起初，搞编辑工作的只有宫璋、陈哲文两同志，宫璋同志到4月下旬还兼管报社的一般思想政治工作，陈哲文同志负责核改稿件和校对工作。《周报》正式出版后不久，又增加了一个编辑叫张定一，他是青海土族人。另外，还有三个刚吸收参加报社工作的青年学生，一个叫王大纲，一个叫杨果行，还有一个叫王克全。这三个青年学生有的做记者工作，有的做其他工作。如杨果行同志到报社后，就被派到郧西县五顶、观音、马鞍和陕西的山阳等地搞采访工作。除上述人员以外，还有三个文印员，他们是陈敬斋、杨凤鸣、张玉田，他们除写石印药纸外，还负责来稿登记。石印工人有胡少玉、张芳武、邓宪福、柯善鹏、叶凤章、苗青义、陈安等人。事务员叫盛永恺，负责后勤供给及生活。炊事员叫牛锁根，事务长叫王振方。通信员李全福，负责照顾刘紫池同志的生活并兼管收发工作。后来又增加一个通信员，叫秦文俊。上述22个同志，就是《鄂陕周报》初创时的全部工作人员。

七、更名与发展

1948年6月，奉中原局和中原军区命令，由十二旅，三十八军十七师和商洛地区地方部队组建陕南军区，并成立陕南区党委和陕南行署。与此同时，鄂豫陕四地委改为两郧地委，属陕南区党委领导。随着形势的变化和工作的需要，《鄂陕周报》的体制自然也要跟着改变，要从部队领导的报纸改为地方党委领导的报纸，并把《鄂陕周报》更名为《鄂陕报》，归两郧地委领导，更名《鄂陕报》后，即由石印改为铅印。报社社址仍然设在郧西土门镇。

《鄂陕报》是从1948年6月开始筹备的，经过一个月的时间，于1948年7月1日正式出刊，到1948年9月底即停刊。《鄂陕报》之所以停刊，是因我部队主力一直在外（解放樊城、竹山、竹溪和房县、平利等地），地方部队剿匪任务又很繁重，国民党胡宗南部和地方反动武装，趁机向郧西一带骚扰，有可能波及土门。所以，两郧地委决定将《鄂陕报》暂时停刊。这时，报社的同志为了及时把人民解放军各个战场的重大胜利消息告诉陕南全区人民，便改出油印新闻，由社长李衡和编辑主任施旸两人选稿，由宫璋、羊村和张定一同志刻写蜡纸，其他同志帮助油印，然后发到全区各地。莫要小看这份油印小报，它在当时对稳定新区人民情绪，巩固和扩大陕南解放区，都起到了积极的作用。

《鄂陕周报》更名《鄂陕报》后，报社和报纸具体在以下方面得到健全和发展：

1. 报社人员增加。正当筹备出版《鄂陕报》时，恰好由陕北派往四川开辟工作的"川干队"（也叫"长江支队、支队长江震）来到了鄂陕地区。因形势需要，"川干队"暂时留鄂陕地区工作。于是，有一部分同志分配到报社工作。分配到报社的同志，有抗日战争时期在重庆办过《新华日报》的老报人和熟练的印刷工人。如李衡同志曾在成都《华西日报》当过总编辑，施旸同志是复旦大学新闻系学生，办过党领导的《中国学生导报》，并在《新华日报》《晋绥日报》工作过，有办《新华日报》和办解放区报纸的经验。另外，还有羊村、耿俊如、陈昌涛、李位明、陈如德、曾宪栋、吴绍华、吴丰德、陈善海等同志，很多都是熟练的印刷工人。这时，报社的职工由《鄂陕周报》时的20多人，发展到五六十人，为办好《鄂陕报》创造了有利的条件。

2. 机构设置明确。鄂陕报社明确地设置了编辑部、经理部和印刷厂，属社长负责制。李衡同志被任命为社长；原《鄂陕周报》负责人刘紫池，这时也正式任命为副社长。施旸同志被任命编辑室主任，羊村同志为采通科科长，耿俊如同志被任命为经理部经理，并兼任印刷厂厂长。这时报社内部也建立了各项制度，人员也有了较明确的分工。如建立给两郧地委送清样的制度，和发稿费的制度。报社的内部分工情况是：采通科负责开辟稿源，负责派记者随军采访或深入地方采访，加强与通讯员的联系，还兼发稿费；出版组负责计划好每期报纸的报道中心，落实稿件及版面安排；校对组负责同各版编辑校对排出的初样和清样。经理部也有总务、采购和报纸发行等工作的分工。印刷厂分排字、浇铸、机印和石印四个组。

3. 刊期增加，版面扩大。在筹备出版《鄂陕报》时，发现在郧西土门的一间房子里，横七竖八躺着许多机器零件，有的生了锈，有的本身埋在土里，简直是一堆废铜烂铁，铅字箱子东倒西歪，铅字散乱得到处堆着，这是解放白河时从敌人手里缴获的胜利品。"川干队"的同志来到报社后，经过他们日夜的埋头整理，用手擦，用水洗那些锈烂不堪、残缺不全的机件，大约一个月的时间，机器轮子飞动了，从它的口中吐出一张张的印刷品——《鄂陕报》（见 1949 年 5 月 1 日《陕南日报》三版登的《战胜困难的本报铅印厂》）。《周报》更名《鄂陕报》后，便由石印改为铅印，刊期由原来每周一期报，改为周双刊，并逐步改为周三刊、周四刊，直到周六刊。报纸版面也由原来的两版扩大为四版（一版要闻，二版地方消息，三版城市工作和通讯、特写或经验介绍，四版国际国内新闻），并相应地扩大了报道面。如对地方工作的报道，除继续报道开辟新区、建立政权和减租反霸、剿匪工作外，还加强了对恢复城市工商业的报道。

4. 扩大报纸的发行量和发行范围。由于报纸期刊、版面和报道范围的增加和扩大，报纸发行量和发行范围也相应地增加和扩大。《周报》改为《鄂陕报》后，每期报纸的发行量已由原来的几百、千把份增加到 3000 多份。报纸的发行范围除重点在两郧地区发行外，随着部队的进展和地方政权的建立、巩固，报纸逐步发行到安康和商洛地区。

5. 就地取材建纸厂。由于《鄂陕报》期刊逐步增多和报纸版面及发行量的扩大，纸张问题就显得特别困难，为了解决纸张供不应求的问题，报社经理部一方面派采购员到外地去采购纸张，另一方面在地委、专署的支持下，在附近山区就地取材，开设纸厂。当时，虽然纸厂的设备、技术和生产条件都不好，但是在工人同志的努力下，克服种种困难，还是生产出了各种加重纸张，并能两面印刷，纸张的困难基本上得到了缓解。

八、工作与生活

不论是在早期的《鄂陕周报》，还是在后期的《鄂陕报》，同志们的生活都是很艰苦的，不仅工作紧张，而且有时还处于战斗的环境。但是，大家毫无怨言，干劲都很大。从作息时间上说，当时推行的是延安的作息制度，从没有什么节假日，大家都是夜以继日地工作，很多同志每天工作十几小时，谁也不讲价钱，不计报酬。有的同志家住在土门街上，没经领导同意，谁也不回家去住。从生活待遇上说，那时同志们没有什么津贴，穿的是上级发的土布，每人只发一丈多一尺二寸宽口面的蓝布做衣服（参加工作早的同志才有这个待遇），新参加工作的同志，穿的是从家里带来的便衣，用的是从家里带来的铺盖，衣服鞋袜啥都没有。用的更简单，同志们没有牙膏牙刷，都没有刷过牙，洗脸是自己备块旧布做毛巾；理发是用剃头刀剃；留发的同志相互用大剪子剪，剪的头发样式，人们风趣地称之为"马桶（便桶）盖子"。当时每天喝的是苞谷粥，吃的是苞谷面窝窝头，还多是发霉的苞谷，有时吃顿白面馒头、面条或吃顿米饭，大家都高兴得不得了。吃菜是靠自己动手种点瓜菜，但大多是靠煮黄豆个当菜。那时候没钱买柴，烧柴很困难，在全社人少、事多的情况下，从报社领导到下属所有人员，每个礼拜要到10多里以外的山上去砍柴背柴。每次去砍柴，多是一清早空着肚子出去，到下午一两点钟，才扛百十多斤柴回来吃饭。生活虽然艰苦，但是同志们都甘之如蜜，大家为了打败蒋介石，建立新中国，不仅谁也没有怨言，而且在工作中团结友爱，干劲很大。同志们现在回忆当时的工作学习和生活情景时都说："是依稀记忆，很有意义。"

（此文根据刘紫池、杨果行、陈哲文、王克全、王大纲、张定一等同志的回忆和陈敬斋同志的遗作整理，并按刘紫池、程文津同志对初稿提出的意见修改的）郧阳报社新闻志编辑室周尚原整理 1986 年 8 月 18 日

第二章 《陕南新闻》《陕南日报》

一、《陕南新闻》创刊背景

1948 年 6 月，中原军区命令，开辟鄂陕豫根据地的四纵队十二旅和三十八军十七师以及商洛地区的地方部队组成陕南军区。与此同时，为适应人民解放战争胜利发展形势的需要，为加强鄂陕豫根据地领导，以及巩固和扩大已开辟的根据地，准备解放全陕南，中共中央中原局决定组建中共陕南区党委和陕南行政主任公署。陕南区党委成立后，为及时宣传党在新解放区的各项方针、政策，动员和团结军民共同斗争，巩固和扩大现有阵地，准备解放全陕南，决定办报纸，推动各项工作的进展。

在当时，陕南区党委办报纸是具备一定条件的。如有办《鄂陕周报》《鄂陕报》的经验，有李衡、施旸、羊村、耿俊如等一些老报人和熟练的印刷工人（他们有办《新华日报》重庆版和解放区报纸的经验），还有一些简单的印刷设备。可是，要办成区党委的机关报，条件还不够成熟。如领导力量需要充实和加强，采编和印刷人员也需要充实和提高，设备还需要添置。在此情况下，区党委决定先出版临时性的报纸——《陕南新闻》。不久，又设立了陕南新华分社，为筹备出版陕南区党委的机关报——《陕南日报》创造条件，陕南区党委又安排赵希愚同志任宣传部副部长）兼任社长；程文津、李衡、周书三同志分别担任陕南新闻社和新华社陕南分社副社长。陕南新闻社和新华社陕南分社为一个机构、一个党支部，对外是两个牌子，内部分工有所侧重。社址设在原郧阳老城"八高"旧址。

二、创办临时性的《陕南新闻》

《陕南新闻》创刊于 1948 年 11 月。当时的郧阳，由于国民党的破坏，百业凋敝，物资奇缺。办报要有印刷机、新闻纸。然而最初，这些东西都没有。《陕南新闻》初创刊时，只靠一台石印机印报。后来，从郧西土门把《鄂陕报》停刊时埋藏的印刷设备搬到郧阳后，才改出铅印报，为八开二版三日刊。没有新闻纸，就土法上马，用手工生产的土纸来印报。编辑部设在一间大平房里，没有办公桌，便用一块匾支起来当办公桌子，四周放上长凳子，编辑主任坐案子的一端，几个编辑、抄稿员和校对员分坐案子两旁，开会一样，大家各司其职，进行工作。遇有重大新闻，主管编辑工作的副社长亲临指挥，和同志们一起商议斟酌版面的安排和标题的提炼。这种工作作风，直到后来出版《陕南日报》时还是如此。

为了配合形势的发展，《陕南新闻》既重视国内外大事的报道，也重视本地大事的宣传，注意多发地方稿。从收藏的 38 期报纸、74 个版（因复印时漏印两个版）发的稿子看，地方稿占发稿总数的 52.56%，电稿及转载的稿件占发稿总数的 47.44%。《陕南新闻》一版为要闻版，刊登本地及国内外大事。为宣传好解放战争胜利形势的发展，每当电波传来某地被解放的捷报时，编辑部的同志们便用一面纸做的小红旗插在办公室挂的地图上的已解放区域。这些小红旗，把报社编辑部与解放前线各路大军紧紧地联系在一起，把新闻战士的心与解放军战士的心紧紧地联系在一起。遇到特大喜讯，从领导到一般同志，从编辑部到电台、工厂，大家不分昼夜，不顾劳累，争分夺秒地抢收、抢排、抢印号外或报纸，迅速及时地使胜利捷报与读者见面。对本地发生的重大新闻，像对待国内外大事一样，用突出的版面、醒目的标题进行宣传。如剿匪取得的重大胜利，郧县六区召开农代会等消息，都以头版头条刊登出来；对郧县六区召开的农代会，还派出记者做了连续、系列的报道。二版以地方新闻为主，大量报道了剿匪、反霸、反不公的民主运动，对支前工作以及恢复发展陕南地区的经济、文化教育事业，也做了较为突出的报道。从收藏的报纸看，报道有关剿匪、反霸、反不公的民主建政稿件，占地方稿总数的 22.7%；支前工作的报道，占地方稿总数的 7.19%；发展文化教育事业的稿件，占地方稿总数的 10.43%。

《陕南新闻》为直排文，新闻品种比较单调，刊登的多是消息，很少刊登言论或短评。在收藏的 38 期报纸中，只登了一篇短评。通讯稿件登得很少，文艺作品根本没有登。但是，《陕南新闻》已注意开辟小专栏，如《简讯》《批评建议》等，文章比较短小，每期两个版，平均每版发稿八篇以上（包括电稿和地方稿）。

《陕南新闻》出版时间的长短标志着筹办《陕南日报》的成熟程度。《陕南新闻》，从 1948 年 11 月创刊到 1949 年 4 月 28 日停刊，出报半年时间。在这半年里，为公开出版《陕南日报》做了大量的工作。首先，报社领导和采编人员得到加强和充实。如从河南新洛阳报社调来程文津同志担任报社第一副社长；从华东、华北来陕南的干部中调一批同志到报社工作，充实了采编人员。其次，设置了报社经理部，并调整充实了经理部人员。如任命安天白、耿俊如两同志为正副经理，配置了总务、采购、发行人员（报纸发行由陕南新华书店发行科兼管）；又为印刷厂新招收了一批学徒工，充实了排字、机印、浇铸车间。经理部为解决新闻纸不足的问题，在郧阳东菜园办了一个造纸厂。其三，报社建立了资料室，与全国许多兄弟报社建立了报纸交换关系，为编辑部报道全国形势提供了随时可以参考资料的机会。当时，资料室还编印了一份《参考资料》，便于区党委、行政主任公署、军区主要领导同志了解全国解放战争形势的进展情况，以加强指导当地的工作。特别值得一提的是，《陕南新闻》出版不久，区党委又决定成立新华社陕南分社和陕南新闻社合署办公，并设立采通科和电台。采通科由羊村同志负责，主管采访和通讯联络工作。当时，新华社陕南分社除派记者到前线和地方直接采写稿件外，还在一些县（如郧西、均县、房县等地）派有常驻记者。如遇到大的军事行动，即我主力部队解放襄樊和解放全陕南时，还成立了新华社陕南前线支社（曾岛、姚宜民两同志，先后担任过前线支社负责人），同时，还在各地党、政、军机关中发展了一批通讯员。当时，记者采写的稿件，首先满足报纸的需要，还提供给新华总社和中原、西北两个总分社采用。因而，当时新华社陕南分社和陕南新闻社在全国还是有一定的声誉和影响的。新华社陕南分社的电台，主要是负责收、发报工作。

上述这些工作，都为公开出版《陕南日报》创造了条件。尤其是《陕南新闻》虽然出版只有半年时间，出版报纸只有 84 期，但是它在贯彻党的新区方针、政策，在团结全区党政军民继续向前推进，巩固现有阵地，准备解放全陕南的工作中，起到了它应有的作用，为筹备出版《陕南日报》做了大量的准备工作。

三、出版机关报《陕南日报》

《陕南日报》是 1949 年 5 月 1 日在湖北省郧阳县创刊的。

中共陕南区党委在全国胜利日益迫近的形势下，为了满足解放全陕南宣传任务的需要，决定出版《陕南日报》。在创刊号上刊登的《巩固现有阵地，准备解放全陕南——代发刊词》中说："《陕南日报》是陕南区党委的耳目与喉舌，是区党委贯彻党的思想政治教育，动员与团结党政军民继续向前推进，巩固现有阵地，解放全陕南，建设新陕南的有力领导武器。同时，《陕南日报》也是陕南人民的耳目喉舌。它要充分反映陕南人民的生活和意志，反映陕南人民斗争的动态和经验，推动人民走向团结和斗争。它的方针是贯彻党的领导意志，为工农兵服务。"这就是《陕南日报》的性质与任务。其刊头题字"陕南日报"四字中，只有"南"字是由陕南区党委第一书记张邦英同志仿毛主席体写的，其他三个字是拓印毛主席为其他报纸题写的亲笔字。

《陕南日报》名曰"日报"，实际上，在郧阳出版的 125 期报纸，都是四开四版三日刊。它西迁南郑复刊后，仅出了三个月的日报。到 1950 年 4 月 17 日，"为了紧缩开支，并使报纸更加地方化，本报奉西北军政委员会新闻局命令，决定从 4 月 17 日起改出四开四版三日刊"（《陕南日报》1950 年 4 月 16 日在报眼上登的《本报重要启事》——编者），直到报纸终刊。

随着全陕南的解放，《陕南日报》于 1949 年 12 月 18 日在郧阳出版最后一期报纸后休刊。1950 年 1 月 17 日，在陕西省南郑市（现在的汉中市）宣告复刊。在报社迁移之前和迁移期间，曾在初解放的南郑出版过临时性的《陕南日报》南郑版。1951 年 3 月，由于陕南区党委和陕南行署已完成其历史使命，奉命撤销，陕南日报社和新华社陕南分社也同时撤销。《陕南日报》，1951 年 3 月 27 日出版到 325 期停刊。它在郧阳时，每期报纸发行 3000 多份。

《陕南日报》一版为要闻版，主要刊登国内外大事和本地区的大事；二版是地方版；三版、四版除刊登新华社电稿或转载外地报纸的消息和文章外，有时也刊登地方稿件。如在四版就开辟有《部队通讯》和《广告》专栏。

《陕南日报》的宣传内容主要是根据当时的形势和任务进行宣传的。1949年6月10日《陕南日报》在第三版刊登的《本报最近时期的宣传方针》中说："英勇无敌的人民解放军，向江南及西北进军以来，接连解放南京、杭州、武汉、西安、九江、南昌、上海等枢纽城市及汉南、陕中广大地区。中国人民已经在军事上、政治上、经济上打倒了国民党反动派；人民解放军正继续前进，扫荡残敌；全国的胜利，日益迫近。陕南人民解放军西进配合第一野战军作战，连克数城，陕南全部解放即将到来。在此形势下，陕南全党、全军的中心任务是，打到汉中去，解放全陕南。为此，我们要奋勇前进，歼灭国民党反动派武装，解放胡宗南统治下的陕南人民，迅速建立新区革命秩序，有步骤地开展各项工作；我们要动员全区人力、物力支援战争。同时，要大力发动群众，切实剿灭土匪，展开反霸、反不公的民主运动，以巩固进军的后方。"从收藏的报纸看，西迁汉中前，《陕南日报》主要宣传了全国的胜利及陕南我军西进的军事胜利，激励全区人民情绪，加强为战争服务的作用。报纸为了配合解放全陕南的军事行动，对我军每解放一个城市或我军西进作战取得的每一个胜利，都做了及时的报道。如当我军西进占领白河县城时，随以消息、通讯等形式报道解放白河的胜利外，还发了区党委给前线指战员的贺电；对攻打关垭子、牛蹄岭的战斗，报纸不惜版面，做了突出、连续的报道。报纸在宣传取得军事胜利的同时，并重视较好地报道了支前工作，如群众做军鞋、送军鞋、慰问部队、抬担架、闹生产、送军粮及拥军、爱民等大量的典型事例。为了建立巩固后方，报纸结合当时陕南地区的实际情况，着重宣传了以剿匪、反霸、反不公的民主运动，宣传合理负担、减租减息、改造村政权等方面的情况与经验。在宣传报道发动群众剿灭土匪时，报纸发了不少社论或短评。如《再接再厉剿灭土匪》《学习郧县东北地区驻剿的经验》《贯彻剿灭土匪》《作恶者彻底悔过自新，才是出路》等，以大量的典型事例宣传了剿灭土匪的策略，这时的《陕南日报》，已重视了恢复和发展生产的宣传，重点是农业生产，如抗灾救灾、互惜互助、发展土特产等。宣传工业生产，一般与商业并列，如宣传保护工商业、恢复和发展工商业等。此时，还重视了发展文化教育事业的宣传。

《陕南日报》在郧阳出版期间，欣逢中国人民政治协商会议在北平召开和中华人民共和国宣告成立。全社职工以极大热情和积极工作对这一盛会的召开和开国典礼的举行做了充分的、及时的报道，以表示祝贺和欢庆。为了做好这一报道，同志们不分昼夜地工作着，从收电、译电到编、排、校、印，每个环节都紧凑起来，用实际行动保证报纸及时送到读者面前。从1949年9月21日起全国政协开幕消息传来，便把隔日四版改为日刊四版或六版，截至10月2日，共出报12期、58版报纸。

这时的《陕南日报》，不仅报道内容多、面广，而且还增加了新闻品种，开辟了专栏，以发挥报纸的指导作用。如对区党委重要工作的部署，和实际工作中出现的新情况、新问题，报纸既发消息，还发社论或短评。这时，报纸的专栏有《简讯》《部队通讯》《国际一周》《批评建议》和《社会服务》专栏，对报纸密切联系群众，反映群众的呼声、意见和要求，改进党和干部的作风等方面，起到了不小的积极作用，并受到群众的好评。从《陕南日报》的版面看，还不够活，一无插图、制题；二无图片（当时的情况下，只能如此）；有的消息或文章转栏过多，不利于读者阅读。另外，报纸对发展工农业生产和加强城镇工作方面的宣传，还做得不够。然而，在当时的困难条件下，《陕南日报》在为解放全陕南、建设新陕南的伟大事业上，已经起到它的作用，有不可磨灭的功绩。

当时，报社的物资生活条件仍然很差，除过年过节吃两顿大米饭外，顿顿吃苞谷糁。但是，大家都不觉苦，每个人都充满革命的乐观主义精神。直到现在，不少老同志在回忆当时的情况时说，那时生活虽然苦点，可同志们之间，同志和领导之间，感情都是十分真诚的。有的同志说，在报社工作的时间不长，可这段时间是非常可贵的，对提高我们的思想素质，坚定革命的人生观，起到了决定性的作用。不少同志至今还特别留恋当时团的生活，说那时团组织开展的活动，成了对团员和青年进行思想政治教育的大学校，提高了大家思想和业务素质，积极完成了区党委交给的办报任务。

《陕南日报》的出版发行，标志着陕南新闻事业的发展，为后来十堰地区新闻事业的创办和发展奠定了基础。

陕南新闻事业的发展，表现在以下方面：

1. 机构设置比较健全。报社由社长负责，设有编辑部和经理部。编辑部主管报纸出版工作；经理部下设印刷厂、总务科和造纸厂。新华社陕南分社仍与陕南日报社在一起办公，分管采通工作和电台工作。

2. 人员得到了充实和提高。当时，陕南日报社和新华社陕南分社的职工已增加到 100 多人。其中，编辑部 15 人，经理部 15 人，印刷厂 35 人，发行科（包括陕南新华书店）10 人，新华社陕南分社 55 人（采通科 15 人，电台 40 人）。人员增加后，社领导十分重视对职工的教育培养工作。例如利用"报纸检查会"、党员生活会和行政生活会，对职工进行革命传统教育，党的方针政策教育和业务知识教育，并大胆使用干部，把一些同志放到实际工作上锻炼。当时，不少同志已成为编辑部和其他部门的业务骨干，有的已提到领导岗位上。后来留在十堰地区的同志，为十堰地区新闻、印刷事业的发展，做出了一定的贡献。

3. 加强了党的通讯工作。为了办好《陕南日报》，陕南日报社十分重视依靠各级党组织，有计划地培养与群众有联系的通讯员。在贯彻全党办报、群众办报方针中，全区各级党的组织也十分重视这项工作。《陕南日报》一创刊，陕南军区政治部宣传部即发出指示，"号召全体指战员本着全党、全军办报的精神，踊跃为党报写稿"。并对各军分区和师、团、营、连，提出了写稿和组织通讯队伍的具体要求。两郧地委自第一次党代表会议后，各县对党报通讯工作都做了检查和动员。郧西县在扩干会中，用一天时间专门研究通讯工作，会后，县直属机关及各地都组织了通讯小组。各级党委重视通讯工作的优良传统，对十堰地区贯彻全党办报、群众办报的方针，至今仍然起着深刻地影响，并使之得到发扬。

4. 增添了印刷设备。到《陕南日报》时，报社印刷厂已有对开印刷机一部，四开印刷机一部，二号圆盘一部，铸字、浇版机各一部，另外还有半付五号字模，这便是印刷厂的全部家当。这些家当，当时都来之不易，它们多是从敌人手里缴获的胜利品，是解放军战士用血换来的。正因为如此，起初虽然它们尽都缺胳膊断腿，可是，工人们不顾艰难辛苦，成日夜地整理、擦洗散乱的机器零件。他们发现缺零件，就请当地的铁匠师傅打成毛坯，然后用锉刀锉成需要的零件；油墨不够，工人师傅们就用当地松烟和桐油熬制油墨。在几位"川干队"师傅的带领下，发扬延安精神，克服重重困难，从零开始，建成了一个有排字、浇铸和印刷的铅印厂。这时的印刷厂，不仅印报、印书、印文件，而且还为陕南地区印制流通钞票，它为陕南的解放和建设，做出了一定的贡献。当陕南日报社西迁汉中时，印刷厂还给两郧地区留下一部四开平台印刷机，迁到汉中后，又支援两郧一部分铅字，为创刊《郧阳报》奠定了基础。

资料来源：

    1. 陕南区党委有关文件；

    2.《陕南日报》的有关社论、消息和启事；

    3. 老报人的口碑和回忆录；

    4. 程文津、周书同志对初稿修改意见已做补充；

郧阳报社新闻志编辑室　周尚原

1989 年 7 月 19 日第二次修改稿

第三章 《郧阳报》

一、创刊背景

　　解放初，郧阳为解放陕南的根据地，建立两郧地委、两郧专署，属陕南区党委和陕南行署领导。自 1949 年 5 月下旬陕南人民解放军西进解放全陕南之战打响后，到 1949 年底，已取得了"打到汉中去，解放全陕南"的胜利。在此大好形势下，陕南区党委和陕南行署机关 1949 年末西迁汉中，陕南日报社和新华社陕南分社亦随之西迁。1950 年 2 月 1 日，奉政务院指示，两郧专署划归湖北，成立郧阳专员公署，属湖北省人民政府领导。当时，郧阳远离武汉，"地委给省里联系工作最大的困难，一是交通不便，二是电话、电报联系也不方便。要指导全区工作，也是这两个难题"，"郧阳地区辽阔，人烟稀少，党的方针政策主要靠各级党组织宣传，这是远远不够的；《湖北日报》的发行量也很有限。结合当地实际也不够"。在这种情况下，地委开始酝酿、讨论自己办个小报，以便指导工作、交流经验、宣传贯彻党的方针政策，决定创办《郧阳报》，社址设在原郧阳老城西大街，郧阳报就是在这种历史背景下诞生的（据当时地委书记杨锐，宣传部长张超的回忆）。

　　《郧阳报》创刊于 1950 年 7 月 1 日，到 1952 年 11 月 15 日终刊。郧阳报社社长由郧阳地委宣传部部长张超兼任，任期为 1950 年 7 月至 1952 年 5 月。董文南同志任副社长兼编辑主任，任期为 1950 年 7 月至 1952 年 11 月。姚时进同志从《郧阳报》创刊到 1952 年 6 月调离报社，一直负责报纸的出版工作。1952 年 6 月以后，狄希亮同志被任命为总编辑，直到报纸终刊，在 1950 年底或 1951 年初，报社成立了党支部，党支部书记是黄绍鲁。

二、历届领导

1965 年底，襄阳、郧阳又分为两个地区，1966 年 1 月 31 日，中共郧阳地委便发出了《关于复刊〈郧阳报〉的决定》，于 1966 年 3 月 1 日正式复刊了《郧阳报》。复刊《郧阳报》前，试办了一期试刊号。报社社址开始设在原郧县老城西大街，到 1967 年底，社址迁到十堰市三堰郑家沟至今。其党政机构演变情况如下：1966 年 3 月至 1968 年期间，报社为编委会负责制，副社长为朱志彩。彭作师同志、刘正安同志、吴德胜、王兴华均为编委会成员。当时，报社与地委机关为一个党支部。

1968 年至 1978 年 7 月，报社成立革命委员会，起初由副社长朱志彩任革命委员会主任，后由军代表孙远忠任主任。1972 年 10 月，由张先迪同志任革命委员会主任。在这段时间里，周鸿寅、刘正安（1970 年 2 月 19 日地革委 30 号文件通知）分别任革委会副主任。1972 年 3 月，经地委 12 号文件批准，报社建立党总支委员会，书记为孙远忠（军代表），副书记是周鸿寅。后来由张先迪同志任书记。张先迪调走后，由周鸿寅同志任书记，刘正安（1975 年 5 月 7 日地组 61 号文件通知）、苗学久（1976 年 5 月 21 日地组 89 号文件通知）分别任党总支副书记。

1978 年 7 月 3 日，地组 41 号文件通知，撤销报社革委会，恢复社长制，周鸿寅同志任社长、总编辑，刘正安同志任副社长、副总编辑，姜庆义、吴德胜分别任副总编辑。这时党总支书记为周鸿寅，副书记为苗学久、刘正安。1979 年 10 月 15 日，地组 169 号文件通知，免去周鸿寅社长职务，任命苗学久同志为社长，并任命孔翔翎为副总编辑。与此同时，经地宣〔1979〕53 号文件批准，报社建立党委，刘正安同志任党委书记，苗学久同志任党委副书记。

从 1980 年到 1985 年期间，吴德胜同志被任命为副社长（1980 年 2 月 15 日地组 114 号文件通知），郭崇久被任命为副总编辑（1981 年 12 月 12 日地组 225 号文件通知）、总编辑、副社长（1984 年 1 月 26 日地组 10 号文件），郑世杰同志被任命为社长（1985年4月19日地组86号文件通知），并任命袁绍北同志为副总编辑。1983年底，刘正安同志调离报社后，地委〔1984〕10号文件即任命苗学久同志为党委书记。

1989年5月，中共郧阳地委发出郧地干〔1989〕31号文件，调整报社领导班子，并经地委研究，报社实行党委负责制。党委书记郭崇久，副书记吴德胜、孔翔翎；社长吴德胜，副社长袁绍北、李腊生。总编辑郭崇久、副总编辑孔翔翎、袁绍北，顾问刘正安、苗学久。

三、创办基础

《郧阳报》的前身是《两郧新闻》。《陕南日报》是1949年12月18日在郧阳休刊的。两郧地委于1949年12月14日就发出通知说："因陕南日报社及陕南新华分社即将西迁，地委为了今后便于新闻报道、交流经验、宣传教育等工作，经区党委（指陕南区党委）批准，成立两郧新华支社，创刊临时性的两郧新闻报纸。"1949年12月25日新华通讯社两郧支社和两郧新闻社给通讯员的信中也说："随着胜利形势的发展，陕南新华分社、陕南日报社西迁汉中，两郧支社已奉命成立，并决定于1950年元旦创刊《两郧新闻》。"

据在两郧新闻社工作的董文南、姚时进、黄绍鲁等同志回忆，新华社两郧支社和两郧新闻社是一个机构两块牌子，成立时间为1949年12月4日。在《两郧新闻》还未正式出刊时，曾印过一个"快报"，"快报"两个字是黄绍鲁写的，登的全是新华社消息，"快报"没出多久，《两郧新闻》在1950年1月1日正式出刊了。《两郧新闻》的刊头是两郧地委宣传部长张超题写的，社址设在原郧阳老城福音堂隔壁东边院子的二层楼里。负责人是董文南（两郧地委宣传部的宣传科副科长），姚时进、狄希亮、黄绍鲁任编辑。当时在两郧新闻社工作的同志还有：钟立三、周瀛、傅秉祥、张文华、宋玉英（女）、余秀英（女）、彭斌（女）、李向廷、何小方、张全文等。

《两郧新闻》系石印小报，八开两版三日刊，稿件来源主要靠两郧支社抄收的电讯稿，也登有少量的地方新闻。每期印1200份，由地委通信班送往各县，再由各县分送到各区、乡，不收费用。报社设备很简单，仅有两台石印机，一部手摇收发报机和一部收音机。写石印的和石印工人都是临时在郧阳城请的。写石印的有史子王、彭柏青，印刷工人有冷松林。同志们的办公室也是寝室，在地委食堂就餐。

1950年3月10日，《两郧新闻》终刊后，于1950年5月先办了一个新闻通讯油印小报，由郭汉先同志收音，陈志鹏同志刻印，转载新华社消息。开始，每星期出两期，之后两天出一期，每期200多份，发到各县县直机关。1950年7月1日创刊《郧阳报》并公开发行。

四、办报性质及方针

《郧阳报》是中共郧阳地委的机关报，从1951年10月起，在每期报纸刊头上面又印着"郧阳专区农民自己的报纸"这样一句话。《郧阳报》百期纪念时，郧阳军分区司令员梁厉生为报纸写了"郧阳人民喉舌"的题词。这就是郧阳报的性质。

《郧阳报》既是办给全区农民看的报纸，所以就需要"老老实实，把报纸办到大众化、地方化、通俗化"（地委宣传部部长张超为郧阳报创刊时的题词）。《郧阳报》"以农村为主的编辑方针是正确的，但不顾城市或对城市工作忽冷忽热也是错误的"（《过去的回顾和今后的希望》，百期纪念时编辑部文章）。由此可以看出《郧阳报》的办报方针是"以农村为主，兼顾其他"，并要"老老实实，把报纸办到大众化、地方化、通俗化"。

《郧阳报》是"当着全区人民在党和政府领导下正在展开激烈尖锐的反匪反霸、查减退（查地主破坏和减租退押金—编者）、贯彻生产工作"的时候诞生的，所以，"它的使命就是密切联系广大人民群众，贯彻党的主张、政府政策，集中群众中斗争的智慧、经验加以正确批判、总结，再贯彻到群众斗争中去，无情地打击、揭露敌人的一切阴谋诡计和破坏花样，提高斗争中人民的警惕，大力颂扬、推广向敌人斗争的胜利和经验，在革命队伍内部开展严肃的批评与自我批评，表扬正气，打击邪气"（《过去的回顾和今后希望》）。在创刊号上，专员刘露洗为报纸的题词是："反映和指导群众的社会改革与生产运动"。这就是当时党、政府和人民交给郧阳报的任务。

五、编制和机构设置

（1）报社由编辑部和经理部两个部门组成，为社长负责制。

（2）领导成员：地委宣传部部长张超兼报社社长；董文南同志任副社长兼编辑部主任（负责全社工作）；姚时进同志担负报纸出版工作，直到1952年6月调离报社；1952年6月以后，狄希亮同志任总编辑，负责报纸出版工作；黄绍鲁同志任经理部经理兼报社党支部书记，负责全社行政事务工作（当时党的书记只管党内工作，不负责全社工作——编者）。

（3）编辑部和经理部的职责范围：

经理部：主要负责工厂的生产管理和报纸印刷、报纸发行工作。有正、副经理二人，正经理黄绍鲁负责全社行政事务工作及工厂干部、工人的思想政治工作；副经理卢广生负责工厂业务及生产安排。1952年6月以后，由李曙东同志任经理，负责工厂工作；秘书曹绍庆负责全社行政事务工作。在经理部里，有会计、出纳、业务、保管、采购、报纸发行、事务等分工。工厂分排字房、机器房、装订房。

编辑部：主要负责报纸出版工作。

创刊初期，"根据新闻总署'关于改进报纸工作的决定'，实行编辑、采访、通讯联络合一的组织形式，统称编辑部"（《本报重要启事》，见1950年7月1日创刊号报眼）。当时没有编委会，也没分什么组，凡有关报纸出版工作，都由董文南、姚时进、狄希亮三人商量决定。在编辑人员中，有大体的分工，各个类别的报道皆有一个同志牵头。

1952年6月以后，编辑部有了明确的分工，设有总编室，分了三个组，即农村组、宣传组和通讯读报组。总编室由总编辑狄希亮负责传达上级精神，介绍下边情况，提出各个时期的报道要求，制订报道计划，审阅各组改写的稿子，撰写社论，组织版面，同时抓编辑人员的学习、思想工作。主持召开编辑组长会议，每十天开一次，传达讨论每个时期的中心工作，检查前三期的报纸，确定下三期的报道内容，交流各组情况解决具体问题，负责督促检查编辑的工作、学习、生活等各种制度的贯彻执行和落实情况。

六、宣传经验和问题

（1）地委加强对报纸的领导。地委除决定宣传部长张超主管报纸工作外，对报社具体工作遇到的问题，总是热情关怀，积极解决。创刊时铅字不够，就请求陕南区党委帮助解决；对报纸如何开展宣传，每个时期都提出具体意见和要求。初创刊时，"地委对报纸的宣传内容还做过讨论，认为只要不属于保密的东西，都可以通过报纸进行宣传"（据杨锐同志的回忆）。在《郧阳报》还未公开出版前，地委宣传部于 1950 年 5 月 25 日以文件形式发出《地委宣传部关于迅速开展通讯报道及报纸发行工作的通知》。1950 年 8 月 1 日，地委宣传部发出了《关于在全区普遍建立读报组的通知》；1952 年 1 月 5 日的报纸上，地委发出《关于贯彻执行中央在报纸刊物上开展批评与自我批评的决定》；1952 年 2 月 8 日，中共郧阳地委纪律检查委员会在报纸上登出《认真执行地委关于执行中央在报纸刊物上开展批评与自我批评的决定——给全区各县纪律检查委员会的一封信》。1952 年 8 月 22 日，地委在报纸上发出《中共郧阳地委关于郧阳报设立〈党的生活〉栏的指示》（见郧阳报 300 期第三版）。郧阳报于 1952 年 7 月在报纸上开展《大家来参加〈组织起来发展农业生产〉问题的讨论》时，中共郧阳地委宣传部又通知各级党委宣传部门认真组织领导干部、群众参加讨论会（通知原文见郧阳报 1952 年 7 月 19 日第 289 期一版）。

由于地委重视、关心报纸，不论是报社的干部思想觉悟、业务水平，还是报纸的宣传、印刷等方面，都不断得到了提高，曾受到全区各级党委和人民群众的赞扬。农友们都说，郧阳报是真正给人民办事的报纸。

（2）贯彻中心指导运动，报道重点指导全面。这是《郧阳报》在宣传上的一个特点。它创刊于全区开展镇压反革命和土地革命之时，当时报纸从内容到版面，突出地贯彻了地委这两个中心工作。如在镇压反革命时，报纸从 1950 年 9 月到 1951 年 5 月这段时间里，发表镇压反革命分子的言论有两篇，消息有 25 件。特别是对镇压国民党乡长以上的罪大恶极的反革命分子，都做了公开报道，这对当时建立和巩固农村政权起了积极作用，同时为土地革命工作的开展奠定了基础。宣传土地革命时，地委的工作重点，也是报纸的宣传重点，并经常地、系统地宣传点上的经验，以推动面上的工作。当时，地委以郧县茶店区长岭村和均县草店区大土湾等地为土改工作重点，报纸经常报道点上的经验，以指导面上的工作。如从 1950 年 12 月 24 日起，到 1951 年 3 月 26 日止，报道长岭村的消息和经验就有 11 篇，其中有：《郧县长岭村农友诉苦划阶级理直气壮，地主理屈词穷被迫承认》《长岭村划阶级中的说理斗争》《长岭村的没收征收和分配》《长岭村的妇女在土改运动中的作用》《长岭村召开各种会议、检查土改讨论布置生产》《长岭村土改后的民主运动》以及《长岭村土改以后农友们热烈互助生产，两个月生产成绩很大》等，这对当时指导面上的土改工作起到了一定作用。

（3）报纸在宣传过程中，重视新闻必须真实的原则。许多老同志在回忆时说，创刊时期报纸在宣传中，对维护新闻必须真实的原则是十分重视的。当时，所有记者全部深入农村，参加党的中心工作，在实际调查研究的基础上，发现情况和问题，采写稿件，强调记者掌握第一手材料，不许道听途说。对在家的编辑，一是强调在编稿的过程中，自己不懂的或不清楚的事情，要弄懂、弄清楚以后再编，对弄不清楚的情况，采取打电话、写信的办法，把情况弄清楚。二是编辑部从制度上做出规定，强调编辑每星期下乡一次，以便了解下面情况，呼吸新鲜空气，听取群众对报纸的意见，要求防止改稿时出现片面性，严把新闻必须真实这个关。在培养教育通讯员时，要求通讯员要深入群众，深入实际，写稿要实事求是，不能道听途说，不能胡编乱写。

（4）在报纸上开展批评和自我批评，密切党、政府和人民群众的联系。对此，报纸宣传得较为突出。因为地委和地委领导同志对在报纸上开展批评和自我批评是非常重视的，并对这一工作给了坚决的支持。1952 年 1 月 5 日《郧阳报》发表了地委《关于贯彻执行中央在报纸刊物上开展批评与自我批评的决定》，还发了《被批评者应赶快作答复》的文章。1951 年 10 月 31 日郧阳报第二版上登了专员刘露洗给房县董县长写的信，该信原文是："房县董县长，《郧阳报》186 期，发表了你县青峰区仓库主任旮新忠，工作员任传贤对农民野蛮无理、私扣群众等一连串的错误。这是一件很严重的事情，你们必须高度重视。旮新忠、任传贤身为人民政府的干部，不关心爱护群众，竟如此野蛮无理的对待群众，因而引起了当地群众大大不满，才联名投稿。为了密切党、人民政府与群众的联系，教育全体干部，希你立即检查处理。对犯错误者给予应得处分，并督促犯错误者做出检讨，处分和检讨结果，都应在报上发表"。这充分证明地委和地委领导同志对在报纸上开展批评和自我批评的重视程度。

为了贯彻在报纸上开展批评与自我批评的精神，郧阳报当时开辟过许多小栏目，如《批评与建议》《建议》《读者呼声》《读者意见》《信箱》《读报人来信》《农友问答》《表扬》等栏目。当时《郧阳报》曾受到全区农友的好评。他们说："报上表扬好的模范人物，或批评某些不好的行为，群众都很愿意听，大家说：'听了报上登的好的，都想照人家样子学，谁还不愿意进步呢？'听了坏的都说：'登的对，看他以后还这样不'。"（1951年6月7日《郧阳报》二版，《郧阳县宣传员代表对本报的反映和希望》)"。大家看到郧阳县白桑区副区长张文斌吊打老乡县委发出通报一稿后都说："区长打人还要受处分，我可不敢再违反政策了。"（1950年8月10日《郧阳报》二版，《农民热爱〈郧阳报〉》)。

在报纸上开展批评与自我批评，是新闻事业的光荣传统，也是报纸战斗性的一个重要方面。不仅能够教育干部，端正政策思想，提高工作效率，而且还能提高人民群众的觉悟和积极性，吸引人民群众踊跃参加国家建设事业，进一步密切党、政府和人民群众的联系。

（5）贯彻"大众化、地方化、通俗化"的办报方针。这是《郧阳报》在宣传上的又一特点。其表现是：文字浅显易懂，选用农民健康的语言写文章，力戒用庸俗化和不大众化的语言，使初识字的人能够看得懂，不识字的人能够听得懂，适合当时农民的文化水平。再一点是，不论消息也好，言论也好，都开门见山写事实，不写空话，套话，文章标题也注意通俗朴实。如《捏紧刀把坐稳江山，发动群众打退地主反攻》《竹山、郧西、郧县下冷子打坏了庄稼》《肖公村村长张讲道得了孙女，叫群众送礼大吃大喝请客五十多席，区长卜善科不加禁止反而送礼喝酒——郧县政府对此事应加重视和处理》《杜鲁门蛮不讲理、周外长发表声明》《美帝陷在泥坑中》等标题，都比较通俗化、大众化和地方化。另一个表现是，对新华社电稿和党与人民团体之重要报告、决议和指示等，都按大众化、地方化、通俗化的要求加以改编和改写。据副社长董文南回忆说，1951年后半年，中南区召开的报纸工作会议上，他就郧阳报的通俗化问题，还在会上发过言。报纸的通俗化也曾受到过读者的好评。"报纸上登的宣传员讲话材料很好，字也不多，念起来很顺口，群众也都听得懂，我们宣传员见了这些材料，都连忙向群众广播或读给大家听。"（《郧县宣传员代表对本报的反映和希望》《郧阳报》135期2版）群众普遍反映，《郧阳报》是办给农友们看的，里面尽登的是我们农民的事，说话也是我们农民的话。

贯彻"大众化、地方化、通俗化"的方针，绝不是把报纸水平降低，而是为了适应当时群众文化基础差的特点，用简单明确的语言，用生动的事实，宣传马列主义、毛泽东思想，宣传党的方针政策。这也是对采编人员理论与实践相结合的考验和锻炼。

（6）开辟专栏，加强对中心工作的指导。郧阳报随着形势的发展和党的中心工作的变化，用开辟专栏形式，深入宣传党的路线和方针政策，向广大群众进行较为系统的马列主义和毛泽东思想的教育。如在土改时，报纸开辟有《土改讲话》专栏；在开展增产节约运动时，开辟了《增产节约运动宣传员讲话材料》专栏；在开展爱国丰产运动中，还开辟了《热烈开展爱国丰产运动》《农产生产十大政策讲话》的专栏；国内外大事的宣传上，开辟有《伟大祖国的伟大建设》《新中国、新人、新事》的专栏；在时事宣传方面，开辟了《伟大的苏联》《时事讲话》《一星期世界大事》《国际一周》《时事解说》《时事漫谈》《国际简讯》《天下大事》和《广播台》等小栏目。这些专栏，既配合宣传了党的中心工作，加强了党对中心工作的指导，又起到了向群众进行具体的、系统的马列主义、毛泽东思想的教育。1952年后半年省委宣传部在对地方报纸工作的检查时，肯定"《郧阳报》的专栏是爱国主义、国际主义教育的好形式"。

（7）建立通讯组，培养通讯员，开展读报活动，是报纸工作的重要内容。创刊时期的《郧阳报》，一方面依靠各级党组织抓好这一工作，另一方面经常在报纸上注意宣传这一工作。在筹办报纸时，地委宣传部就发出了《关于迅速开展通讯工作的通知》，要求各县委、区委迅速恢复与加强原有通讯组织（指《陕南日报》在郧阳时组织的通讯组），并要求建立新的通讯组，强调"地委分区专署机关和县区各机关学校（各连队）及一部分农村中普遍建立通讯组"。1951年8月1日，地委宣传部又发出了《关于在全区普遍建立读报组的通知》，强调"只有广泛建立起读报组，才能使报纸和广大群众见面"。

在报纸上公开宣传通讯组的活动，也是比较突出的。在第二期报纸的报眼上，就报道了《均县、郧西、郧县重新整顿通讯组》的消息；在 1950 年 7 月 25 日报纸的报眼上，又登了《房县区委书记会上大家研究写稿子》的消息，消息中说："会上决定各直属机关和各区都要普遍建立通讯组，各通讯组要开展写稿竞赛。"1950 年 11 月 24 日的报纸上，又登了《竹山县委书记李平同志给报社来信，检查前一段通讯工作》。信中说竹山县"通讯工作没搞起来，我要负主要责任……今后下决心加强这方面工作"。从 1951 年 3 月底到 10 月中旬，分三批在报纸上公布了报社聘定的通讯员名单。

在组织培养通讯员时，报社十分注意发展工农通讯员，并注意在读报组中培养工农通讯员。这种做法，曾受到省委宣传部的肯定。1952 年后半年省委宣传部在检查报纸工作时说，开展"读报"活动，培养与成长一批人，很多农民由积极分子变成了干部，孙传义的情况是可贵的（孙传义是郧阳县柳陂区孙家村的读报员培养成通讯员，虽然身体残疾，还被吸收为人民教师——编者）。

读报活动，是由点到面逐步发展起来的。地委、县委的工作点，也是建立组织读报组的点。如郧县的长岭村、均县的大土湾村，都先组织起读报组，随之，全区各地逐步普遍建立起读报组。到 1951 年 9 月，全区已建立 600 多个读报组，其中 100 多个读报组还不错。副社长董文南写的《肖公村读报组介绍》一文，在 1951 年 5 月 20 日的《湖北日报》上发表。文章中说，肖公村的读报经验说明：组织读报组"必须是宣传员领导读报组过渡到向报社写稿成为农民通讯员"。

（8）报纸在宣传中存在的问题。在庆祝《郧阳报》出版 100 期时，以编辑部的名义写了题为《过去的回顾和今后的希望》一文，文章中总结了办报纸的经验，并提出了今后改进的意见：

①把报纸办得更通俗些。许多农民批评我们"越来越叫人不懂了！"检查一下我们报纸，这个缺陷现在是很严重的，这主要是因为我们办报思想上对于谁的问题不明确、不坚决。由于我们这样做的结果忽视了工农通讯员开始还写，后来不写了，这是危险的，这样的结果势必使我们脱离群众而为群众所不需要。

②加强对工作的具体指导。区村干部要求这个报能够起到一个需要什么有什么的作用，群众要求在紧张的斗争中报纸能适时地配合上去助一把劲，

需要解决的困难问题能适时解决。过去在这方面做得不够，如土改已将开始报纸工作就不能够及时地响亮地用事实喊出"地主就是罪恶"的号召，以致使那种减租反霸阶段的情况，在有的干部思想中形成了可以被维持下去"社会秩序"，似乎有恶霸不合法，而地主可以合法存在的；在镇压反革命以来，各地群众欢欣之至，纷纷控诉反革命分子罪恶。我们报纸没有适时地把这些情况告诉人民群众，这是个损失，这说明我们政治嗅觉很不灵敏，这是应该在今后注意解决的。

③以农村为主的编辑方针是正确的，但不顾城市或对城工作忽冷忽热也是错误的。过去我们对工人工作、工商动态表现了忽冷忽热，而对于公营企业、市场的领导管理、组织土特产外销与扶植农村生产却报道很少。这样就使得报纸联系群众的面和力量缩小了，这是急需改进的。

从我们走访老报人和翻阅当时报纸实际情况看，报纸在宣传方面不足之处，主要有以下几点：

①编辑人员业务水平低。从社长到编辑、记者，一是没读过新闻专科，二是没有办报的实际经验。

②在贯彻"以农村为主"和"把报纸办到大众化、地方化、通俗化"的方针上，有单纯以农村为主，不顾城市或对城市工作忽冷忽热的偏向；在通俗化方面，存在有用语不够简单明确、句子太长和标点符号打得不够准确，影响通俗化的问题。

③对中心工作的报道，虽然报纸主观上是加强了，但是从客观上看，对地委各个时期中心工作的报道还不够集中，有点零碎。再就是抓典型、报道典型不够。

④文章偏长，版面不活。当时报纸上利用的稿子，多是各级党组织和政府部门，以及工作重点写的工作报告或工作总结改写的，因而文章显得偏长，加之当时制版条件的限制，创刊一年多时间又无美术编辑，致使报纸版面不活。1951年后半年有了美术编辑后，报纸开始刊登木刻图画，版面不活的问题有所改变。

⑤文字体裁单调，没有文艺副刊。从新闻体裁上看，消息多，通讯少，发的消息也很少有综合消息和评述性消息，简讯体裁多是用在国内外的实事报道上，地方稿件很少用这种体裁。另外，人物通讯、事件通讯、工作通讯

以及调查报告等体裁，很少见到。1951 年 6 月以前，报纸没有副刊。6 月以后，在报纸上才见到《说说唱唱》专栏，刊登的大多是快板诗、童谣、民歌、顺口溜等，这些可谓当时的"文艺副刊"了。

七、印刷、发行、设备人员等相关情况

（1）备案：《郧阳报》是经过湖北省人民邮政管理局登记为第二类新闻纸类。

（2）社址：开始为郧阳老城金家巷（因报社大门放在金家巷——编者），到 1951 年工厂扩大，报社大门改到西大街，社址便改为郧阳老城西大街。

（3）版面：《郧阳报》为铅印报，期刊和版面有过两次变动。《郧阳报》一创刊就为铅印报。从 1950 年 7 月 1 日创刊到当年年底，为八开两版三日刊。1950 年 12 月 25 日报纸刊登启事说：根据目前形势和工作发展的需要，本报经上级批准"从 1951 年 1 月到 9 月底，报纸改为八开两版隔日刊"。这是第一次改刊。1951 年 9 月 22 日的报纸又登启事说："本报为了照顾广大农民群众的需要，决定从 10 月 1 日起改为四开四版三日刊，内容包括：本地各种消息、时事新闻、山歌、快板、戏剧、连环画、农业知识、宣传员讲话材料、小故事、读报人来信、经验介绍、农民读本、农民生活、批评建议、问题讨论，等等。"于是，从 1951 年 10 月 1 日起直到停刊，报纸改为四开四版三日刊，这是第二次改刊。从 1952 年 7 月 1 日四版上登的启事里，还看到：《郧阳报》从 7 月 1 日以前，每逢大月，每月出版 11 期，7 月 1 日以后，"不管大月小月只出 10 期报纸"。

（4）排印字体：从创刊到 1951 年 10 月 22 日（199 期）的报纸，是用老五号宋体字排印的；自 10 月 25 日（200 期）报纸起，改为老五号正体字排印。

（5）报纸发行情况：初创刊时，报纸发行靠地委通信班送往各县，有时有各县通信班的同志骑马到地区取报纸、送稿件。自从报社发出建立发行站的意见后，报纸发行工作靠各地建立的发行站发行。《郧阳报》1951 年 8 月 9 日二版登了一则启事说："为了使群众订阅报纸方便与减少群众邮费、汇费负担，特请各区乡政府或读报委员会统一代订。"由此看出，这段时间《郧阳

报》的发行工作，是报社委托各地发行站及各区乡政府和读报委员会代为发行的。报社内部由发行科负责收费、结算、安排专人分发报纸，送邮局邮寄。到 1951 年 11 月 1 日，为了执行邮发合一的方针，《郧阳报》的发行工作，全部交由郧阳县中心邮局办理发行。初创刊时，每期发行报纸 4000 份左右，后来报纸发行 5000 多份。

（6）设备情况：筹办《郧阳报》时一无所有，陕南日报社西迁时只留下一部四开印刷机的铁架子，一部分零散的五号字。四开印刷机缺零件，就到郧阳县农具厂现配零件。铅字不够，陕南区党委答应支援一部分五号字。用个把月时间才把铅字运回郧阳，可是标题字、空铅、铅条都没有，后来又到汉口买回了一些标题字、空铅、铅线。听说竹山县有铅子，又派人去请求支援，但是仍然不够排报用。工人们就出主意，在郧阳城关请来四个木匠，用梨木刨成二、三、四号字厚的木片，代替各号空铅使用；标题字不够，请刻字师傅缺啥字刻啥字；铅条不够，就请竹器社的师傅，按对开四开铅条的规格，刨竹片子代替；铅线不够，买来白铁皮，请白铁社的师傅加工铅线。排版问题解决了，机印车间又出了问题，印刷机上的胶辊没有了，工人们就用牛皮胶代替。天气热了，牛皮胶用长了就发软，印不成报，工人们又想办法用打版棕刷蘸油墨印报。每期 4000 多份报纸，从头天下午 6 点钟装版，印到第二天上午 12 点钟才能印完。排字房只有一个大案子当工作台和几个排字手盘和简单的工具。晚上排字，手盘上放蜡烛，案子上点汽灯。直到 1951 年年初才又从汉口买了一台四开印刷机、一部圆盘机、一部铸字炉、一副五号字铜模和一套打版、烘版机。总之，印刷厂的设备是从无到有、从少到多、从不全到全，在克服各种困难、十分艰苦的条件下逐步发展壮大起来的。

（7）来稿用稿情况：当时交通不便，邮递工作有一定的困难。每月来稿最少有 400 多件，最高达到 600 多件。郧县来稿、用稿比较多，占全区第一，均县、房县次之；郧西、竹山、竹溪县再次之。每月用稿最少有 90 多篇，最多达到 180 多篇。

（8）通讯队伍情况：为了开展通讯工作，编辑采取过多种措施。如对工农通讯员来稿，要求每稿必须复信（包括骨干通讯员），对一般通讯员做到重点复信或综合复信；经常研究通讯员存在的问题，研究写稿方法，从政治思想上、业务水平上提高工农通讯员，把通讯员吸收在报纸周围；为了形成群众性的通讯工作，并能广泛交流经验，把内部编印的《通讯与读报》，改为公开在报纸第四版上定期刊登，还在报纸上公开宣传通讯员工作条例，公开举行通讯员赠奖大会，聘定骨干通讯员，发通讯员证等工作。从 1951 年 3 月 28 日、5 月 1 日和 10 月 19 日三期《郧阳报》上看，当时曾聘定三批骨干通讯员，已发展到 243 名，到 1951 年 12 月底，骨干通讯员队伍已达到 300 多名。

（9）广告业务：报纸公开发行不久，于 1950 年 8 月下旬在报纸上开辟了"广告业务"。该业务由经理部广告科负责接洽和办理登记、收费手续。起初，只登些简单的"遗失声明""解除婚约""寻人启事"等方面的启事。之后，登有"郧阳物价"等广告。这时的广告，约占到一版的三分之一，少数还占到一版的三分之二。广告科还在 1950 年 11 月 3 日《郧阳报》的报眼上登了广告刊例。刊例说："凡在报眼上登的启事，每期每眼 65000 元（折现价 6.5 元）；营业方面的启事，长行（21 字高）每期每行 4000 元（折现价 0.7 元），短行（10 字高）每期每行 2000 元（折现 0.2 元）；经济方面的启事（10 字高）每期每行 700 元（折现价 0.07 元）。从刊例还看到，登广告应注意以下事项：

①有关政策法令文告的启事广告，需要有机关团体的批准证明方能刊登。

②底稿要编写清楚。

③广告费需先付给，否则恕不刊登，中途自请停刊者，概不退款。

（10）停刊时间及其原因。郧阳报于 1952 年 11 月 15 日停刊，从创刊到停刊，出报两年零五个半月，共出报 238 期。报纸之所以停刊，主要是郧阳地区与襄阳地区合并为一个地区。故而报纸随之停刊。

第四章 《十堰日报》

一、《郧阳报》在"文革"中诞生发展

1965 年 8 月，恢复郧阳专区建制。1966 年 1 月 31 日，中共郧阳地委发出《关于复刊〈郧阳报〉的决定》。决定指出："复刊后的《郧阳报》是一份通俗的农民小报，主要是办给农村基层干部和农民群众看的。"决定又指出，它的作用是："宣传毛泽东思想和党的方针政策，宣传天下大事，介绍先进事迹、先进人物和先进经验，帮助广大干部和群众提高政治觉悟和思想水平，为建设社会主义新山区而奋斗。"

1966 年 3 月 1 日，《郧阳报》复刊。地址设在郧县原老城西大街 65 号。仅借十几间陈旧古老的民房做编辑部办公室和同志们的宿舍。就餐在地委机关食堂。报纸由郧县印刷厂承印。后因中共郧阳地委、郧阳专署机关迁到十堰，郧阳报社也于 1967 年 11 月 15 日迁到十堰郑家沟。

《郧阳报》复刊就是铅印，四开四版三日刊，交郧阳地区邮局发行。

1966 年 3 月 4 日，经中共郧阳地委批准，建立郧阳报社编委会，实行社长领导下的编委负责制，下设编辑组和群众工作组。编委会成员有：朱志彩（3 月 10 日，经地委研究、省委同意，任报社副社长，负责全面工作）、彭作师（地委宣传部宣传科长，负责报纸出版工作）、刘正安（群众工作组组长）、吴德胜（编辑组副组长）、王兴华（编辑组副组长）。这时，编辑部只有 14 个同志（包括编委成员）。

《郧阳报》复刊不久，"文化大革命"就开始了。在十年动乱期间，既要

出刊报纸，又要到十堰建社建厂。于是编委会分成两套班子，一套班子由彭作师、刘正安负责办报，刘正安同志还要兼职筹备建社建厂的资金求援和印刷器材及建社的设备添置等工作；另一班子由吴德胜带领刘家瑞、徐泉源和从郧县印刷厂借调一些青年工人，到十堰郑家沟建社建厂（随后，副社长朱志彩也参加了这个班子）。在这段时间里，郧阳报编辑部有两次被群众组织冲击，报纸被迫停刊两次，两次被群众组织夺权改出"《郧阳报》新生号"有一年多时间。

当时，由于指导思想上"左"的错误，《郧阳报》在宣传上，曾不适当地宣传了一些错误的东西，报纸版面也很呆板，而且多是"小报抄大报"，未能很好地贯彻落实地委确定的办报方针和任务。

粉碎"四人帮"后，在《郧阳报》紧跟党中央的部署，大胆拨乱反正，努力清除林彪、"四人帮""左"的流毒和影响，逐步恢复和发扬党报的优良传统，特别是党的十一届三中全会以来，报纸为了适应全党工作着重点的转移，密切联系群众，联系本地的实际，坚持四项基本原则，把报纸改革放在首位，提出了"坚持改革，办出特色，党委满意，群众喜阅"的办报方针，努力做到既有大方向，又新鲜活泼，努力使报纸具有地方特色。1985年报纸在为城市经济体制改革服务方面，又提出了"一个增加，两个结合，三个搞活"的新闻改革指导思想（增加信息量；指导性与服务性相结合，思想性与知识性相结合；搞活内容，搞活版面，搞活文风），要求报纸为广大读者提供政策服务、信息服务、科技服务、文化和生活服务。

多年来，《郧阳报》在新闻改革上，从提高指导性，加强服务性，扩大信息量，增加可读性等方面进行了一些大胆的探索。

首先抓报纸版面改革。在抓版面改革时，着重抓好一版改革，带动其他版面的改革。并确定一版为要闻版，除刊登全国特别重大的新闻外，主要刊登本区重要新闻，迅速、准确、生动地反映全区各条战线贯彻党的路线、方针、政策的新闻经验和典型，体现每个时期地委的指导思想和工作部署；反映两个文明建设的新经验、新成就。为了指导报纸办得引人入胜，特意开辟了有地方特色的专栏，如《主人翁》《随感录》《图片新闻》《郧阳短讯》《汉江南北》《武当方圆》《车城瞭望》《可爱的郧阳》《并非闲话》《风流人物》《群众呼声》等。二版为经济版，主要在扩大信息量，加强服务性上下功夫，着力反映本地区农、工、商等战线的新经验、新成就、新人物、新风尚和新问题。这个版上，开辟有《今日山村》《百宝园》《经济信息》《市场》《农家乐》《职业生活》《社会一角》《花边新闻》《新闻短波》及《科技园地》等专栏。三版定为副刊版，努力增加知识性和可读性。这个版在重点办好有本地特色的《武当山》副刊、《家庭》《年轻人》《法制园地》等专栏外，还注意对党、政、群、团建设和理论学习、思想政治工作、文教卫方面的报道，并没有《党的生活》《文明花开鄂西北》《战士》《海峡情》等栏目。四版为时事广告版。在时事宣传上，坚持做到大事不漏，综合改编，广辟栏目，增加信息。设有《新建设新成就》《在希望的田野上》《祖国各地》《文化生活》《体育之窗》《世界各地》《国内外科技》《国内一周要闻》《特区之窗》《港台之窗》《标题新闻》《图片新闻》等小栏目。新华社主办的《新闻业务》对《郧阳报》的时事宣传，曾予以很高的评价，称这个版面"尺幅兼容天下事"，赞扬它办得颇有特色。在四版上，还开辟有《读者来信》《读报与发行》《文摘》《广告》等栏目。为了提高用稿率，扩大信息量，1985年9月1日把老五号宋字改为新五号宋字。

其次是搞好文风改革。在文风改革上，重点抓了五方面：一是新，抓能体现一定时期党的方针政策性的报道，抓住能提出新问题的报道，抓能开创新局面的报道，及时反映现实生活中生动活泼的新人、新事、新问题、新情况、新变化、新成就，克服老一套的陈旧报道。二是短，整个版面以短为主，长短结合，坚持新闻让事实说话的原则，压缩大话、空话、套话，头条消息不超过800字，社论800字，评论员文章500字，短评、杂文300字，每版稿件在14篇以上。三是快，在强调新闻真实性的前提下，加强新闻的实效性。凡本报刊登的新闻，抢在上级新闻单位以前的稿件，都给予鼓励或奖励。四是活，即运用各种形式，改革新闻写作，使新闻报道生动活泼，为群众所喜闻乐见。五是改革会议报道，对需要报道的会议，力争在"活"字上下功夫，从新角度上去报道。文风改革的重点，又放在提高言论质量，加强群众评论上，增强报纸的指导性。

其三是质量改革。早在1979年，编辑部内部就开展了争创"十好"活动（好典型、好文章、好标题、好栏题、好版面、好版样、好专栏、好形式、好插图、好照片）。在此基础上，逐步在采编人员和部分骨干通讯员中，树立好新闻意识，开展自觉地争创好新闻活动，并在编辑部内成立了好新闻研究小组。从 1980 年全省开展评选好新闻活动以来，到 1989 年底，《郧阳报》被地、市报联系评出好新闻共 85 篇，被全省评为好新闻有 24 篇，被全国地报评为好新闻有 15 篇，被省以上评为好标题 12 条、好照片 14 幅、好版面 4 个。

二、地市合并后的《十堰日报》发展概况

1994 年 10 月 29 日地市合并，合并后的《十堰日报》，在总结和发扬原《郧阳日报》和原《十堰日报》办报经验的基础上，坚持新闻工作的党性原则，紧紧围绕市委、市政府的中心工作，及时报道全市改革开放和"两个文明"建设的新成就、新经验，使《十堰日报》成为宣传十堰新事、报道国家大事、传播国际要闻、让外界了解十堰、使十堰走出国门的重要信息桥梁。同时在宣传上做到了城乡兼顾，内容丰富，贴近群众、贴近生活、贴近实际，逐步成为开放型的综合性日报。1997 年 7 月 1 日正式扩版为对开的《十堰日报》，更具有新时期的特色，它坚持正确的舆论导向，服务大局，服务中心，服务群众，服务社会，做到宣传大十堰，促进车城"两个文明"建设。2003 年 4 月 28 日，《十堰日报》正式出彩报，成为全省市州委机关报中的首张彩报。

1995 年 7 月 1 日十堰日报社主办的《十堰晚报》呱呱坠地。《十堰晚报》坚持"办市民有用的报纸，做读者贴心的报人"的办报宗旨和"新闻立报、人才兴报、经营强报"的发展理念，以市场化运作机制，激发职工工作热情，报业发展步伐加快，成为十堰城区发行量最大、综合实力最强的主流媒体。

在这一时期，十堰日报社先后实现了报纸激光照排，报纸印刷告别了铅与火的历史，同时，建成了日报社办公局域网，采编系统告别了纸与笔，实现了编稿、排版的现代化。报社还建成了新闻业务大楼，使报社的办公环境得到极大改善，从而使十堰日报社事业发展步入了新时期。

三、进入新世纪后《十堰日报》改革概况

2000 年进入新时期，面对传媒业的激烈竞争，作为全省文化体制改革试

点单位的十堰日报社以"三项制度"改革为着力点，不断创新体制机制，充分激发了内部活力；大力推进报业战略转型，走多元化传媒文化产业发展之路，舆论引导能力、事业发展水平、产业竞争实力迅速跃居全省市州报社前列。

精心铸造品牌，全面提升媒体传播力。报社在"坚持以报为本，办精办活'两报'（《十堰日报》和《十堰晚报》）；发展新锐媒体，精心培育网站；加速新老媒体融合，增强舆论引导能力"的指导原则下，确立了"培育新闻采编业务核心专长能力，打造区域性强势媒体"的目标。《十堰日报》以使用报徽、改版瘦身为标志，用周密的策划，对版面和内容进行创新，确立了市域主流媒体、权威报道的形象。《十堰晚报》以地域特色和品牌栏目为着力点，提升报纸品位和影响力，先后被国家新闻出版总署报刊研究机构评定为"中国优秀报刊品牌"，被中国地市报研究会评定为"中国地市最具品牌价值晚（子）报十强"。两报编发了一大批导向正确、"三贴近"特色鲜明的优秀新闻作品，为服务市委、市政府中心工作、打造区域性中心城市营造了良好舆论氛围。

推进报业战略转型，抢占传媒业发展制高点。2006 年 8 月 18 日，报社创办了十堰重点新闻门户网站——秦楚网；2009 年 8 月，依托报社的强大新闻资源，秦楚网与通信运营商合作，创办了十堰首份手机报——《十堰手机报》，并延伸推出了《十堰电信手机报》；2010 年 2 月，十堰政府门户网站正式交由十堰日报社承办；同年，报社实施的党报阅报栏建设项目纳入市政府为民办实事之一，得以顺利开工。经过几年的发展，报社形成了"三报两网一栏"（《十堰日报》《十堰晚报》《十堰手机报》和秦楚网、十堰政府网以及党报阅报栏）的全媒体报业发展新格局。2009 年 11 月，秦楚网作为市州级新闻网站，跻身"中国百强新闻网站"。2010 年 2 月，网上市长热线被湖北省省委宣传部、省外宣办授予"2009 年湖北省互联网十大品牌栏目"。

在事业发展中，十堰日报社在全省报社中第一个办起数字报，在全国第一个推出了 3D 报纸。实现了平面媒体与数字化技术的融合。

整合报纸优势资源，发展传媒文化产业。报社利用和整合优势资源，创新经营模式，报业经营步伐不断加快。2009 年，全社报业经营总收入达到 7600 多万元，其中广告收入达到 3812 万元。分别比 2004 年翻了一番多；全社固定资产总值达到 3250 万元，是 1967 年 28 万元的 116 倍。

进入新世纪的 2011—2015 年，十堰日报社所属各媒体秉承"新闻立报、人才兴报、创新活报、经营强报"的发展理念，推陈出新，创新形式。围绕中心，服务大局，打造主流媒体品牌；以人为本，关注民生，打造公信媒体品牌；情系读者，贴近生活，打造服务媒体品牌；推陈出新，创新形式，打造创新媒体品牌。用责任意识、集体智慧、团队精神，不断提升党报品牌的影响力和竞争力，形成了以创新提升品牌、以品牌推动发展的良好态势。

十堰日报社"两报一网"（《十堰日报》《十堰晚报》和秦楚网）把围绕中心、服务大局作为基本职责，坚持用责任意识、集体智慧、团队精神三大法宝，努力建设责任媒体、良心媒体、爱心媒体、廉洁媒体。在建设责任媒体方面，"两报一网"彰显各自特点，发挥各自优势，以新闻联系人制度为抓手，以"青年记者工作室"为载体，把责任尽到，把服务做实，把队伍培优。近几年"两报一网"统筹编采力量，精心谋划中心宣传，创新新闻表现形式，努力形成舆论强势，不断提高新闻宣传的引导力。先后浓墨重彩地对时任中共中央总书记胡锦涛、时任国务院总理温家宝 2011 年 5 月 31 日至 6 月初来堰视察，2011 年 3 月，全省县域经济工作会议在堰召开，十堰创建全国卫生城市，我市移民外迁内安工作，中国共产党成立 90 周年，党的十八大召开，武当大兴 600 年和全国村主任论坛活动，党的十八届三中、四中全会召开，党的群众路线教育实践活动，南水北调中线工程顺利通水和五城联创等重大活动进行了及时、准确、全面的报道，很好地履行了党报服务大局的职责。在建设良心媒体方面，"两报一网"坚守媒体底线，不低俗、不媚俗、不庸俗、不恶俗、不哗众取宠，不危言耸听。"两报一网"先后挖掘推荐的《十堰"最美搬运工"捐款五千助学》《湖北十堰少年捡 2 万元护送八旬失主回家市委书记提笔"点赞"》《魏登殿：大梁山深处的"愚公"》《湖北十堰：7 朵金花在"雷区"绽放》《湖北十堰"最美女司机"晕厥前停稳车保乘客安全》和十堰道德模范、十堰最美村官等多个彰显十堰文明形象、弘扬社会正能量的先进集体和个人，被新华社、人民网、新浪网、搜狐网等国内近百家主流网站和数十家平面媒体转登，有力地宣传和推介了十堰的文明形象，彰显了媒体的社会公德。

在建设爱心媒体方面，"两报一网"关注民生，关注弱势群体。《十堰晚报》"希望工程圆梦行动"已进行了13年，收到爱心善款千余万元，资助贫困学子近7000名。近几年，六一前夕，《十堰晚报》多次策划组织"点亮微心愿"爱心公益活动，爱心单位及企业、数百位爱心市民帮助千余名农民工子女和贫困家庭的孩子实现儿童节微心愿，铸造了《十堰晚报》又一慈善公益品牌。2014年，报社策划推出蜂农直销大型公益活动，以全程监控和媒体信誉为市蜂伯安蜂业专业合作社"神农蜂语"品牌担保，直销活动开展以来，合作社销售"放心蜜"28吨，收入150万元，受得市委主要领导的充分肯定，赢得广大蜂农和消费者的一致认可，践行了媒体服务中心、服务群众的宗旨。

在建设廉洁媒体方面，"两报一网"恪守新闻工作者职业道德，不以稿谋私，不以版面谋私。各媒体创新实施新闻联系人制度，实施每日编前晒稿制度、每日评报制度和日常监督机制，有效实施惩防激励，从采编源头和采编流程各个环节杜绝采编人员以稿件谋私或以版面谋私。

十堰日报社所属媒体精心建设"四个媒体"践行了媒体职责，彰显了社会责任，提升了宣传水平。2011—2014年，十堰日报社"两报一网"共有300多件作品获国家级和省级新闻奖。2014年6月，2013年度湖北新闻奖揭晓，十堰日报社选送推荐的《写在南水北调调水前夕》系列报道荣获湖北新闻奖金奖，实现十堰日报社四年四夺湖北新闻奖金奖的历史性跨越。9月，在第七届中国地市新闻网盟年会上，秦楚网制作的南水北调网络专题《奉献——为了一江清水向北流》荣获专题奖项金奖。

与此同时，十堰日报社的形象在社会得到极大的提升，"两报一网"和一批个人多次获得国家级和省级荣誉称号。

2011年8月，在北京中国品牌与传播大会上，《十堰晚报》荣获品牌贡献奖，"2010—2011年度城市报推荐品牌"；秦楚网在中国地市网盟第四届年会上，荣获"中国地市网站10强"，同时，王世昌荣获"中国地市网站领军人物"称号。

2012年9月，在第五届中国品牌媒体高峰论坛暨中国媒体品牌影响力颁奖盛典上，《十堰日报》荣膺"2011—2012中国最具品牌创新力地市党报10强"。当年9月，《十堰晚报》获评"2012年度中国数字传媒领军品牌"；11月，荣获"2012年中国企业领袖与媒体领袖年会"品牌贡献奖。影响中国2012年度最具广告传播价值城市报"，秦楚网在2012年被全国新闻出版业网站评为"最具影响力网站",十堰政府网被评为"最佳服务网站"。

2013年6月,《十堰日报》被省委宣传部和省记协授予"全省走转改活动先进单位"荣誉称号;9月,在第六届中国品牌高峰论坛暨中国媒体影响力评选中,《十堰日报》荣膺"2012—2013中国地市党报品牌影响力10强";10月,《十堰晚报》被中国企业领袖与媒体领袖年会授予"品牌贡献榜·影响中国2013年度最具广告传播价值城市报"。9月,秦楚网荣获"2013年全国地方网络媒体最具影响力10强";11月,荣获"中国地方网站十佳品牌奖"。4月,报社党委书记、社长李东晖被中国报业协会授予"中国报业经营管理先进个人"称号。5月,《十堰日报》首席记者陶德斌的南水北调中线移民摄影组照,荣获第二十四届中国摄影展纪实类金奖。陶德斌成为新中国成立以来,十堰获此大奖的第一人、湖北省的第四人。9月,《十堰晚报》朱江、邓华荣获中国地市报研究会颁发的"首届全国地市报优秀记者、优秀编辑"称号。10月,《十堰晚报》原总编辑马顺德荣获"中国晚报杰出贡献总编辑奖"。

2014年,《十堰日报》荣获"2013—2014中国地市党报品牌影响力10强"称号;《十堰晚报》先后荣获"2014传媒中国年度十大创新力城市晚报"和"第三届中国地方都市类报纸影响力10强"称号;秦楚网荣获"2014年度最具创新力品牌奖"。在第三届中国地市报"十强""十佳"颁奖大会上,十堰日报社总编辑、党委副书记、集团副董事长王清荣获"十佳总编辑"称号,2013年,王清还荣获"十堰市突出贡献专家"称号。在首届中国报业新媒体大会上,集团总经理、副董事长王世昌荣获"中国报业新媒体融合发展十大领军人物"称号,全国地市州报仅此一人。2013年,王世昌还荣获中国报协评定的"中国报业经营管理奖"称号。2015年4月,第十届中国传媒大会在西安举行。经大会组委会推荐,专家评审团评审,《十堰日报》获"金长城传媒奖·2014中国十大公信力地市党报"殊荣。

为应对数字化技术和新媒体带来的革命性变化,在传媒业激烈竞争中争取主动,近几年,特别是2012年4月28日十堰日报传媒集团成立以来,报社按照"集团化运作、多元化经营、全媒体发展"的思路,积极探索文化产业发展之路,以自身资源和能力为基础,围绕转型发展,不断深化媒体改革创新,实现了多元化经营、全媒体发展。截至2014年12月,十堰日报社旗下已拥有"4报10网2端5微1刊1栏"23个媒体和21家子公司，集团从业人员近千人。形成以《十堰日报》和《十堰晚报》传统媒体为基础，以秦楚网、十堰政府网、手机报、客户端、微信等新媒体矩阵和以湖北小蜜蜂电商、湖北当当旅游、湖北神农蜂语、神农鸡血梅花玉等多元化产业布局为两翼的（19个传媒主业和18个传媒产业）现代传媒新格局，媒体传播影响力不断扩大，多元化经营水平不断提升，综合实力在全省市州报中处于靠前位次。

第五章　解放前汉江上游报刊出版概况

一、《陕南新闻》和《陕南日报》

1948 年 6 月，陕南区党委成立后，于 1948 年 8 月即着手筹备办报。《鄂陕报》停刊后，陕南区党委便决定把鄂陕报社的人员、工厂全部接收过来办报。当时《鄂陕报》虽然刚刚经过整顿、充实和提高，但是立即作为区党委的机关报来办，条件还不够成熟，还需要再充实、再提高、再增加印刷设备。于是，区党委决定先办一个临时性的报纸——《陕南新闻》，并于 1948 年 11 月创刊。与此同时，成立了新华社陕南分社，从河南新洛阳报社调来程文津，以充实、加强报社的领导班子；又从华东、华北来陕南的干部中调一批同志到报社工作，充实了采编人员；还招收一批学徒工，充实了印刷厂。到 1949 年 5 月 1 日，《陕南新闻》改刊为《陕南日报》，为陕南区党委的机关报，社址设在原郧阳"八高"旧址（区党委机关所在地）。

新华社陕南分社和陕南日报社，实际上是一个机构两个牌子。新华社陕南分社社长由陕南区党委宣传部副部长赵希愚兼任（任期是 1948 年 10 月至 1951 年 4 月）；副社长为周书（任期为 1948 年 10 月至 1951 年 4 月）。

《陕南新闻》创刊于 1948 年 11 月，终刊于 1949 年 4 月 28 日。陕南新闻初创刊时，出了两期石印报，以后改为铅印报。在此期间，社长是陕南区党委宣传部副部长赵希愚兼任，副社长为李衡，编辑主任施旸，他们的任期都是从 1948 年 11 月至 1949 年 4 月底。

《陕南日报》创刊于 1949 年 5 月 1 日，终刊于 1951 年 3 月底（该报创刊于郧阳，终刊于汉中）。陕南区党委宣传部副部长（西迁汉中后为部长）赵希恩兼任社长，任期为1949年5月至1951年3月；副社长为李衡任期1949年5月至1949年9月（"川干队"已集中西进）；第一副社长程文津，任期为1949年5月至1951年3月；施旸同志仍为编辑主任（于1949年5月11日因积劳成疾，病逝于郧阳）；吴生白为编辑主任（任期不详）；傅蔚然还一度任过总编辑（任期不详）。

在新华社陕南分社和陕南日报社期间（包括陕南新闻社在内），报社和陕南分社是一个党支部，支部书记为周书，委员有程文津、安天白（报社经理部经理）。

二、《两郧新闻》

1949年12月18日《陕南日报》在郧阳停刊，中共两郧地委于1949年12月14日就发出通知：成立新华社两郧支社，创刊临时性的《两郧新闻》报纸（实际创刊时间是1950年1月1日）。新华社两郧支社和两郧新闻社的社长是两郧地委宣传部部长张超兼任，副社长、编辑部主任由董文南担任，任期都是从1949年12月至1950年3月（《两郧新闻》1950年3月停刊）。社址设在地委机关大院。

三、郧县：《志诚报》《新郧日报》

《志诚报》

1938—1939年，《志诚报》在郧县出版发行。《战时鄂北新闻出版事业概况》中说："郧阳方面的《志诚报》，在鄂北是资格最老的一家报纸，内容贫乏，印刷也不良，经济困难，在今年五六月（指1939年）也停刊，全部机器和铅字由战区经济委员会收买了。"1939年12月，国民党军事委员会政治部编的《全国文化团体一览》中说："《志诚报》负责人叫钟叙午。"社址设在原郧阳老城西街（据在该社工作过的罗朋老人说，郧阳老城西街是志诚报的营业部，做印刷生意，代发行所。编辑部和印刷厂都设置在原郧阳老城外西关娘娘庙内。——编者）

原郧阳地区档案局收藏有三期《志诚报》，分别是 1939 年 6 月 18 日出版的第 362 期，6 月 20 日出版的第 364 期和 6 月 24 日出版的第 368 期。由此看出，《志诚报》实属日报，创刊于 1938 年后半年。该报为八开两版铅印报。登记证为内政部警字 6857 号。

在郧县创办《志诚报》时，正是武汉刚刚失守不久，全省人民一直要求抗击日本侵略者之时，从收藏的三期《志诚报》看，该报以刊登国民党中央社的新闻消息为主，也兼登一定数量的地方稿件，内容多是宣传抗日的。如在 364 期二版，就登有冯玉祥将军的《抗战十问》，激励人民抗日热情。但是，该报出版发行期间，正是国民党政府采取所谓"限制异党活动办法"之时，而且该报又是国民党第八专员公署掌握的宣传工具，它必然要为反动的政治服务。据郧县党史办编印的党史资料里说："《志诚报》刊登过共产党员叛变自首的声明启事。"

《新郧日报》

1943 年 9 月，国民党郧县民众教育馆馆长江新民，曾办过一份《新郧日报》，为八开石印小报，每期印 500 多份，发至全县各乡、保。1948 年郧阳解放即停刊。

四、房县：《战斗日报》《动员日报》《房县青年》《房县旬刊》《房县周报》

《战斗日报》

1938 年元月，由国民党房县政府机关职员利用业余时间办过油印小报——《战斗日报》，以转载国民党中央社消息为主，也登过少数地方新闻，后因经济困难，于同年 3 月停刊。

《动员日报》

1938 年 2 月，以房县抗日动员委员会的名义创办了《动员日报》。

该动员委员会由房县政府三人、地方士绅三人和革命进步人士许荫民、张吾纯（张云冕）、雷盈鑑（雷天鸣）三人"三三制"代表组成。该报为油印小报，以宣传抗日、传播进步思想为主，同时也适时揭露国民党官员的贪婪腐败行为。每期发行 300 份。后被国民党房县政府强行封闭，于同年 8 月停刊。

1938 年间，中共房县地下组织还出版过《民先日报》《五月》杂志、《望星石》杂志，主编为雷盈鑑（雷天鸣），以学生救国团的名义出版的，宣传革命道理，动员群众参加抗日救国活动。每期油印 200 份，除张贴城乡人口集中、交通要道的墙壁上外，还送给机关、团体、学校传阅。后因地下党组织遭到国民党破坏，这些报刊相继被迫停刊。

《房县青年》《房县旬刊》《房县周报》

在 1944 年至 1947 年，国民党三民主义青年团房县分团和国民党房县县党部，还先后办过《房县青年》《房县旬刊》和《房县周报》。《房县青年》是三民主义青年团房县分团主办的，发行人为宋秉彝（三青团房县分团负责人）。该报创刊于 1944 年 3 月 29 日，社址设在房县东街 38 号，八开石印。《房县旬刊》创刊于 1945 年，为国民党房县县党部主办，负责人罗万仁，社址设在房县城南街 14 号。1945 年 4 月 20 日登记警字第 10046 号（见国民党行政院新闻局《鄂、川、黔、滇新闻登记册》）。1947 年 7 月 7 日，该报更名为《房县周报》，发行人换成贺延宗（国民党房县县党部书记长），社址设在国民党房县县党部，印刷者为房县文化服务社，八开石印。

五、郧西县：《鄂陕周报》《鄂陕报》

《鄂陕周报》

1947 年 11 月，郧西县解放。1948 年 1 月，四纵队十二旅奉纵队命令兼鄂豫陕四地委、专署、军分区。与此同时，鄂豫陕军分区党委（四纵队十二旅党委）便开始筹备办报，成立的鄂陕周报社，属十二旅党委领导。

《鄂陕周报》创刊于 1948 年 3 月 1 日，终刊于 1948 年 6 月底。社址设在郧西县土门镇。报社负责人是十二旅政治部的宣传干事刘紫池。

刘紫池同志从 1948 年 1 月到 1948 年 6 月底，一直任《鄂陕周报》社负责人。当时，报社只有一位宫璋同志分管一般政治思想工作。

《鄂陕报》

1948 年 6 月，鄂豫陕四地委改为两郧地委，于是，《鄂陕周报》更名为《鄂陕报》，属两郧地委直接领导，报社地址仍然设在郧西县土门镇。

《鄂陕报》是 1948 年 7 月 1 日创刊，大约在 1948 年 9 月终刊。《鄂陕报》社社长是李衡，任期从 1948 年 7 月至 1948 年 9 月；副社长为刘紫池，1948 年 7 月任职，到 1948 年 8 月底即调离报社。这时，鄂陕报社设有编辑部、采通科和经理部。编辑主任为施旸，采通科科长为羊村，经理部经理是耿俊如，任期都是从 1948 年 7 月至 9 月。报社党的组织不详。

据国民党行政院新闻局《鄂、川、黔、滇新闻登记册》中说，国民党郧西县县党部主办过《郧西周报》，负责人为蔡琴书，1945 年 1 月登记，证号 9750 号。又据国民党郧西县参议会 1946 年 8 月 2 日（民国三十五年 7 月 6 日）议定的"关于办《郧西三日刊》"议案中得知，该县还办过《郧西三日刊》，为国民党郧西县县政府主办。

郧西县县志《内部资料》第三期上说，郧西县地下党负责人郑建安主办过一份《醒民周刊》。

六、竹溪县：《前线消息》《抗战建国半月刊》《战讯》

据竹溪县县志《内部资料》中说，1938 年 6 月，由中共地下党员聂之俊借抗战动员委员会的名义，办过《前线消息》，为油印报，每期印 200 份，内容主要是宣传抗日，由熊幼安收录电讯，陈念夷、柳汉喻刻蜡纸。1939 年元月，国民党竹溪县县长陈世航暗杀聂之俊，《前线消息》随之停刊。1938 年秋，聂之俊还以竹溪县抗日促进会的名义办有《抗战建国半月刊》。《抗战建国半月刊》在恒记印务局印刷，八开石印，发行 500 份，也于 1939 年元月停刊。在竹溪县县长王道平和帅云屏任职期间，以动员委员会的名义还办过《战讯》。

1944 年 1 月 28 日，国民党竹溪县县党部创办了《竹溪旬刊》，负责人叫冯益三，夏远发、杨六平为主编。到 1948 年 1 月又重新登记，证号为 214 号，负责人换成贺延宗（见国民党行政院新闻局《鄂、川、黔、滇新闻登记册》）。

在抗日战争期间，国民党 123 师政治部还在竹溪县办有《阵中简报》（三日刊），负责人为周镜澄，登记证警字 8411 号。

七、竹山县：《竹山青年》《竹山周刊》《竹山周报》

1938 年，中共竹山县地下党负责人安天纵、华绮霞，通过竹山县民众教育馆主办过《竹山青年》，该报为油印小报，主要进行抗日宣传。

1942 年，国民党竹山县县党部和民众教育馆合办过《竹山周刊》，先为油印，到 1944 年改为《竹山周报》，由国民党竹山县县党部主办，改为石印，发行 200 多份。该报负责人先是国民党竹山县县党部书记长陈言兼任社长，秘书靖正福任总编辑。1945 年陈言去世后，靖正福任社长。之后，国民党竹山县县党部书记长换成江忠洪，《竹山周报》社长由江忠洪兼任，何汉章任总编辑。在该报担任编辑的有王世斋、李惠民、李泽民。

八、均县：《新均县》三日刊、《均县周报》《青年日报》《武当月刊》及《正风月刊》

1943 年 3 月，国民党均县民众教育馆创办了《新均县》三日刊，初创时，报纸刊头由戴肇琼（身份不详）题写，发行人为均县民众教育馆馆长李成荫。报纸出到 187 期时（1941 年 11 月 21 日），发行人换成王延锦（均县民众教育馆馆长），报纸出到 200 期停刊。在此期间，该报为八开石印报。1946 年 2 月 10 日又复刊了《新均县》，刊头题字换成了国民党均县县长徐沛元题写，发行人为国民党均县县政府，编辑仍为均县民众教育馆，社址设在原均县老城南关 56 号。这时的《新均县》报，与国民党三青团青年服务社在均县创办的《青年日报》合刊，每隔三天合印一期（一个版），并改为铅印，印刷者为正风出版社。在此期间，《新均县》报的内容全是刊登国民党均县县政府发布的训令。

1945 年 10 月，国民党均县县党部又创办了《均县周报》，发行人是国民党均县县党部书记张笑玄，出版者为均县宣传委员会，该报为八开两版石印。

1944 年，国民党中央陆军军官学校第八分校在均县草店时，办过两个刊物，一个叫《武当月刊》，一个叫《正风月刊》。《武当月刊》是国民党中央陆军军官学校第八分校的校刊，创刊于 1944 年 12 月底，为该校武当月刊社编印，16 开直排铅印本，由该校印刷所印刷，该校合作社及鄂北、豫南各书店代销。《武当月刊》的宗旨是"以阐述国父遗教、总裁言论，研究军事、政治学术"。

《正风月刊》创刊于 1944 年 10 月底，是国民党中央陆军军官学校第八分校几个同人，利用业余时间，靠"兴趣支撑"办的同人刊物，16 开直排铅印本。它"有一餐米、做一餐饭"，既无公款，亦无基金，仅办三期，于 1944 年 12 月停刊。

《武当月刊》和《正风月刊》，都由国民党中央陆军军官学校第八分校政治部副主任燕鸣轩任总编辑（郧县人）。

1945 年 12 月，国民党三青团青年服务社在均县创办了《青年日报》，发行人是国民党三青团青年服务社总干事王宏济，社址设在原均县老城内民族街，印刷者为正风出版社，八开两版铅印。该报于 1946 年 6 月 21 日在均县停刊，共出版 204 期。停刊后社址迁到老河口。

第六章　20世纪五六十年代汉江上游
报刊出版的情况

一、各县县报创刊与停刊的时间

从 1956 年 7 月 1 日至 1959 年 4 月 15 日，全区 6 个县都先后办了县报，并公开发行。办报最早的是郧阳县，从 1956 年 4 月开始筹办，到 1956 年 7 月 1 日公开出版发行《郧阳报》（当时该县全称叫郧阳县，报纸刊头是用 1950 年郧阳地委机关报的刊头——编者），实际是郧阳县县报。县报办得最晚的是郧西县，至 1959 年 4 月 15 日才公开出版发行《郧西报》。其他各县报纸的创刊时间：《均县报》创刊于 1958 年 7 月 1 日；《竹溪报》从 1958 年 3 月 21 日开始试办，到 1958 年 10 月 1 日才公开出版发行；《竹山报》从 1957 年 9 月 25 日开始试办，到 1958 年 10 月 1 日才公开出版发行；房县是从 1956 年 11 月 3 日试办《房县报》，到 1958 年 12 月 1 日才公开出版发行。各县县报办到 1961 年元月，因国家遇到三年自然灾害，经济上有困难，纸张缺乏，根据上级指示精神，各县县报先后停刊。

从各县县报刊登的停刊启事得知，《竹山报》办到 850 期，于 1961 年 1 月 9 日停刊（该报期刊号是延续 1951 年以来竹山县委办的《竹山农村》内部刊物的期刊号——编者）；《郧西报》办到 210 期，于 1961 年 1 月 16 日停刊的；《郧阳报》办到 656 期，于 1961 年 1 月 17 日停刊的；《竹溪报》出版 343 期，于 1961 年 1 月 24 日停刊的；《房县报》停刊的时间有两种说法，一种说法是 1960 年 9 月底停刊；另一种说法是 1961 年元月停刊的（因该县县报保存不全，其刊号和终刊时间均不详——编者)；《均县报》停刊早些，出到 299 期，于 1960 年 7 月 17 日就停刊了。《均县报》之所以比其他县停刊早，主要是因为均县与光化县合并。两县合并后，改称丹江县，《均县报》随之改为《丹江报》(1960 年 8 月 1 日改刊的)。《丹江报》出刊 61 期时 (1960 年 11 月 30 日)，在报眼上刊登一则消息，消息说 "湖北省人民委员会转发国务院的决定说，因国务院全体会议第 105 次会议决定：丹江、光华二县合并，定名为光化县"。《丹江报》自刊登这条消息后，从 63 期起 (于 1960 年 12 月 4 日)，就改刊为《光化报》，出到 81 期 (期刊延续《丹江报》的)，于 1961 年 1 月 10 日停刊。

二、各县报社的机构设置和编制

当时，各县县委对办好县报都非常重视。房县县委早在 1956 年 6 月 5 日就发出了《关于创办〈房县报〉的意见》，并成立了编委会和编辑部。房县县报编委会由农业、文化、卫生、公安、合作、银行、组织部、宣传部、县政府秘书等组成，县委办公室主任袁学光任主任委员，报社副主编程传先任副主任委员。其他县县报主编，都是县委第一书记、副书记或宣传部部长、县委办公室主任兼任。如《竹溪报》是由县委第一书记闫怀智兼任主编。《郧西报》主编是县委副书记雷学彬兼任。《郧阳报》主编是宣传部部长周清兼任。《均县报》主编也由县委宣传部长谢从昭兼任。《竹山报》主编由县委办公室主任张立照兼任。各县县报的副主编，有的还是由襄阳地委任命的 (如《郧阳报》的副主编韦希周，《竹山报》的副主编杜国玉)。其他县的县报副主编是县委任命的。如王兴华为《郧西报》的副主编；程传先是《房县报》的副主编；孙华波是《均县报》的副主编；柯美福是《竹溪报》的副主编。1956 年 11 月 16 日，郧阳县县委文教部通知吴光恺任郧阳报社编辑部总编辑。

各县县报的编制情况：创刊初期，各报的编辑人员大都是 5—7 人；后来，有的县配备到 10 多人。如《郧阳报》的编辑人员达到 13 人之多。各县报的编辑人员，各县县委都有明文通知，谁是编辑，谁是记者，谁搞校对，包括印刷厂的负责人、事务人员等，都有明确通知。由此可见，各县县委对办好一张报纸是极其重视！

三、各县报纸版面的设置和发行

《均县报》《郧西报》为八开二版三日刊；《竹溪报》《竹山报》《房县报》为四开四版三日刊；《房县报》出至 1959 年 7 月 17 日，改为八开二版双日刊；《郧阳报》在创刊初期（1956 年 7 月 1 日至 1958 年初）为四开四版五日刊，报纸出到 149 期（1958 年 1 月 7 日）改刊为八开二版三日刊，从 1958 年 8 月 1 日起，经县委决定，地委批准，省委备案，《郧阳报》又改刊为四开四版隔日刊，每月出报 15 期。

各县县报的发行情况：《竹溪报》约发行 5000 份；《竹山报》发行近 10000 份；《房县报》发行近 5000 份；《均县报》发行近 4000 份；《郧阳报》最高发行 8000 多份，一般都在 5000 份左右；《郧西报》发行数量最多，达 30000 多份。

四、各县报纸的性质和任务

各县县报在创刊号上都刊登了《创刊词》或《发刊词》。如《竹山报》在内部发行的报纸启事中说："经县委决定，地委批准，将原来内部发行的《竹山报》改为县委机关报。"《均县报》在创刊号登的《发刊词》中说："《均县报》是均县县委的机关报，是以农民和乡社干部为主要对象的通俗报纸。"《竹溪报》在《发刊词》中说："《竹溪报》是中共竹溪县委主办的，是全县人民的报纸。"《郧阳报》在 16 期报纸的刊头下面，用四号宋体字排印有"中国共产党郧阳县县委机关报"这句话。由此看到，各县县报都是各县县委的机关报，也是各县人民自己的报纸。

县报的任务，各县县报在《发刊词》里都有明确的表述。如《竹溪报》在《发刊词》中说："《竹溪报》的主要任务是，通俗地宣传马列主义和毛泽东思想，宣传党和人民政府的方针、政策、指示和决议，贯彻总路线精神；坚持真理，为真理冲锋陷阵；坚持维护党的路线，同那些脱离党的路线、脱离党的领导的倾向做坚决斗争；以马列主义立场、观点和方法，通过实践，向人民群众进行具体的社会主义教育与共产主义教育，生动地反映人民群众在总路线的照耀下，破除迷信，大胆革新的先进人物和先进事迹；全面反映人民群众的政治、经济、文化生活新气象；交流和推广本地和外地的先进经验；还告诉大家国内外大事。"《郧阳报》在《发刊词》中说："《郧阳报》的主要任务是，向广大人民群众宣传党和政府的各项方针、政策，交流工农业生产的先进经验；介绍农业科学知识；反映国内外大事，尤其是反映全县劳动人民在各个战线建设社会主义新成就；表扬好人好事，批评坏人坏事，以便不断提高劳动人民的社会主义觉悟以及科学知识和技术水平，保证农业增产任务的完成。"从以上两家报纸提的任务要求看，各县县报的任务就是贯彻党在各个时期的方针、政策和路线。

五、各县县报的印刷条件

全区六个县，属《郧阳报》的印刷条件较好（1950年郧阳地委办报时办起的印刷厂留给了郧阳县）。1952年冬，襄郧两个地区合并，印刷厂一度属襄阳报社，之后交给郧阳县，改为郧阳县国营印刷厂。《郧阳报》创刊后，随即改为郧阳报社印刷厂，从技术力量和印刷设备方面说，都比其他县要好。据了解，竹溪县到1956年7月31日才有铅印；竹山县到1957年7月3日才有铅印。这两个县的印刷厂都不属报社领导，报社与印刷厂属承印关系，但铅印设备由县委办公室统管，优先印好报纸。房县是1958年1月1日才有铅印，郧西县到1959年4月才有铅印。印刷厂都归报社领导。总之，当时各县的印刷条件都不够好。

六、各县县报的前身

各县县报都是在办内部刊物的基础上发展起来的。如《竹溪报》是从1951年8月8日创办《土改通讯》开始发行，1952年改刊为《农村工作通讯》，1952年12月23日改为《竹溪简报》，1954年3月改为《竹溪通讯》，到1958年3月21日开始试办《竹溪报》，直到1958年10月1日，才公开出版发行《竹溪报》。其他各县县报都和《竹溪报》一样，由内部刊物逐步过渡到公开出版发行的报纸。《竹山报》和《房县报》直到报纸公开出版发行后，报纸的顺序号还是延续内部刊物的编号。竹山报社和竹溪报社的编辑人员，直到报纸终刊，都一直在县委办公室一起办公。

20世纪50年代，中共汉江丹江工程局委员会在均县创办了机关报——《丹江口报》，创刊于1958年9月1日。创刊初期，该报办不定期刊物，一期、二期报纸还是油印的。后来才改为铅印报，到1959年改为日报，四开四版，直到1960年12月底，《丹江口报》暂时停刊。

七、汉江上游各县县报

1952年底，襄阳、郧阳两个地区合并后，直到1956年后半年，襄阳报社在郧阳县设有记者站。从1956年到1961年，各县分别先后办了县报。各县县报的机构设置情况是：

《郧阳报》（当时属郧县县委机关报——编者），于1956年7月1日创刊，到1961年1月17日停刊，共出报656期。社址设在原郧阳老城西大街。该报主编由郧阳县委宣传部部长周清兼任；副主编韦希周（兼报社党支部书记），从1956年8月29日正式任职，到1961年报纸停刊。1956年11月16日，郧阳县委文教部通知吴光恺同志任报社总编辑，任职到报纸终刊。

《郧西报》，创刊于1959年4月15日，1961年1月16日停刊，共出报210期，社址设在郧西县委机关内。主编由县委副书记雷学彬兼任，到1959年11月19日，县委组织部通知王兴华同志为报社副主编。

《房县报》，从1956年11月3日就开始试办了，直到1958年12月1日才公开发行（该县报纸保存得不全，出多少期报纸不详）。其停刊时间有两种说法，一种说法是1960年9月底停刊；另一种说法是1961年元月停刊的（根据各县县报停刊的时间看，后一种说法比较准确——编者）。社址：开始时在县委办公室内部办公，后来迁到房县城关北街。主编由县委办公室主任袁学光兼任，副主编是程传先。

《竹山报》，从1957年9月25日开始试办，到1958年10月1日才公开出版发行，到1961年1月17日停刊，出报850期（刊期延续县委办公室的内部刊物，实际只出版300多期报纸）。社址设在县委办公室内。主编由县委办公室主任张立照兼任，副主编为杜国玉。

《均县报》创刊于1958年7月1日，到1960年7月17日即停刊，共出报 299 期。社址设在均县县委会机关内部。主编由县委宣传部部长谢从昭兼任，副主编是孙华波。《均县报》停刊后，因均县与光化县合并为丹江县，从 1960 年 8 月 1 日就相应改为《丹江报》，之后丹江县又改为光化县，报纸于 1960 年 12 月 4 日更名为《光化报》。

《竹溪报》，从 1958 年 3 月 21 日开始试办，到 1958 年 10 月 1 日公开出版发行，于 1961 年 1 月 24 日停刊，办了 343 期。社址设在县委办公室。主编由县委第一书记闫怀智兼任，柯美福同志为副主编。

第七章　20世纪七八十年代十堰地区报刊出版简况

一、《二汽建设》《东风汽车报》

《东风汽车报》创刊号名称《红卫战报》，创刊于 1969 年 3 月 20 日，1969 年 4 月 1 日正式出刊。40 多年间，《东风汽车报》6 次更名，7 次改版。1971 年 8 月 1 日，更名为《二汽战报》，1973 年 2 月 21 日更名为《二汽工人》，1973 年 8 月 31 日更名为《二汽建没》，1987 年 1 月 5 日更名为《二汽新闻》，1992 年 10 月 6 日更名为《东风汽车报》。

《红卫战报》主办单位是第二汽车制造厂建设总指挥部机关报。创刊初期报纸内容主要构成：第一版，介绍总指挥部文件、评论、基层单位学大庆情况；第二版，生产建设情况；刊登来自各专业分厂的通讯稿，以及二汽建设领导小组报道组采写的文章；落款本报记者，尚没有开始注明个人名称，很少有本报记者文章。第三版，诗歌、散文、学习资料介绍、基层学习心得；第四版，转发新华社全国工农业生产建设文章和照片。1969 年 4 月 1 日至 1971 年 8 月 1 日，共出刊 302 期报纸。出刊不是按照每日固定版面出版，而是根据当时中央精神和二汽建设情况，不定期出刊。

《二汽战报》与《二汽工人》：1971 年 8 月 1 日《红卫战报》改为《二汽战报》；1973 年初，二汽建设总指挥部根据企业建设发展情况，取消"二汽建设总指挥部"，并随之将《二汽战报》移交给二汽党委。1973 年 2 月 21 日，二汽临时党委做出《关于出版厂报的决定》，并将《二汽战报》改名为《二汽工人》报，由中共第二汽车制造厂临时委员会主办。1973 年 2 月 21 日第一期报纸上发表了中共第二汽车制造厂临时委员会《关于出版厂报的决定》刊登了发刊词。发刊词说："发展革命和生产大好形势，加快二汽建设速度，是二汽工人的任务较好地起到组织、鼓舞、激励、批判、推动的作用。"共出版四个版面，开始使用白的新闻纸。除了四版刊登少量诗歌、故事、通讯以外，基本刊登临时党委决定、领导讲话，以及各个专业分厂的建设、调试、公关、科研等新闻稿。

《二汽工人》报出版形式为四开四版，不定期出刊。后来，二汽现场领导小组成立后，《二汽工人》报成为其机关报，每周出版三期报纸。

《二汽战报》作为二汽建设时期党委和行政传达贯彻总厂工厂建设和党中央的声音渠道，适应山区交通、通讯等不便的环境，在传递信息、交流经验、宣传典型、推动建设工作等起到主要信息沟通渠道作用。

《二汽工人》是在十堰尚没有建设电台、电视台情况下，唯一厂内市内公共沟通媒体。报纸发到各建设单位。报社没有正式编制，采写编辑由二汽建设总指挥部报道组同志完成。报纸八开四版。黑白印刷，根据二汽建设指挥部需要随时增加出版期数。

《二汽建设》：从1973年8月31日开始，改名为《二汽建设》。十堰二汽政企合一后，中共湖北省委于1975年4月25日正式批准《二汽建设》报为十堰二汽党委机关报，成为一张正式被省级党组织批准的兼有二汽和十堰市政企内容的、国内少有的省级注册报纸。

十堰和二汽政企分开后，《二汽建设》报又恢复为二汽党委机关报，并于1982年4月1日交由邮政部门在十堰市内公开发行。发行量，从创刊时期的5000份左右，增加到10000份。其读者不仅覆盖十堰市、二汽职工，同时，还随着二汽联营公司遍及全国的118家联营厂家而发行到全国二汽联营厂家的职工读者手中。

在20世纪80年代前后，《二汽建设》报办报逐渐形成独立的物业单元，成为一个处级编制单位，有正规的报社建制，办报水平更专精，设有总编室、记者组、通联组、办公室和一个拥有85名在册职工的印刷厂，出版周期逐渐走向正规，内部也形成了总编和编辑、采访、行政、印刷等分工明确的运行机制，办报水平不断提高。注重突出汽车工业和二汽建设生产特点，除了大量报道二汽建设新成就、新经验、新人新事外，还兼顾政治、教育、财贸、医疗卫生、文化体育、生活服务等战线的新闻报道，并经常辟出版面刊登国内外大事，开辟各种专栏。报社编辑、记者采写的新闻稿、拍摄的新闻图片多次在省级和中央新闻单位的评选中获奖。1983 年 8 月 20 日，又新辟《周末》专版，刊登富有思想性、知识性、趣味性的文章，丰富报纸的文化含量，增加报纸的可读性。到 1983 年年底，《二汽建设》报自创刊以来，共出刊 1555 期。

《二汽新闻》报 1987 年 1 月 5 日创刊，至 1992 年 10 月 6 日终刊。《二汽新闻》诞生于二汽工厂建设纲领完成阶段。企业基本任务转为适应商品经济需要的生产任务和利润指标。同时《二汽新闻》也适应社会转型的需要，更加注重报纸的专业性、新闻性、可读性的建设，其中，重要工作就是发现和报道二汽生产建设过程中涌现的先进单位和先进个人的先进事迹。在此期间，《二汽新闻》成功发掘和报道二汽设备制造厂模范共产党员汴良发的事迹。显现了报社较高的政治敏锐性和业务素养。《二汽建设》报发表的《一面光辉的镜子》社论在读者中产生较大反响。并最终使汴良发被二汽党委追授模范共产党员称号，二汽党委下发文件号召全厂党员职工学习他为了二汽建设而积极献身的精神。同时，《二汽新闻》在连续报道二汽积极支援救援大兴安岭特大森林火灾前线服务队、厂内巡回报告团宣传内容等方面产生较大的影响力。

1990 年前后，在报道原二汽发动机厂党委书记赵瑜令、总装配厂王涛、二汽总医院外科医生戴宗晴等先进事迹中发挥了重要作用。其中《赵瑜令，我们的好书记》《人生在平凡中闪光（王涛）》等作品在厂内外读者中产生反响。20 世纪 90 年代赵瑜令被中组部组织拍摄以他为原型的电影《忠诚》在全国播映；王涛被全国总工会评为"全国十大杰出工人"，戴宗晴荣获全国五一劳动奖章。他们的事迹也先后在全国各主要媒体报道，影响巨大。《二汽新闻》起到了很大的宣传和发掘作用。

《东风汽车报》1992 年 10 月 6 日《二汽新闻》改名为《东风汽车报》。1992 年以后，特别是 2003 年合资以后，东风各项实业也获得长足发展。《东风汽车报》也迎来了快速变革、发展的黄金时期。

报社为适应企业改制改革合资等需要，不断致力于提高传播的水平和能力，大力宣传东风的发展成就、发展道路、发展经验，弘扬东风为中国汽车工业做出的重大贡献，努力提高新闻报道的原创率、首发率、转载率。报社新闻宣传工作始终紧紧围绕东风的重大决策部署，把东风全体员工的积极性、创造性引导到走科学发展之路，加快转变生产方式的道路上来。宣传东风核心价值观和东风文化建设的新进展、新成效，自觉把东风核心价值体系贯穿到新闻工作的各个方面，不断巩固全员团结奋斗的思想基础。始终坚持对公司改革发展、生产经营、形式目标和保障民生等宣传的关注和报道，注重宣传报道的成效，最大限度凝聚全体员工推动东风改革发展的力量，增强员工对东风改革发展的信心。不断提升新闻报道质量，强化新闻精品意识，进一步巩固对集团发展精准解读的优势，致力于提高对各事业单元、各板块发展的解读能力；把笔头和镜头对准基层，忠实记录基层员工推进东风事业的生产的实践，使新闻报道展现出浓郁的亲和力、吸引力、感染力。

报社各项事业都取得较大发展。概括起来主要体现在：

（1）体制机制在改革中加速到位

1999—2015 年，是改革的 15 年，也是东风汽车报社跨越发展的 15 年。

1999 年下半年，公司实施体制改革，东风汽车报社由公司职能部门转为模拟子公司运作。

2002 年 12 月十堰管理部成立，东风汽车报社划归十堰管理部管理。

2006 年办报经费差额补贴过渡期完成，公司对东风汽车报社费用预算归零，东风汽车报社成为全国首家自主经营、自负盈亏的企业报社。

2012 年 7 月，东风汽车公司以报社为基础，整合"一报三刊"，整体改制成立"湖北东风报业传媒有限公司"，报社改制为公司全资子公司。

至 2014 年，《东风汽车报》按照国家文化产业发展要求和东风公司改制要求，已经基本建立了规范的公司化运作体制。相比较湖北省内同类企业报而言，公司化体制的改制工作省内领先。

（2）新闻宣传在创新中形成新规范

注重做好重大事件和重大主题的宣传策划，把握新热点、挖掘新价值更加及时。

注重做好典型经验与典型形象的推介，发现新典型、树立新典型更加自觉。

注重对公司战略意志和发展实践的解读，总结新规律、提炼新观点，思想性更强。

注重研究受众心理和接受习惯，追求报纸所倡导的价值取向与读者审美趣味相一致，亲和度更高。

"新闻无偿，服务有偿""服务创造价值"的理念确立，报社作为"知识服务型企业"的属性逐步清晰。

"湖北东风报业传媒有限公司"成立暨报社改制为公司全资子公司以来，《东风汽车报》的新闻传播理念、出版形态和方法都发生较大变化，报纸的思想性、可读性等方面，在省内同行业中处于领先地位。

（3）初步形成报刊网传播新格局

2008年开始构建以《东风汽车报》为主体，以杂志、网络为两翼的"一体两翼"发展新格局。

2008年7月在《东风汽车报》基础上，公司高管专属的《东风》杂志创刊。

2008年4月获授权负责公司官网新闻发布、维护和管理。

2012年7月《汽车科技》《装备维修技术》《汽车之旅》"三刊"与《东风汽车报》整体改制，使得东风汽车报社又拥有了三个国家统一刊号资源。

报社所出刊的杂志出版形态、办刊方向、办刊理念、印刷质量、立体化经营等在省内同行业中处于领先；报社的新媒体发展包括网站、微信、微博、App等涵盖所有自身出版物内容。目前的粉丝量以及微博、微信的互动性等在东风公司内外引起广泛关注。东风汽车报正不断向主流媒体接近。

（4）跨地域办报，发展进入开阔地

2003年东风总部迁到武汉，2004年东风汽车报社武汉采编中心成立。

2006年整合十堰地区采编资源成立十堰采编中心。

2001年筹建襄阳记者站，贴近服务襄阳基地。

2004年设立广州记者站，加强东风日产及南方事业新闻服务。

2011年设立杭州记者站，服务杭州新事业，服务东风长三角企业。

2012年9月成立东风柳汽记者站。

至此，基本实现了十堰、武汉两地同步采编、同步印刷发行的跨地域办报新构架。同时投资建设武汉、十堰同步电子采编平台，和先进的视频会议系统，实现武汉、十堰、襄阳、广州、杭州信息共享、同步互交的现代化管理。

自《东风汽车报》武汉采编中心成立到 2011 年年底，东风汽车报社采编业务、综合管理及财务管理等工作重心逐步转移到武汉，不仅强化了报纸在武汉地区的服务功能，在为东风公司总部和东风在汉各单位提供宣传服务的同时，大力拓展武汉非东风市场，武汉地区的社会影响力和品牌价值得到提升。实现了"哪里有东风人，哪里就有《东风汽车报》；哪里有东风的配套企业，哪里就有《东风汽车报》"的目标。

（5）出版发行数量与品质双双提升

《东风汽车报》2003 年出刊 1904 版，2014 年出版 236 期，总版量超过 3100 个。

《东风》杂志 2008 年出刊 3 期，2014 年出刊 10 期。

2014 年《汽车之旅》出版 10 期，《汽车科技》出版 6 期，《装备维修技术》出版 4 期，新媒体方面，东风传媒网新闻添加 1802 条，东风热线新闻添加 781 条，上线电子报（杂志）234 期，更新微博 423 条，微信 1078 条，手机客户端信息发布 2116 条。通过加速推进新媒体建设，搭建"一网双微"新媒体营销传播平台，东风汽车报新媒体已成为集团内粉丝量领先、阅读与转发量领先的新媒体平台。

2007 年，报社将原有的社会新闻类周刊《周末》《车城楼市》进行整合，创办了《车城商报》，与东风离退休人员管理处联合创办了《东风老年报》。

2009 年改版，建立全新视觉系统；2010 年调整出版结构，优化出版形态，《东风汽车报》面目一新。2010 年，再次改版，报纸的出版结构进一步优化，取消了车城商报和汽车视界，增加了两个新闻板块《知天下》和《车世界》；版面增加至每天 12 加 NP，日出报量更加均衡。

【印刷】2006 年以前黑白印刷；武汉单彩十堰黑白；武汉全彩十堰单彩；2011 年年底武汉十堰全彩印刷，全部新增成本自我消化。

【广告】广告经营由平面广告扩展到平面广告发布、画册与书刊制作、活动营销组织、品牌故事编写、网站设计开发等等,提高了经营能力,提升了经营规模。2006 年,报社推进广告经营方式改革,实行广告经营代理。实现采编与广告适度分离,集中优势力量办报,规范了广告经营操作。2008 年,经营突破 1000 万元,成为国内为数不多的可持续发展央企传媒集群。

【人才队伍快速成长、成熟】

报社坚持"人才兴报""人才兴社",坚持培养高素质的宣传传媒团队,提高全员新闻业务和新闻服务的综合能力。2003 年后,报社加大人才引进力度,坚持每年从高校引进一定数量的优秀毕业生,到 2014 年,累计引进大学生、研究生 36 人,推进了人才队伍结构调整和优化,并通过公开选拔、大胆起用年轻干部,加强干部队伍能力建设和作风建设,实现了员工队伍数量、质量、能力与报社事业发展的良好匹配。

2003 年在册人员 33 人,从业人员 42 人,本科及以上 16 人;2014 年在册人员 46 人,从业人员 50 人,本科以上 43 人,研究生及同等学力 15 人。

【资产】

《东风汽车报》从改革以来,报社资产从无到有,大幅增长。从完全断奶到 2012 年 5 月 31 日,报社形成新增利润 2218 万元。2003—2011 年,报社员工收入年均增长超过 17%。

二、《十堰广播电视报》《十堰周刊》

《十堰广播电视报》创刊于 1986 年,是一份为全市(含五县一市)广播电视受众服务的报纸,是一份进入家庭由家庭成员互相传阅的报纸,发行量最高时达 40000 份,是当时十堰市发行量最大的报纸。《十堰广播电视报》每期 24 个版,除预报中央、湖北、十堰和全国各省市卫视台 39 套电视节目外,还设有影视、社会、生活三个周刊。为读者提供全面、权威的影视娱乐信息、新鲜的有深度的社会热点透视和多层面的实用生活服务知识。

《十堰周刊》创刊于 1987 年 5 月 11 日,原名《十堰广播电视报》,为时事生活周刊,由十堰广播电视局主管主办。国内统一刊号 CN42—0114/03,邮发代号 37—20,期出 44 版,全彩印刷,杂志化装帧。《十堰周刊》立志"与城市共成长",秉持"为家园记事,为人民表情,为时代立言"的传播理念，情系百姓屋檐，心系万家灯火。胸怀天下，关注民生，以坚守道义、责任和良知的一贯品质，赢得广大读者的厚爱和信任。著名作家刘醒龙赠语"武当品格，东风文章"，十堰市委原书记陈天会题词"冷眼热心肠，小报大文章"，十堰市委宣传部盛赞《十堰周刊》"有观点、有态度、有立场、有温度，有开阔的新闻格局和鲜明的时代特征"。《十堰周刊》先后当选湖北省记协和国家影视报刊协会理事单位。在中国传媒大会2009年年会上，《十堰周刊》荣膺"中国10大广播电视报"。

三、《郧县报》

党的十一届三中全会后，全党工作着重点转移到社会主义现代化建设上来，全国呈现一派改革开放的大好形势。为了适应大好形势和任务的需要，全国又一次兴起创办县报的热潮。在十堰地区，《郧县报》于1980年8月1日正式复刊，它是全国创刊最早的基层党报之一，也是全国复刊最早的县（市）报之一（当年全国复刊的县报仅有50多家）。《郧县报》在复刊前，于1980年5月1日便开始试办报纸，1980年8月1日公开出版发行时，为四开四版周刊，到1981年1月《郧县报》改为四开四版五日刊。

四、《十堰报》《十堰日报》

1982年8月15日，中共十堰市委决定成立十堰日报社，到1983年1月1日正式公开出版发行《十堰报》，后来又改为《十堰日报》。1994年10月29日，原郧阳地区与十堰市合并，成立了新的十堰日报社。1995年新的《十堰日报》诞生。

五、《郧阳科技报》《丹江口报》

1984年10月1日，经郧阳地委研究决定，并报省委宣传部批准，把试办的《郧阳报》（科技版）改为《郧阳科技报》，并公开出版发行。它是全区唯——份公开发行的科普综合性报纸。《郧阳科技报》还未公开发行时，早在

1982年1月1日，郧阳报社应全区广大群众和农村基层干部的要求，在办好《郧阳报》的同时，出版了《郧阳报农村科技版》，六天一期，八开二版，随《郧阳报》免费赠送订户。1984年4月，地委、行署有关领导，主持召开了报社和有关部门负责人会议，要求把《郧阳报科技版》办好。会后，地区科委、地区农业局抽调两名科技人员，驻报社参与编辑出版《郧阳报农村科技版》。根据上级指示，《郧阳科技报》于1988年停刊，共出报263期。

1988年3月21日，是丹江口市解放四十周年大庆的日子，这天《丹江口报》创刊，为中共丹江口市委的机关报，该报为四开四版周刊。

六、《汉江水利报》

1958年9月1日，丹江口水利枢纽工程举行开工典礼，《汉江水利报》的前身《丹江口报》也同时创刊。当时，工地物资匮乏、条件艰苦，前两期报纸系手刻、油印的。创刊号上刊发了工程建设总指挥长张体学同志在丹江口工程开工典礼上的讲话。报社由工程局政治部副主任、宣传部部长杜唐分管，罗时进任社长，办公地点设在三会议室的工棚内。报纸在手刻油印出版两期后，正式开始到印刷厂进行铅字印刷。版面为四开四版，出版周期开始为每周一期，不久便改为《丹江口日报》。1962年年底，因丹江口工程下马，《丹江口日报》被迫停刊。

1966年5月1日，《丹江口报》复刊，由丹江口工程局党委副书记任仕舜分管。1969年，报社在黄龙滩工地建立记者站。1970年，又在南河工地建立记者站。1975年夏，随着丹江口施工主力开往宜昌葛洲坝，《丹江口报》停刊。

1991年1月15日，《丹江口水利枢纽报》正式创刊。报社办公地址仍设在《丹江口报》以前办公的丹江口工程展览馆二楼，办公条件极为简陋。《丹江口水利枢纽报》当时是一张四开四版、铅字印刷、内部发行4000份的小报。创办初期的采编人员经过数次调整，直到1992年10月才基本稳定。报社隶属丹江口管理局党委宣传部。2000年，公司机关机构改革后，报社隶属宣传新闻中心管理，挂靠党务工作部。

《丹江口水利枢纽报》的印刷质量不断提高，1993年至1997年，几年内跨了三大步，即由铅字排版印刷到电脑排版印刷，再到精密激光照排胶版印刷。在坚持每周一期的基础上，1993 年开辟了月末版，1997 年 6 月 2 日又将原四开四版的《丹江口水利枢纽报》改为对开四版的《汉江集团报》，丰富了报纸内容，活跃了版面，增加了信息量和可读性，受到读者欢迎。

《汉江集团报》在汉江集团公司党委和汉江集团公司的领导下，始终坚持"两为一主一性"的办报方针，认真宣传党的路线、方针、政策，为企业的生产经营服务，为激励职工斗志，弘扬企业文化，提高企业的知名度，促进企业精神文明的发展做出了应有的贡献，发挥了正确的舆论导向作用。报纸多次在全国及湖北省各类报刊评比中获奖，1993 年 6 月，在全国"我最喜爱的企业报"评选活动中，被北京市工人集报协会评为"四星级企业报"（一等奖）。1994 年 8 月，在北京劳动人民文化宫、中国企业文化编辑部联合举办的"全国企业报大展评"活动中，荣获银质奖。1995 年和 1998 年，先后被评为湖北省十佳优秀企业报和优秀企业报。

水利事业发展孕育了汉江流域新闻事业，新闻事业也伴随着水利建设事业发展不断实现新跨越。2005 年 5 月 16 日，在南水北调中线水源丹江口大坝即将开工之际，《汉江集团报》改版为《汉江水利报》，由汉江集团公司和南水北调中线水源公司共同主办。办报宗旨是：宣传国家方针政策，报道流域重大水事，传播工程建设动态，追踪热点难点新闻，服务汉江经济发展，促进人水和谐相处。此次改版既是南水北调中线水源工程的需要，也为适应汉江流域水利经济发展对新闻工作提出的新的要求。

《汉江水利报》报名沿用至今。多年来，作为水利行业企业报，《汉江水利报》紧紧围绕汉江集团公司改革发展稳定的工作大局、南水北调中线水源工程建设，加强对党和国家方针政策的宣传、对集团公司改革发展的宣传、对南水北调中线水源工程建设的宣传，做到了贴近企业、贴近基层、贴近职工，服务作用和导向作用进一步加强，办报水平进一步提高，得到了汉江集团公司和基层读者的积极肯定和支持。

第八章　十堰籍人士在外省办报简介

　　十堰（指原郧阳）历史悠久，新闻事业的发生和发展，也在近百年前。

　　据有史可考，在十堰境内创办报刊，始于 1937 年，若把十堰人在外地创办报刊活动算上，可追溯到 1899 年（光绪年间）。

一、戢翼翚

　　在外地办报刊最早者，是房县的戢翼翚。

　　戢翼翚，男，字元丞，生于清光绪戊寅年（1878 年）。甲午战争之后不久，被清廷派到日本留学。1899 年，他在日本结识孙中山，开始倾向革命。当年冬，他就从事报刊活动，与留日学生杨廷栋、杨荫杭、雷奋等人一起，在日本创办了《译书汇编》月刊。该刊以"传播文明思想于民国"为宗旨，在宣传资产阶级民主思想、促进当时青年学生的思想进步方面，起过一定的作用。1901 年，他又与旅日革命党人秦力山等人，于 5 月 10 日在东京创办了《国民报》月刊，同年 8 月 10 日，该刊出至第四期停刊。《国民报》月刊以"廉悍不羁""峻削峰利"的文章，在留日学生中第一个宣传了革命排满思想，为中国资产阶级的民主革命做了舆论准备。1902 年至 1905 年，戢翼翚在上海从事革命活动，在孙中山的支持下，于 1902 年 12 月 9 日，在上海创办了《大陆》月刊，先后出版 34 期。该刊为资产阶级革命派在国内创办的第一个革命报刊，它继承了东京《国民报》的传统，只因国内外环境不同，《大陆》言论比较蕴蓄，不像《国民报》那么激烈。戢翼翚在《大陆》月刊的时间最长。1905 年以后，因他与袁世凯意见不合，被袁指为国民党坐京侦察，以"交通革命党，危害朝廷"之罪名，于 1907 年在北京被捕，押回原籍，1908 年死于武昌。

二、张越

张越，男，字荫廷，竹山县人。1911 年至 1912 年（辛亥革命武昌起义后），他先后在武昌、汉口创办《中华民国公报》和《震旦民报》（都是辛亥革命武昌起义后创办的革命报刊）。他曾担任《中华民国公报》的总主笔和第二任社长、《震旦民报》总经理。

《中华民国公报》创刊于 1911 年 10 月 16 日，社址在武昌大朝街 68 号（原湖北官报印刷局）。该报自称"中华民国军政府之机关报"，实际受"共进会"的指挥，是"共进会"直接控制下的言论机关。其宗旨是"以颠覆现今异族之恶劣政府（指清政府），改建简单社会主义之民国"和"说明现今世界之大势，陈述精密之学理，内以指导民族之进行，外以联合世界之感情"。它拥黎（黎元洪），而不谀黎，对参加起义的湖北各革命团体的态度比较公允，没有明显的偏倚。

《震旦民报》创刊于 1912 年 4 月 15 日，社址设在汉口歆生路兴业 13 号，日出三大张。该报是共进会员，接任鄂军督府军务部长张振武（为旅居竹山人）出资创办的。该报起初和民社方面关系比较密切，发表过一些拥护黎元洪的言论，后来由于张振武与民社头目孙武发生了尖锐的矛盾，即转向民盟，又发表过不少指责黎元洪怙势揽权，摧残革命的文章。张越 1913 年病逝，尸体运回竹山安葬。他是我区早期新闻界人之一。

三、任素

任素（岱青），男，郧县人。他为《中华民国公报》的主要骨干。后来，他还在郧县长期从事教育工作。解放前曾任郧阳女子中学和郧阳一中校长，解放后任郧阳联合中学的语文教师，病故于郧县。

四、就读于武昌的一批学生

1924 年，郧县一批就读于武昌的学生，主办一份《郧县旅省学会月刊》，该刊是 16 开直排本，用新闻纸印刷的。仅从该刊第 4 期看，其内容多是揭露郧县时弊的，如《城防捐案评议》《胡闹的商会》《我县教育之障碍》等文章，对当时郧县政界、商界、学界之弊端予以揭露和抨击。有的文章还对开导、鼓舞、团结青年走革命道路起过一定的作用。如作者燕文星（燕鸣轩，郧县地下党最早的负责人）写的《苦学生金为珍的小史》，文章写了金为珍为人的两个例子：一个是他叔父叫他去找绅士表叔办事，他不去，却说："儿虽穷困，若命下气而求彼绅士阀之尤物，实羞为之。"另一个是："去年旅省同乡正在驱逐劣徐而举负众望之吴公时，他明目张胆地说：'此所谓以暴易暴。'"作者举出这两个例子后，评论说："第一例可以表示他的不阿权贵的精神"，"可现在一般人，大多是善巴结的，见了有势的人，就是身为其子，也是欢迎的，所以我说金为珍的精神，在现在总算可贵"。"第二例可以表示他的勇敢精神，他在团体群众之间，加之身处穷迫之境，而能独抒己见，毫无讳忌，终是可贵的。请看现在一般青年，因'关系''团体'，而牺牲意见，不知有好多"。

该刊的另一篇文章《为吾县演讲所诸君进一言》中，也揭露了演讲者宣传迷信，迷惑群众的事实及恶果，启发人民的思想，不要信演讲者的宣传。

1935 年，郧阳七县旅省学生（均县、郧县、郧西、房县、竹山、竹溪、保康）于当年 8 月开始筹备"郧县旅省学友励进会"。该会以学术研究会的名义于 1937 年 2 月 20 日创刊了《郧县旅省学友励进会季刊》，创办该刊是"本三民主义之宗旨，革命之精神，研究学术，推广文化、尤其关于故乡政治之建设，教育之革进，贪污土劣之指责，与夫不良分子之攻击，实为本刊之使命"。该刊的内容是"分论著、文艺、杂俎三栏"。因该会由国民党省党部直接控制的，并得到国民党第八区专员兼郧县县长关麟书的支持，其会刊的主要负责人又是国民党的特务，所以该刊虽也揭露过故乡的一些时弊，但他们也怀疑共产党，骂共产党为"赤匪"，后来参加该会的不少人已站到反人民、反革命一边去了。

五、魏克明

魏克明（1908—1982），原名魏克纯、魏笃生，丹江口市盐池河人。他于1939年就从事党的新闻工作，是十堰人在外地从事党的新闻工作时间最早、最长的新闻工作者，是新闻界知名的老前辈。

1924年，魏克明同志就读于湖北省立第二师范学校，在共产党员肖楚女的影响下，开始接受新思想。1926年北伐军抵武汉，二师停办，他回乡后，在当地党组织领导下，积极投入农民运动，参加反军阀和土豪劣绅的斗争。1931年，他又考入湖北省立高中（原武昌西湖书院）。"九一八"事变后，他积极投入学生抗日救亡运动，与学校进步师生组织了"社会科学研究会"。因为出版进步刊物，撰写抗日救国文章，被学校当局开除。1937年，魏克明同志赴山西抗日前线，5月在太原进入"牺盟会"办的民训队受训。"七七"事变后，他被派到山西浮山阳城，任该县牺盟会特派员。10月加入中国共产党。

1939年春，魏克明受党组织委派，任长治县任牺盟会主办的《战斗日报》《黄河日报》总编辑，他从此开始了新闻工作的生涯。当时，他以报纸为武器，积极宣传抗日时局，鼓舞军民斗志。从1941年4月，魏克明同志先后奉命任《新华日报》华北版编辑、副总编辑，和《新华日报》（太岳版）社长兼总编辑，经常为报社写社论或短评。

1949年1月北平解放，魏克明同志任《人民日报》副社长，负责筹备《人民日报》在京出版工作。随后，他随军南下至上海，历任《解放日报》副总编辑、总编辑和《新闻日报》党组书记、副社长等职。1963年，魏克明同志被选为中共上海市委第三届委员会候补委员；1965年，他被调任中共上海市委政治研究室主任。魏克明同志在报社领导办报工作中，坚持实事求是，注意杜绝报纸上的浮夸和假大空。发现重大典型，他亲自和记者一起采访报道，上海不少先进单位留下有魏克明同志的足迹，不少先进人物同魏克明同志交上了朋友。《解放日报》和《新闻日报》上的一些重要社论，魏克明同志都亲自撰写。

十年动乱期间，魏克明同志历经坎坷，身陷囹圄。他在监狱里，义愤填膺，偷偷写下一些热情歌颂老一辈无产阶级革命家的丰功伟绩，和怒斥"四人帮"的诗词，藏在一个装旱烟的玻璃瓶里。粉碎"四人帮"后，他写的这些诗词被编辑整理成《讽颂诗》，分赠给亲友和同志。他重返《解放日报》后，主动退居二线当顾问，但他多病体弱，仍抱病工作，从不辍笔。他认为："结舌成过去，扬眉在今天"，"决心再战三十秋"，为党报"呐喊助威"。1979 年 5 月 26 日，魏克明同志在《解放日报》创刊三十周年纪念大会上，做了《解放日报的三十年》的讲话，总结了 30 年来《解放日报》宣传工作的经验教训。党的十一届三中全会后，他经常出主意，提办法，做好宣传三中全会精神的工作。1980 年秋，他对《解放日报》的改革提出：一要"加重"，二要"搞活"的方针，为改进报纸工作做出了新的贡献。

魏克明同志在病重期间，强忍病痛，分别给《文汇报》《世界经济导报》《新民晚报》写信，提出改进工作、办好报纸的建议。在他临终前几天，还殷切垂问《解放日报》的工作。1982 年 1 月 14 日上午，魏克明同志在上海病逝，时年 74 岁。

在外地办报的十堰人还有：

彭子龙，房县门古人。1943 年经地下党组织介绍到陕北抗大学习，参加革命工作。抗大毕业后，他即在部队从事新闻工作。1950 年随军赴朝，任新华社驻平壤分社记者。1953 年回国后，他先后在沈阳、天津等地从事新闻工作。1961 年后，他被调到陕西日报社工作，1981 年离休。

张某某，郧县大柳乡人。曾任《长江日报》副总编辑，后退居二线。

梁鸣达，竹溪县人，20 世纪 50 年代从事新闻工作，现任新华社新疆分社副社长。

第九章　十堰地区各县创办报刊相关回忆文章选编

一、《志诚报》

据《战时鄂北新闻出版事业概况》中说："鄂北数十年，过去只有一家《鄂北日报》和一家《志诚日报》。"又说："郧阳方面的《志诚日报》，在鄂北是资格最老的一家报纸，内容贫乏，印刷也不良，经济困难，在今年五六月（指1939年）也停刊了，全部机器和铅字由战区经济委员会（指第五战区）收买了。"由此可知，在郧阳境内创办的第一份报纸，就是《志诚报》（日报）。它是郧阳有史以来创办的第一份地方报纸。

在郧阳地区档案馆里，我们发现这里收藏有三期《志诚报》（1939年6月18日出版的第362期、6月20日出版的第364期和6月24日出版的第368期）。从三期报纸出版日期和期刊顺序号看，《志诚报》的确属于日报。《志诚报》大约创刊于1938年后半年。该报为八开两版铅印报，社址设在原郧阳老城西街57号，登记证为内政部警字6857号。

从收藏的《志诚报》上刊登的一些地方消息看，该报属国民党湖北省第八专员公署控制的宣传工具。如362期一版登的《梁主任昨日抵郧》、364期二版登的《检查团分赴各县工作》等消息，均是反映第八专员公署领导机关的事情。从《梁主任昨日抵郧》这条消息里，还得知该报的副社长姓钟。消息中说："前往东关外欢迎者，有刘专员、杨委员、何司令——本报钟副社长等。"1939年12月，国民党军事委员会政治部编印的《全国文化团体一览》中说："《志诚报》负责人叫钟叙午。（钟为老河口人）"

创办《志诚报》时，武汉刚刚失守不久，全省人民一直要求抗日。从收藏的三期报纸看，其内容主要是宣传抗日。该报以刊登国民党中央社的新闻消息为主，也兼登一定数量的地方稿件。不论是电稿，还是地方稿件，大部分都是宣传抗日的。362期头版头条登的《犯晋南寇伤亡惨重》，二版登了三首《送壮丁》小诗，364期二版转载冯玉祥将军的《抗战十问》等消息、诗歌和文章，很能激励人民抗日热情。如冯玉祥将军的《抗战十问》，对调动人民同仇敌忾，愤怒抗日，起着极大地激励作用。在一些地方稿件里，能注意联系实际，动员人民爱国抗日。如364期一版刊登社论《商人之道》一文中，开头写道："商人懋迁有无，化居货物，从中得些利润，原是正常的获得，抗战以后，各地商人，或献仓或义卖，对国家着实尽了不少自己的力量，这是值得钦敬和欣慰的。"文章接着又指出："但是少数商人，只顾一己的利益，而忘却国家民族的利益。譬如，政府禁止以军事上的必需品资敌，而他却千方百计地偷运到敌方去卖；政府禁止买仇货，而他去秘密走私，为敌推销；政府禁止高抬物价，而他却暗中操纵，垄断居奇。他的目的，只为赚钱，至于对社会、对国家，对战局如何，全莫不相干。殊不知赚到钱后，非要国家强盛，社会安定，才好享用，否则当了亡国奴，即使积财盈万，又将如何？"社论最后要求："盼我八区商界先进，在此国家千钧一发的时候，把利看轻些，爱护地方、爱护国家，处处要顾及道德。自来商界，多高贤之士，谅不河汉此言。"这篇社论，在当时显然起到了教商人树立赚钱为抗日救国的思想。然而，据当时在该报工作过的罗朋老人回忆，报社负责人钟叙午是个投机商人，并且独资经营，以办报为进身之阶梯，请国民党鄂八区党务专员杨子福为名誉社长，又请省党部总干事桂先德兼任总编辑，报纸的宣传，必然受到国民党鄂八区当局的监督，要为国民党反动派服务。如该报362期二版登的《郧县新党部昨宣誓》，还登过一些叛变自首的共产党员声明启事之类的东西。

《志诚报》的纸张和印刷条件的确很差，纸是用当地手工生产的白棉纸，又软又薄，而且还破烂。印刷条件更差，只有一部对开平台和三部圆盘，铅字也不配套。362期登的一篇《粮价》的社论里，因缺"粮"字，只好印成墨坨，使人难以辨认。该报版面呆板，新闻品种单调。据罗朋老人回忆，《志诚报》日发行量约3000份，一部分还是送阅和交换的。报价每期400文，每月七角，外埠订报另加一角邮费。

二、罗朋同志对《志诚报》的回忆

《志诚报》始于国民党梁冠英将军创办，因战局之故，1938 年转让给投机商人钟叙午（老河口人，后旅途中淹死在汉水）。钟叙午在老河口出版四开报纸，五战区政治部发行《阵中日报》以后，《志诚报》无法立足，迁至郧阳，请国民党鄂八区党务专员杨子福为名誉社长，又请省党部总干事桂先德兼任总编辑，钟自命为副社长，独资经营。国民党鄂八区得到便宜的宣传工具，开始监督办报。

志诚报社在原郧阳老城正西街金家巷口设有营业部，代发行所（并在均县设分社）。编辑部和印刷厂都设置在原郧阳老城外西关娘娘庙内。其专职人员有：编辑黄庭环（襄阳人），收音员兼记者汪秀元（每晚深夜抄收重庆中央电台的记录新闻，乃该报头版主要内容）。我是被省方特派寄驻在该报社，从1939—1941 年曾先后兼任过校对、记者、战地记者、副刊编辑等工作。

该报印刷厂，就当时而言，较为完善，有对开平台一部，圆盘三部，对开机动切纸刀一架，具备各型号部位铅字，老五号、念四盘有四架，铜、铅线条一应俱全。该厂系原《镇江日报》的班底，领工张学仁（号鲁人）父子，工友梅孝慈等，均与张恨水共过事，他们文理通达，技艺较高。转移至鄂北后，招收了几名徒弟。该厂美中不足是无铸字炉和铜模设备，字体老化、短缺，印刷不良。

《志诚报》日发行量两三千份，部分是送阅与交换的。钟老板是以报做进身阶梯和生意招牌，发行量大了是要亏本的。该报为四开四版（收藏的报实为八开二版——编者），例刊国内外形势战讯，当局的狗皮膏药经，以及地方的社会新闻。报社曾请行政专员刘翔、联中校长潘龙霖、当地文豪任素（任岱青——编者）先生等，轮流写社论，以壮报誉。

1989 年 6 月 9 日

注：作者罗朋系原《志诚报》校对员、副刊编辑

三、《新均县三日刊》

《新均县三日刊》是国民党均县县政府，以均县民众教育馆名义办的报纸。

　　根据原郧阳地区档案馆收藏的 1943 年 9 月 30 日出版的第 52 期和 10 月 4 日出版的第 53 期报纸推测,《新均县三日刊》可能创刊于 1943 年 3 月初 (据曾在 1944 年期间担任过该报发行人的王延锦回忆, 该报创刊于 1942 年后半年)。初创刊时, 报纸刊头由国民党均县县长戴肇琼题写的, 发行人为国民党民众教育馆的教导主任李成荫, 编辑是国民党均县民政科的科员, 名叫王子勤, 社址设在民众教育馆内。这个时期的《新均县三日刊》为八开二版石印, 一版以国民党中央社播发的国际国内新闻消息为主, 只有少量的地方消息。如第 52 期一版共刊登 9 篇稿件, 其中国际国内新闻消息占 6 篇, 地方消息只有三篇; 第 53 期一版刊登 8 篇稿件, 全是国民党中央社播发的电稿, 其内容: 国际新闻, 多是报道第二次世界大战中盟军的活动情况; 国内新闻, 多是反映抗日战争的情况和揭露日寇压榨、掠夺东北人民的惨状。地方消息中, 未见到公开反对共产党的内容。二版以地方消息为主, 如第 52 期二版, 全版尽是刊登的"县府公布的春节征购数字", 第 53 期二版登的是"省府公布惩治贪腐条例"和"本年征购春麦各粮户缴纳地点", 另外, 刊登了几条资料性知识材料。

　　1944 年 11 月 21 日出版第 187 期《新均县三日刊》, 报纸发行人换成了国民党均县民众教育馆馆长王延锦。发行人更换后, 编辑也换成国民党六四后方医院的一个工作人员。报纸出到 200 期时 (约在 1945 年 1 月) 暂时停刊。这个时期的报纸, 仍为八开两版石印报, 一版仍以刊登国民党中央社发的国际国内新闻为主, 地方消息很少。如 194 期一版除了刊登大量的电稿外, 也登有少量的地方稿件。这期地方新闻登了一篇光化县长、宜城县长因贪污被撤职的消息, 同时还配合这条消息发了一篇《建国必先革新政风》的短评。短评指出:"要建设富强的国家, 就要先从革新做起。"这种提法, 当时是有一定的进步作用的。二版是地方稿和电稿都有, 内容也没见到反共产党、反人民的报道。

　　1946 年 2 月 10 日,《新均县三日刊》复刊, 刊期为 201 期。复刊后的报纸, 刊头题字换成了国民党均县县长徐沛元题写, 发行人为国民党均县县政府, 编辑仍为均县民众教育馆, 这时社址设在原均县老城南关 56 号。报纸由原来的八开两版石印, 改成八开一版铅印, 每隔三天与国民党三青团青年服务社在均县创办的《青年日报》合刊出版。从原郧阳地区档案馆收藏的 21 期报纸看，每期报纸尽是刊登的国民党均县县政府发布的训令，别无其他。该报出到 1949 年 6 月 10 日停刊，与其合印出版的《青年日报》，也于 1949 年 6 月 20 日在均县停刊。

从收藏的多期《新均县三日刊》看来，在宣传抗日战争上，旗帜是鲜明的，而且未发表过反共产党、反人民的消息或文章，当时该报能做到这点，实属难能可贵。

1987 年 5 月 5 日

四、《竹山周刊》与《竹山周报》

据口碑材料：国民党竹山县县党部和民众教育馆，于 1942 年曾联合办了一份《竹山周刊》，为八开油印报，到 1943 年 11 月 2 日，《竹山周刊》改为《竹山周报》，由油印改为八开石印。

《竹山周报》由国民党竹山县县党部主办，县党部书记长陈言兼任报社社长，县党部秘书靖正福任总编辑。1945 年陈言病故后，靖正福任国民党竹山县县党部书记长，并兼任竹山周报社社长。1946 年，因经费不足，《竹山周报》曾一度停刊，直到 1947 年"国大"期间，才又复刊。复刊后的《竹山周报》，由国民党竹山县县党部书记长江忠洪兼任报社社长，何汉章任总编辑。据说，先后在该报当过编辑的有王世斋、李惠民、李泽民等人。

由《竹山周刊》改为《竹山周报》后，该报发行部是国民党竹山县宣传委员会，社址设在国民党竹山县县党部，刊头题字人叫黄建忠（身份不详）。该报每期发行一两百份，报价是每期法币 3 元，每月 12 元，外埠订报每月 13 元。《竹山周报》一直出到竹山县解放前夕。

原郧阳地区档案馆收藏有两期《竹山周报》，一期是 1943 年 12 月 11 日出版的第 5 期，另一期是 1943 年 12 月 25 日出版的第 7 期，从这两期报纸看，该报除转载国民党中央社播发的新闻稿件外，地方新闻也占有相当的数量。

在《竹山周报》创刊之时，正是国民党政府发动大规模反共高潮的时候，其宣传内容，自然要为反动政府服务。如在 1943 年 12 月 25 日出版的第 7 期《竹山周报》一版登的消息，中心内容是纪念所谓的"复兴节"。这个所谓的

"复兴节"，实际是"1936年12月12日国民党内部主张抗日的两派爱国分子——东北军和十七路军，联合起来，勇敢地反对国民党当局对日妥协和对内屠杀的反动政策，发动了有名的西安事变"（毛泽东《论联合政府》）。该报在介绍"西安事变"的经过时，却颠倒黑白，说什么"不意叛逆汉卿（张学良）等受赤匪煽惑，竟于12月12日发难，包围行辕，劫持统帅"。西安事变的和平解决，众所周知是共产党做了大量的工作，才使国民党当局被迫放弃了内战政策，促成全国团结一致抗日局面。而该报却在一篇"瞻仰复兴基地的回忆"文章里，胡说什么"总裁能持正气，主正义，临危不苟，戡乱有方，使叛徒感化，醜魔降伏，并促成全国精诚团结"。由此上述事实可以看出《竹山周报》的反动政治立场。不过，从该报刊登的有些地方稿件看，也有"启迪民智""宣传科学"等积极的一面。如1943年12月11日出版的第5期二版刊登的《建设竹山必须知道竹山地理》和开辟的《农林园地》栏目的文章里，宣传了要"完成建设新竹山的任务"，就要"知道教育之宝贵，生产和交通之重要"，并充分肯定"从抗战以来，尤其在建设新竹山的呼声中，学校的数量、生产的开垦，以及交通道路的修造和开辟，都在飞跃突进中"，以鼓舞人们"要恢复古代庸国（古代竹山县称庸国——编者）的光荣"。在《农林园地》专栏里，联系竹山县农作物的生产实际，宣传了"科学种田，增加生产"的科学知识。《竹山周报》这种紧密联系当地实际，进行宣传的做法，是值得肯定和借鉴的。

1987年5月4日

五、《房县旬刊》和《房县周报》

《房县旬刊》是《房县周报》的前身，均为国民党房县县党部主办的报纸。

《房县旬刊》创刊于1943年8月，负责人叫罗万仁（身份不详），社址设在房县城南街14号，1945年4月20日登记，警字10046号（见国民党行政院新闻局《鄂、川、黔、滇新闻登记册》）。该报为八开二版石印，每期内部发行月500份。1947年7月7日，《房县旬刊》改为《房县周报》，发行人换成国民党房县县党部书记长贺延宗，通讯处是房县县城南街14号，印刷者为房县文化服务社,《房县周报》八开二版石印,这时的报纸发行份数及办法均不详。

原郧阳地区档案馆收藏有 1947 年 8 月 25 日出版的第 8 期、1947 年 9 月 22 日出版的第 12 期和 1947 年 10 月 6 日出版的第 14 期三期报纸。从这三期报纸看,一版以地方消息为主,比较重视言论工作。三期报纸中,两期撰写有社论。二版是以国民党中央社的电讯稿为主。从宣传内容看,该报的政治倾向是反动的。如该报在二版刊登的国民党中央社的电稿,尽是污蔑解放军向国民党军队全面反攻之消息,在第 8 期一版登的"人民与大选"的社论里,公然宣称,国民党大选时,要排除"共党、民盟"两党参加。

1987 年 5 月 8 日

六、《房县青年》

在 1944 年 3 月 29 日,国民党三民主义青年团房县分团创办了一份《房县青年》报,为八开两版石印报。原郧阳地区档案馆收藏有一份 1947 年 10 月 10 日出版的第 84 期《房县青年》。从这期报纸推测,该报可能属于半月刊,停刊时间不详。《房县青年》报的发行人是三青团房县分团干事长宋秉彝,主编叫刘作舟,社址设在房县东街 38 号,每期约印 250 份,其发行办法和发行范围不详。

从收藏的第 84 期《房县青年》看,因这期报纸为庆祝国庆专刊,一版和二版全是地方稿件,关于平时报纸是否刊登国民党中央社的新闻稿却无从考究。从这期报纸一版刊登的社论《国庆与青年》等文章来看,该报竭力为国民党反动政府效劳。如在《国庆与青年》社论里写道:"期望青年要认清今日担负的双重任务",胡说什么"一面要戡乱,一面要建国",妄想把青年们往内战歧途上引。作者吴汉写的《厉行总动员》里,胡诌什么"而胜利二年以来(指抗日战争取得胜利——编者),中共扩大叛乱,破坏地方,发展蔓延,使国家面临今日之危机,使人民遭受甚于抗战期间之破坏损害,社会风气颓丧萎靡,造成国家空前动荡不安的局面",这简直是混淆是非,颠倒黑白,贼喊捉贼。作者极尽造谣污蔑的目的是什么呢?他公然直言不讳的说是"一致为消灭叛乱建设国家而努力"的,显然是明目张胆地动员人民起来消灭共产党，发动全面内战。由此可见，《房县青年》是一份地地道道的反对共产党、反对人民的反动报纸。

1987 年 4 月 30 日

七、《青年日报》

1945 年 12 月，国民党三青团青年服务社在均县创办了《青年日报》，发行人是国民党三青团青年服务社总干事王宏济，印刷者为正风出版社。《青年日报》每隔三天与国民党均县县政府办的《新均县三日刊》报合出一期，各为一个版，社址设在原均县老城民族街。

《青年日报》创刊之时，是抗日战争已经胜利，国民党发动全面内战的时候。从原郧阳地区档案馆收藏 69 期报纸看，该报一版以国民党中央社的电稿为主，同时也经常刊登自己撰写的社论或短评，并登有极少量的地方稿件。在刊登的地方稿件中，不少都是广告、启事一类的东西，真正的地方新闻则寥寥无几。从第 185 期至 204 期的 16 期藏报来看，一版共发稿 219 篇，其中刊登国民党中央社的新闻稿件 163 篇，占总发稿量的 74.42%；地方稿只有 56 篇（广告、启事占 19 件），占总发稿量的 25.58%。在 163 篇电稿中，有 44 篇公开造谣、污蔑、攻击共产党的稿件。该报撰写的社论或短评，其内容也多是谩骂、攻击共产党的。如民国三十五年 4 月 2 日出版的第 124 期报纸，在一版刊登的《看看自己，想想别人》社论中，假借美英保守党与反对派之争，污蔑共产党趁抗日战争取得胜利的时候，"不循政党政治的正规，竟然自主边区，自发货币，称兵作乱，阻碍复兴"，文章最后还把共产党在沦陷区扩大解放区的革命活动，污蔑为"要挟政府，割据地盘，此种行为举动，适于民主政治背道而驰，不过封建变象而已"。真可谓极尽造谣污蔑之能事了。二版以地方消息为主，有专栏、有诗歌、有文艺作品，文章短小，但在这些消息或文章里，其字里行间，多是指责、谩骂，或用含沙射影的手法，大肆攻击、污蔑共产党。如在《星火》专栏里发表的"开场"一文中，就谩骂共产党是"腐化分子、投机分子"。第 140 期刊登的一个叫梁燕的写了一篇《毛词浅释》，竟然对毛主席《沁园春》一词进行无耻的污蔑和攻击。如把"北国风光"一句，污蔑为"共军到处围城"；把"千里冰封，万里雪飘"两句污蔑为

"千里兵封，万里血飘"，在文章结尾，甚至对毛主席个人进行了恶毒地人身攻击，胡说什么"毛主席左手叉腰，右手指鼻，向同胞吹牛说：数风流人物，还看今朝"。由此可以看出，《青年日报》实属一份地地道道的反动报纸，它不惜版面，不遗余力，以颠倒黑白，造谣是非等宣传手法，愚弄和欺骗人民，模糊青年认识，消磨青年意志。

从收藏的报纸上看到，该报有些消息或文章，还是来自全国各地的，如有的文章作者署名为"本报驻上海通讯员"或"本报驻南京通讯员"等。可见，该报的影响范围是相当广泛的，其反动宣传的余毒，不仅流行在均县、在郧阳全区，而且影响到全国各地。

《青年日报》1946年6月21日在均县停刊，随后报社社址迁到老河口。

1987年4月29日

八、《均县周报》

《均县周报》是国民党均县县党部主办的报纸。原郧阳地区档案馆收藏有1946年5月1日出版的第28期报纸两份。从这两份报纸看，该报大约是在1945年10月创刊的，发行人是国民党均县县党部书记张笑玄，出版者为均县宣传委员会，该报为八开两版石印。这期报纸是"均县人民自由保障委员会专刊"，为了配合均县人民保障委员会的成立，一、二版全部刊登的是该委员会的宣言，组织章程及祝贺文章。在《宣言》里，虽然也揭露了"少数不肖官吏，"对人民常是擅作威福滥用职权，对人民身体自由任意侵害——私自拘禁，非法拷打，杀害"等社会弊病，但是《宣言》却又声称什么要保障人民的自由，"今幸在本党（指国民党）及英明领袖（指蒋介石）领导下，获得历史上空前光荣胜利"，又胡说什么"我中央（指国民党中央政府）亦曾三令五申保障人民自由"，宣扬只有在蒋介石、国民党领导下，才能保障人民的自由。事实上，当时正是在国民党、蒋介石的统治下，给人民带来了水深火热的灾难，人民的生命没有自由，财产没有保障。由此可见，《均县周报》完全是站在国民党、蒋介石的立场上，以谎言欺骗群众罢了。

1987年5月7日

九、房县《抗战日报》始末

《湖北日报新闻史料汇编》编者按：

本文已送请庞俊同志征求意见，庞俊同志做了一些修改，并说明，文中"略举几例"发生在他不在房县时。另据庞俊同志回忆，房县还出过《五月》半月刊。

卢沟桥事变后，日寇侵略者气焰日益嚣张，国民党军队节节败退。国家兴亡，匹夫有责，全国人民莫不同仇敌忾。当时旅居武汉的许荫民（武昌艺专教员）、张云冕，几度商筹，同许承宙约集房县旅武汉学生10余人，组成抗日救亡宣传团，由许任团长，张任副团长，于1938年冬，沿途宣传抗日，徒步回到房县。回房县后，当时县里没有成立抗日宣传的法定机构及开展宣传的经费。于是，许、张二人乃商促在县里有声望的程松卓老先生与县长邱仲川交涉，成立房县抗日战争动员委员会，由县长兼任主任，推选程松卓老先生为副主委，许、张任驻会委员，许负责秘书组工作，张负责宣传组工作。1938年3月，雷天明（原名雷盈鉴，由房县地下党负责人庞俊介绍入党，解放战争中壮烈牺牲）回房县后，被推补为县动员委员会委员。当时宣传工作有一个有利条件是：许荫民任县民众教育馆馆长，张云冕任房县西关小学校长，除了以动员委员会名义开展宣传外，这两个教育机关也成了宣传工作的基地。

起初，宣传形式主要以在城乡教唱抗战歌曲、演街头剧或下乡演戏为主。雷天明擅长声乐，在城乡教唱抗战歌曲，许承宙善于演街头剧，如《放下你的鞭子》等，激起了抗战的气氛，到处响起嘹亮的抗战歌声。口头宣传是难以深入普及的，于是又以县抗战动员委员会的名义，出版了《抗战日报》。该报为八开油印小报。编辑是许荫民、张云冕等；消息来源由县无线电台朱韩修供给，或转载《新华日报》的新闻，也有地方新闻；刻写钢板并负责油印的是个青年人，叫卢广生。记得在当年5月间，地下党员庞俊同志（原名庞进禄）以湖北省房县合作办事处主任指导员的身份到了房县。很快，许、张、雷与他取得了联系，并在庞领导下进行工作。

《抗战日报》，是最先在风气闭塞的房县诞生的报刊，它在宣传抗战上起了一定的作用。创刊之初，每天发行200份，订户主要为城关及军店、青峰、大木场几个较大集镇，之后发行到400份，发行范围扩大到竹山、郧县。当时房县土劣横行，横征暴敛，群众极为怨恨。因此，《抗战日报》登载的地方消息，以揭露地方的黑暗为主，与当时的权绅、党棍进行了艰巨、曲折的斗争。兹将当时斗争的情况略举几例：

房县国民党县党部书记长兼县教育科长陈存浩（孝感人），是个无耻之徒。一天在房县西关邀集客商，通宵聚赌，日报即予以揭露，做了详尽报道。陈存浩因报纸所载消息属实，不敢公开反对，但仇恨在心，视张、许为眼中钉。

一次，张云冕、雷天明带领动员委员会宣传队到军店演抗战话剧，群众对当时买卖壮丁的保甲人员万分愤慨，纷纷向张、雷诉说邓保长卖壮丁10多人的情况。经密为查访，掌握了确凿的证据，于话剧演出时，当众把邓保长揪出，宣布买卖壮丁名单，捆送县政府关押。剧场民众人人称快。之后，《抗战日报》把此经过披露报端，打击了当时保甲长无法无天的气焰，也置邱仲川县长难堪之地位。为此，邱仲川仇恨张、许、雷等人。邱指使在县政府工作的侄子，出版了一个不定期的小报（报名记不住了），与《抗战日报》相对抗。房县动员委员会，人们简称"动委会"，县政府办的这张报纸，用卑鄙的谐音手法，刊出一张标题为"动物会"的漫画，画了乌龟、兔子等几种动物，影射县动员委员会，实际是指程松卓、张云冕、许荫民、雷天明、许承宙等。张、许、雷极为愤慨，由副主任委员程松卓以书面质问县政府，并指出其卑劣伎俩。随后，张云冕、许荫民、雷天明、许承宙等人又到县政府，向邱仲川提出严正抗议，指出这是破坏抗战宣传，并迫使其勒令把这个小报即时停刊。不久，邱仲川、陈存浩离开了房县。接任邱仲川职务的是徐硕俊（湖南省攸县人）。徐接任后，国民党省党部派陈松到房县当县党部书记长，陈到房县后，即与张、许等发生摩擦，到处暗放谣言，说《抗战日报》是共产党的报纸，张、许等为赤色分子。1939年春，在一次会议上，陈出言讽刺，当场攻击张、许及《抗战日报》。张当场与之发生冲突，并拿出手枪逼着陈问："抗战宣传难道有罪？""谁是异党分子，请拿出证据！"后经屈子清（房县人，现居住汉口路三号）拉劝才算了事。陈当即离席，张亦愤然而去。陈经此冲突，觉得损伤了他的尊严，灭了他的威风，第二天悄然离开房县，第三天，《抗战日报》以讽刺的语调披露了陈松悄然离房的原委。

再一次斗争是：县长徐硕俊布告禁吸鸦片烟，成立戒烟所。当时房县杨运舫先生（系同盟会会员，清末湖北省咨议局议员，民国初任四川某县知事，解放时被国民党枪杀）对当时政治极为不满，常在公开场合指斥当局。他对徐县长发布的戒烟令持怀疑态度，请张代为捉刀，在《抗战日报》上刊登一篇宣言式的《戒烟启事》，名义上是遵奉政府功令，实则以诙谐的笔调，追述自己之所以一度陷于烟瘾，"乃出于连年政治不正，所以无心从政，躺上烟床，以求解脱，今后但愿河清人寿，所以戒烟云云"。识者一读此文，都明白杨老头"醉翁之意"不在戒烟，而在讽刺时政，一时被传为笑谈。

这些斗争是触动了当时权贵的威严，到1939年夏天，更激起当局的注意。农历八月初，张从徐硕俊（徐与八区专员刘翔不是一个派系）处知道，刘翔已密令县政府暗中监视他。于是，张云冕不得不离开房县，《抗战日报》也就因之停刊。该报办了一年零三个月，共出版400期左右。

附言：此材料是根据湖北省民盟委员张云冕老先生写的回忆录和我们拜访他时座谈记录整理的。

我们拜访张老时，他还谈到当时房县还办过一个《望星石杂志》。此刊名称来历，主要是房县十字街中间有块石头，站在这块石头上可以看得远，盼望能看到光明。为此，就名叫《望星石杂志》。该刊办了一期就停刊了。因当时为该刊撰写文章的许承宙，文章写得过于激愤，引起当局的注视，为了斗争的需要，当时房县地下党负责人庞俊建议停办此刊。

1983 年 5 月 6 日

十、《武当月刊》和《正风月刊》

在湖北省图书馆和原郧阳地区档案馆里，我们发现收藏有三本《武当月刊》（省图书馆里收藏的是民国三十三年 5 月 4 日出版的《武当月刊》创刊号和当年 12 月 31 日出版的《武当月刊》第一卷第五期；郧阳地区档案馆收藏的是民国三十三年 11 月 30 日出版的《武当月刊》第一卷第三、四期合刊），还收藏一本民国三十三年 12 月 30 日出版的《正风月刊》第三期。这两个刊物，都是在均县草店出版的。

《武当月刊》，系国民党中央陆军军官学校第八分校武当月刊社编印的，为 16 开本，直排铅印。印刷者：中央军校第八分校印刷所。代销处：该校合作社及鄂北、豫南各书店。

从该刊第一卷第五期登的一则"校闻"里得知，起初校务主任章泽群为代社长，校政治部副主任燕鸣轩为总编辑，张源鹏为副总编辑。又从第一卷第三、四期刊登的"校闻"中看到，该社 10 月 1 日奉令改组，成立编辑委员会，令派政治部副主任燕鸣轩兼总编辑，张源鹏兼副总编辑，邰琦、魏尚武、李朴等 14 人兼编辑委员。这时，《武当月刊》社社长已由校务主任罗列兼任，副社长由政治部主任、特别党部书记杨啸伊兼任。

《武当月刊》的办刊宗旨是"以阐述国父遗教、总裁言论，研究军事、政治学术为宗旨"。从该刊登的文章可以看出，创办《武当月刊》，除为"以阐述国父遗教、总裁言论，研究军事、政治学术为宗旨"外，其最终目的是培训一批反共、反人民的军事骨干。

《武当月刊》名为月刊，但因印刷条件差，很难按计划实现。

从《武当月刊》征稿简则里，看出凡给该刊写稿的，都还付给一定的报酬，付酬办法是："一、来稿发表后，均致稿酬。普通文稿每千字 50 元至 80 元，但有特殊价值者酬金从优，其已在他处发表者，恕不付酬；二、来稿如不愿受酬者，请于稿件端书明'却酬'字样，本社当酌赠本刊或其他书报刊物，以达雅意。"

《武当月刊》何时终刊不详。

《正风月刊》从原地区档案局收藏的第三期出版日期推算，该刊可能创刊于民国三十三年 10 月。正风月刊社址设在均县草店。发行人为杨啸伊（中央军校第八分校政治部主任兼特别党部书记长），总编辑是第八分校政治部副主任燕鸣轩；编辑是陈菘（八分校特别党部秘书）、肖政元（职务不详）。总经销为正风印刷所，地址在原均县南关，代售处为全国各大书店。

《正风月刊》是国民党中央陆军军官学校第八分校几个同人，利用业余时间，办的一个刊物。该刊刊登的《求友与征稿》中说："这是我们三五同志业余之暇所耕种的一畦园地，显然地，她是带着先天不足的姿态，同时也是在硗瘠的环境中挣扎，我们在珍惜这点嫩芽的热情里，一方面是活的一些慰藉，另一方面也激起了些殷忧！""殷忧是什么呢？我们这三、五劳动者，力量实在太微弱了！我们预定的品质较我们的能力过高，我们劳作时间也仅是休闲时期的一部，想求她茁壮而富丽，是多么难能的啊！"

因《正风月刊》是三五位同人在"兴趣上的支撑"办起来的，它是"有一餐米、做一餐饭，既无公款，亦无基金，所以不能有优厚的酬答"。对参加该刊写作的同志，按时供给一些稿纸信笺；对已经刊用的稿件，每千字酌给100元至150元的酬金；对成熟的作品，每千字给酬金200元。

1982年7月，我们到郧县访问《正风月刊》总编辑燕鸣轩时，他回忆该刊只出过三期，因有人对它提出质疑，政治部主任兼《正风月刊》社社长的杨啸伊就不让再办了。

读者对《正风月刊》的意见，主要集中在它的立场上，说它有"不满现状"和"纯超然"的立场。我们曾粗略地看了几篇文章，看到在有些文章里确实也揭露些时弊。如石燕写的《同舟共济》（有声电话）中，就揭露一个有钱有势的人，过船时人和东西占了好大的地方，船倾斜了，眼看有翻沉的危险，他不管民众的生命，不肯把占的地方让给群众。可能《正风月刊》因为发表少数击中时弊的文章，出了三期就停刊了。

因《正风月刊》从领导到编辑人员，多是中央陆军军官学校第八分校的主要负责人，多是国民党党员，所以该刊"不是不受任何政治势力支配，而是加强政治的支配力量"的一个刊物，也就是说，该刊的主要的、积极地任务，"乃是学术研究、三民主义哲学基础的阐扬"。

1983年5月18日

十一、《郧县旅省学会月刊》和《郧县旅省学友励进会季刊》

《郧县旅省学会月刊》和《郧县旅省学友励进会季刊》，是民国十三年和民国二十六年间，郧阳地区在武昌读书的学生以同乡会的名义办的刊物。《郧县旅省学会月刊》，原郧阳地区档案馆保存有民国十三年10月1日发行的第4期。《郧县旅省学友励进会季刊》，湖北省图书馆保存的有民国二十六年2月10日出的创刊号；原郧阳地区档案馆保存有一本《郧县旅省学友励进会文集》。现分别介绍如下：

《郧县旅省学会月刊》是16开直排本，用新闻纸印刷的。因为原郧阳地区档案馆仅保存一本第4期，所以对该刊的创刊时间、发行人是谁、编辑人员是谁都不详。1982 年 7 月，我们到郧县访问燕鸣轩时，他曾提过一个情况，是"在 1924—1926 年间，杨献珍、燕韶九等人在武昌读书时，曾以郧县旅省同乡会的名义，办过一个刊物"。他还说："当时他读书于襄樊第二师范，为该刊撰写过文章。"据燕的这些回忆，《郧县旅省学会月刊》的出版时间与燕的回忆是一致的。同时，从保存的这期刊物看，燕鸣轩（原名燕文星）确实为该刊撰写过文章，仅这一期就登了他的三篇文章，第一篇是《为我县演讲所诸君进一言（来信）》，第二篇是《整顿我县回民学校之我见（来信）》；第三篇是《苦学生金为珍的小史（来信）》。

这期文章，我们做了粗略地翻阅，其印象是：《郧县旅省学会月刊》，是郧县在武昌读书的学生办的。文章中写的事情，都是郧县的事情。还有一个印象是：该刊敢于揭露当时郧县社会上的弊端。如《城防捐案的评议》《我县教育之障碍》《品卑学劣之英文教员》等文章，对当时郧县政界、学界存在的问题，都能有人有事地揭露和抨击。如燕文星写的《为吾县演讲所诸君进一言》一文，一开头就揭露了演讲者宣传迷信，迷惑群众的事实及恶果，启发人们不要信这些演讲者的宣传。该刊有些文章对激励青年有一定的作用。如《苦学生金为珍的小史》一文，就起到了这个作用。文章一开头就说："金为珍已经死了！他的为人，凡与他相处久的，都知道他是自负且孤高者。是的，凡是负责的人，未有不具着孤高情绪的。他的人格和他的奋斗精神，不但可作为我们郧县青年界的模范，并且可作为国内青年的模范。"文章接着写金为珍为人的两个例子：一个是他叔父叫他去找绅士表叔，他不去，却说："儿虽穷困，若命下气而求彼绅士阀之尤物，实羞为之。""在叔父催促下，他去了，却不把他叔父给绅士写的信拿出来。"再一个例子是："去年旅省同乡正在驱逐劣徐而举负众望之吴公时，他明目张胆地说：'此所谓以暴易暴。'"作者举出这两个例子后评论说："第一例可以表示他的不阿权贵的精神"，并指出："可现在一般人大多是善巴结的，所以我说金为珍的精神，在现在总算可贵。""第二例可以表示他的勇敢精神，——在团体群众之间，加之身处穷迫之境，而能独抒己见，毫无讳忌，终是可贵的。请看现在一般青年，因'关系''团体'，而牺牲意见，不知有好多。"燕鸣轩在回忆该刊时曾说过："它既起过开导、鼓舞、团结青年的作用，也起过揭露、打击地方豪绅的作用。"这两句话，对该刊的评价是比较确切的。

从《苦学生金为珍的小史》一文里，看到作者在写到知道金为珍得病的消息，"是从献珍（杨献珍）给画初的信中才知道的"。从这个情况可以看到，当时杨献珍同志确实正在省里读书。燕鸣轩回忆杨献珍办过报刊，可能就是这个时候。当时，郧县确实有一批学生在省里读书，他们多数人的思想当时都是比较进步的，有的已参加了共产党。

《郧县旅省学友励进会季刊》，创刊于民国二十六年（1937）2月20日，编辑者为郧县旅省学友励进会学术研究会，地址在武昌中正路书院街一号，发行者为郧县旅省学友励进会干事会，印刷者为武昌楮华楼纸张印刷文具商店，地址在武昌中正路中市304号。该刊为16开本，用新闻纸两面铅印，立排文。

创办《郧县旅省学友励进会季刊》的目的是："本三民主义之宗旨，革命之精神，研究学术，推广文化，尤其关于故乡政治建议，教育之革进，贪污土劣之指责，与夫不良分子之攻击，实为本刊之使命。故立论务求准正确，批评极求公道，以收口诛笔伐之效，而达一字褒贬之功，庶土劣惧，贪污廉、善恶别，是非辩，则乡里是赖，国家是依，职责任大，行之匪易，凡我学友，其共勉旃。"

从郧县旅省学友励进会《文集》中得知，该会"虽定名为郧县旅省学会，而组织分子乃为均、郧（郧县、郧西）、房、竹（竹山、竹溪）、保（保康）七县旅省学生"。该会"以砥砺学行、联络感情、推广教育、促进文化"为宗旨，所以就定名为"郧县旅省学友励进会"。

从翻阅该刊登的一些文章看，与创刊的目的是相符合的。如杜明杰写的《六年来之郧县》和徐天昭写的《郧县农村衰落之原因及其救济方法》文章中，不仅揭露、指责了郧县当时的"贪污土劣"，而且提出了"故乡政治的建议"。杜明杰写的《六年来之郧县》用"人祸时期""疾病时期""杂税时期""水灾时期"为小标题，具体揭露了郧县从民国二十年到二十六年间的种种灾难，尤其写"杂税时期"时，列举出"保甲经费""区公所成立费""联保处成立费""门牌捐""户口税"以及什么"特别捐"等，这时候的人民，真是被逼得哭天无路，喊地无门，口中不住叫哀、叫苦。徐天昭写的《郧县农村衰落之原因及其救济方法》一文里说，这个时期，郧县是"郧村之产量趋减，农民之生活日蹙，甚至于朝饔未毕，而忧夕餐，霜雪即降、而衣不遮体，更有一些目不忍睹、耳不忍闻种种可惨之现象，亦难枚举"。从这些文章中，可以看出这批青年学生中，确有忧国忧民之感，有一定的进步思想，但是在有些文章中，也有怀疑共产党，骂共产党是"赤匪"，尤其是该会由国民党省党部直接控制的，后来有些人却站到反党、反人民、反革命一边去了。《郧县旅省学友励进会季刊》的主要负责人陈杰和詹家善，都是国民党的骨干。

　　以上两个刊物，从我们了解全区报刊史的情况看，属我区在外地办报刊最早的刊物。《郧县旅省学会月刊》的出版时间，又是共产党跟国民党左派在武汉政府内进行合作的时期。因此，对这一刊物，今后在收集史料时应作为重点，深入进行挖掘。

1983 年 5 月 19 日

第十章　陕西汉中地区报刊出版情况

一、清末至民国时期的报纸

清光绪三十二年（1906），西乡县姚守先主办《白话报》，为汉中报业之始，初为油印，后改为枣术活字版印刷。民国七年（1918），汉中《博报》创办。民国九年（1920），创办《民智》《汉中日报》，后因军阀混战，时出时停。民国十年（1921），官绅合办石印《汉中日刊》社，后改为《新汉日报》。此后各个时期代表各种不同政见的报纸在一些县相继出版。

汉中（南郑县）

民国二十四年（1935）1月，南郑县长张企留和徐敬之共同创办《南郑日报》，石印、四开四版。同年，张企留卸任，报社社长由国民党县党部王寿山兼任。后移交陕西省第六区专员公署，改名《汉中日报》。报纸经费来源除专署和南郑县政府承担一部分外，城固、洋县、西乡、沔县、宁强诸县分担，由报社每期分别寄送 10—25 份报纸。日发行 300—600 份，1937 年抗日战争爆发后，报纸日销售 1900 份。后因《西安日报》刊行南郑版，《汉中日报》发行量降至约 500 份。同时，《西京日报》南郑版出刊。1939 年春，《汉中日报》社迁至方公祠。旋因纸张缺乏，销路不畅停刊；1940 年后开办《大华日报》《昆仑日报》《战争报》《春秋》报等五家报刊。1942 年《汉中日报》一度复刊，不久又停刊。次年再次复刊；1945 年抗战胜利后，《西京日报》南郑版等报刊相继停办，人员被《汉中日报》留用，财产折价接收，《汉中日报》铅印发行，每日 3000—4000 份。当时该报曾发行不少反帝、反封建的言论和提倡民主、反对独裁的文章；1949 年 12 月 3 日，《汉中日报》社迁至汉江南岸渔营村。汉中解放后，报社人员和设备被军管会接收，迁回汉中城内。

西乡县

光绪三十二年（1906），姚守先创办《白话报》。民国十八年（1929），县教育局主办《民铎报》，每周石印 1 张，1933 年，县人王绍烈等三人主办《民意报》，四开二版，手写石印，内容为西乡要闻和时事评论，始为五日刊，后改为三日刊，发行量约 300 份，1934 年停办。1939 年，县民众教育馆创办石印《西乡民报》，1943 的改名为《西乡报》，国民党西乡县党部兼办，1947 年停刊。

宁强县

民国二十六年（1937）宁籍赴外地求学的胡映川、唐子与地方人士刘甲三、黎光显等筹资创办《宁报》周刊，宣传抗战。报纸内容涉及前线战况、国内新闻、县政要闻，并辟有《街谈巷议》《文艺园地》等栏目。1940 年 4 月，因刊载进步文章，被国民党省执委查封。后经多方争取，于同年 9 月 17 日复刊，改名《汉源报》，为石印三日刊，八开二版，一年后改为周刊，临解放前停刊。

沔县

民国三十年（1941）5 月，县国民政府在四方街创办《新沔县》，铅印，八开一版，每旬 3 期。1942 年改为八开二版，1943 年停刊。1946 年 11 月，县参议会在城北门内创办《沔县民报》，石印八开二版，每旬三期。因经费困难 1948 年 5 月停刊。

洋县

民国三十年（1941）10 月，县政府创办《洋县报》，八开二版，每周三期，1947 年 9 月停刊。

城固县

民国二十九年（1940），县民众教育馆编辑《民众简报》，每日一期，誊写 10 余份张贴在城门及主要路口，供群众阅览。

1920 年，汉中知识界创办《民智报》，宣传新思想、新文化不久被军阀查封。当时，旅居在北京、上海、天津、南京、武汉、成都、西安等地的汉中籍青年学生，纷纷建立汉中旅外学生会、同乡会、同学会等进步组织，创办了许多宣传新文化、新思想，传播马列主义和俄国十月革命的刊物，其中影响较大的有北平的《励进》《西乡》，上海的《汉中》《南针》，南京的《西北问题》，西安的《濯汉》《青年生活》《望洋》《乐观》等，这些刊物除发向全国各大城市外，大部分寄回汉中各县的学校、文化单位和进步人士、对汉中人民尤其青年学生的觉醒，起了巨大的作用。如《汉钟》创刊后，同时在北平、杭州、武昌、南通、西安、汉中、城固、洋县、西乡等地设了代办处，负责收集稿件和发行刊物。当时《汉钟》载文指出："汉中人民历年来受军阀的压迫，官吏的勒索，兵匪的骚乱，痛苦已达到极点……解放汉中人民的责任，只能落到留学上海、北京、武昌、西安'富于革命精神'的汉中青年身上了！……只有汉中的青年农民、青年工人、青年学生，都深切地觉悟了，结成铁一般的团体，才有幸福成功的一日。"《汉钟》还发表了刘平衡的《癸暑假旋里见闻录》、克仁的《鸦片弥漫汉中的危险》、况善夫的《改造汉中之急务》、何挺颖的《中俄交涉经过之梗概》、谢佐民的《解放汉中人民的第一步》、汉青的《汉中教育必须从根本上解决》等文章，同时还载了瞿秋白、胡适等人的进步文章。

1930 年 11 月，中共陕南特委成立后，以省立第五师范学校学生自治会名义出版了特委机关刊物《前驱》，特委委员黄勉初任主编，辟有论坛、杂感、文艺、读者呼声、编后谈等栏目。由于刊物具有鲜明的革命性和强大的号召力，1931 年 6 月被当局查封。不久，易名为《追求》，仍以五师学生自治会名义复刊。

1931 年 9 月，在中共陕南特委的领导下，南郑、洋县、城固、西乡、沔县等地许多学校相继建立了红军之友社、反帝大同盟、少先队、共青团、以"捷报""快报"等形式，采用油印、石印的办法出刊革命读物。许多学校都相继出刊了进步刊物。计有省立第五中学的《第一线》，省立第二女子师范的《冲锋》，汉中农职校的《曙光》，中共南郑共立中学支部的《孤光》《汉潮》，沔县学生会的《前锋报》，城固旅汉学生会前卫社的《前卫》，共青团沔县黄沙支部的《列宁青年半月刊》，红军之友社的《北方快览》，沔县学生会的《沔波》等。20 世纪 30 年代初，川陕苏区的小报刊也曾在境内流行。

二、解放后《汉中日报》及各县报

《汉中日报》

1949 年 12 月，随着陕南解放，中共陕南党委主办的《陕南日报》报社工作人员由湖北郧阳随军西进，分批到达汉中，接管了原当局的《汉中日报》的一些设备。1950 年 1 月 17 日在汉中路 15 号出刊《陕南日报》南郑版，翌年 2 月，陕南区党委和陕南行署机构撤销，南郑地委成立，3 月 27 日，《陕南日报》出至 325 期停刊。

1951 年 4 月 1 日，中共南郑地委机关报《南郑报》出刊。1954 年 1 月 1 日，因南郑地委更名为汉中地委，《南郑报》改为《汉中报》，周三刊。1958 年 7 月 1 日改成周六刊的《汉中日报》。1965 年 1 月 1 日，改为周三刊的《汉中报》。"文化大革命"开始后，报社受到冲击，《汉中报》出刊到 1967 年 1 月 17 日的第 3272 期时被迫停刊。1969 年 5 月 1 日，《汉中日报》复刊出版，周三刊，同年 10 月 1 日改出周六刊。

1981 年 8 月经地委批准成立《汉中日报》社编委会，报社由党委领导体制改为编委会领导体制。编委会下设办公室、机关党委、总编室、经济部、政文部、通联部、摄影美楼术部、广告部、新闻业务研究室、行政管理科、印刷厂等部门。1995 的年报社有职工 156 人，共中编辑 38 人，党政管理 12 人，工人 106 人，主任编辑、主任记者 4 人，编辑、记者及其他中级职称的 21 人。社址在汉中市中山街 63 号，占地面积 14784 平方米，建筑面积 10924 平方米，固定资产原值 113.24 万元，净值 63.34 万元。

《汉中日报》各日期出刊期数统计：

《陕南日报》，1949—1951 年 3 月 27 日，在汉中出刊 200 期。

《南郑报》，1951 后 4 月 1 日至 1953 年 12 月底，出刊 331 期。

《汉中报》，1954年1月1日至1958年6月底，共出刊577期（332—908期）

《汉中日报》，1958年7月1日至1964年12月底，共1994期（909—2902期）

《汉中报》，1965年1月1日至1967年1月17日，共370期（2903—3272期）

《汉中日报》，1969年5月1日至1995年12月底，共8407期。

另外，"文化大革命"期间，从1967年1月17日起，《汉中日报》停刊，报社形成两派群众组织，一派组织从1967年1月21—29日出《造反新闻》5期，从1967年1月31日至1968年9月28日出《新汉中报》301期，另一派出刊不定期《红色要闻》。

县报

解放初期，镇巴、西乡、佛坪等一些边远山区县一般要在报纸出刊3—10天以后才能见到汉中的报纸。于是，或成立收音站，或指定专人，用收音机收听记录中央人民广播电台每日发布的新闻，然后油印下发各县级单位。镇巴县1951年开始编印的《时事新闻》（后改为16开的《广播快报》）。

自1956年开始，全区10个县相继建立报社，分别在各县委领导下，宣传部具体负责，出刊县报。各县报均为铅印，或五日一期，或周双刊，周六刊等，由各县邮局向全国发行。内容主要是宣传党的方针政策，传播科学文化知识，指导本县基层的农业生产。发行量少则千余份，多则近万份。《西乡报》年发行量曾达到50多万份，《镇巴日报》（周六刊）月发行量最高达3280份，《宁强县报》共出刊611期。

20世纪60年代初，国民经济进入困难时期，1962年1月1日，根据中共中央宣传部关于撤销县报的指示，各县办报纸相继停刊。

其他报刊

汉中广播电视报

20世纪80年代，本地区城乡开始普及电视。1984年10月1日，汉中地区广播电视局创办《电视台节目预告》，为16开单面铅印，仅印数百份，主要预告中央电视台和陕西电视台节目。1985 年 5 月改为《汉中电视台节目预告》（含汉中电视台的自办节目）为 8 开 2 版周刊小报。内容主要是预报电视节目，影视评价，传播编、播、导信息。该小报由小贩在城镇街头叫卖。1993 年，经新闻出版行政部门批准，《汉中广播电视报》于当年 7 月 1 日创刊，为 4 开 4 版周刊，国内公开发行，原《汉中电视台节目预告》报撤销。

高等院校学报

《汉中师范学院学报》：1983 年创刊，为该院专刊，16 开本，每期 96 页。原为内部交流刊物，1994 年 8 月批准为国内外公开发行的综合性学术期刊，分社会科学和自然科学版编辑印行，全年 6 期。该刊社会科学版主要刊载哲学、经济学、语言文学、历史学、教育学、法学等学科论文，常设有《汉水流域文化研究》《三国研究》等特色栏目。自然科学版刊载数学、物理、化学、生物、计算机科学、生物化学等学科论文，辟有《秦巴自然资源与环境研究》等特色栏目。该刊被《中国学术期刊（光盘版）》《中国期刊网》全文收录，被《全国报刊索引》作为固定引用刊源。其中自然科学被《中国数学文摘》《中国无机分板化学文摘》《中国力学文摘》作为固定引用刊源。

《陕西工学院学报》：1985 年创刊，原为内部交流的自然科学类学术季刊，每期 96 页。1990 年 4 月被批准国内外公开发行。主要刊登与学院专业设置相关的机械设计制造及其自动化、金属材料工程，材料成型及控制工程，计算机科学与技术，电子信息工程，通信工程，自动化电气工程及测控技术与仪器，土木工程，工业工程，工商管理和会计学等方面的科研论文。

报刊型内部料

1979 年以后，政府一些机关、企事业单位或人民团体相继创办了一些报刊型的内部刊物，在本系统交流学习、指导工作，由省委宣传部委托地委宣传部审批管理。1986 年，陕西省新闻出版局委托汉中地区文物局审批。1992 年，省局将审批权收回，地区只负责报批，年度审验和日常管理。截至 1995 年，全区有报刊型内部资料 11 种，其中报纸 5 种，期刊 6 种。文学双朋刊《衮雪》，汉中地区群艺馆创刊于 1980 年，至 1995 年年底出刊 70 期。

第十一章　报人纪事（上篇）

一、刘紫池同志两次来信回忆创办《鄂陕周报》《鄂陕报》

1983 年 6 月 13 日的来信

郧阳报社编辑部：

　　看到你们 4 月 8 日写给我的信，心里很高兴。你们来信问道《鄂陕周报》的情况，经回忆，现将记忆的事情介绍如下：

　　（一）1947 年底至 1948 年初，我军节节胜利，蒋介石军队处处吃败仗。我十二旅部队在解放了郧西、郧阳、均县、白河、竹山等县城之后，建立了鄂陕根据地，这时很需要有份报纸来传播胜利消息，以鼓舞人心并指导工作。《鄂陕周报》就是在这种形势和背景下应运而生的。

　　（二）《鄂陕周报》大概是 1948 年 1 月，创刊于郧西土门镇东头的一栋二层楼房里（根据多数同志回忆，鄂陕周报社成立于 1948 年 2 月，社址在郧西土门镇东头的一栋二层楼房里，正式出版报纸是 1948 年 3 月 1 日——编者）。是石印，对开四大版，一、二版是国内外要闻；三、四版是军队和地方工作版，共出了多少期已记不清了（据多数同志回忆，《鄂陕周报》是用多色油光纸石印的八开两版——编者）。我于 1948 年 8 月由郧西土门调到郧阳，任刚成立的陕南军区政治部宣传科副科长。因此，8 月以后报纸的情况我记不清了。

　　（三）《鄂陕周报》属十二旅党委和两郧地委双重领导（应当是先由十二旅党委领导，1948 年 6 月，成立陕南军区、陕南区党委后，十二旅党委兼的鄂陕四委改为两郧地委，这时报纸才由两郧地委领导，报纸更名为《鄂陕报》后由石印改为铅印，由周刊改为周二、周三，直至增至周六刊——编者）。

（四）报社当时是社长负责制。我当时既是社长、总编辑，又是编辑（当时刘紫池同志只是报社负责人，并没有明确职务，到周报更名为《鄂陕报》后才明确刘紫池同志为副社长兼副总编辑——编者）。我除了负责报社的全盘工作外，主要搞日常的编辑工作。实际上，编辑就只有我一个人。除我以外，还有一个负责报社一般政治思想工作的宫璋同志，三个刚吸收参加工作的青年学生，他们是王大纲、杨果行和王克全，还有三个抄写员，一个姓张，一个姓杨，另一个姓王（应姓陈——编者），另外还有一个管理员，一个文印员（负责印刷），一个炊事员和负责照料我生活的及向外送信、送情报的通信员。报社当时没有记者，上述三个青年学生，原意是想培养他们将来做编辑、记者工作的，因为他们刚参加工作，对业务还插不上手，我只好临时分配他们搞些校对、发行等工作。陈哲文同志，是郧阳刚解放时郧阳中学的一个教员，后来也到鄂陕周报社当过一段时间的助理编辑。

（五）《鄂陕周报》当时的任务，主要是宣传党的方针政策，宣传革命的大好形势，传播我军在各个战场上的捷报，反映十二旅开辟和建立根据地的情况与动态。它的阅读对象主要是干部。因为纸张困难，印数不多；交通不便，发行困难。部队发到连，地方发到区，主要靠十二旅司令部通信科，通过步兵和骑兵通信员向外发出，每期印报500—1000份之间。

（六）报社当时没有电台，只有一部从战场上缴获的美制报话机（用电池）。我们每天靠它抄收的陕北新华社广播电台的口语记录新闻。它就是当时报纸获取国内外新闻的唯一来源。报社没有印刷厂，只有一台石印机和一个文印员。

此外，我打算再谈以下几件事：

1. 鄂陕根据地当时远离各个老解放区，根本看不到老解放区出版的任何报纸。这也是十二旅党委当时下决心创办《鄂陕周报》的主要原因之一。

2. 当时报社生活很苦，我们每月分文不挣，每天吃苞谷糊糊。能吃顿馒头、面条，就高兴得不得了。报社人员少，工作忙。隔段时间，从报社领导到下属所有人员，都要到山上去砍柴，以解决烧火的问题。虽然生活如此艰苦，工作如此紧张，但大家甘之如蜜，干劲很大。

3. 王大纲、王克全两位同志的详细工作地址，你们如打听到了，盼以后来信告诉我一下，以便联系（我们已回信做了答复——编者）。

刘紫池于宁夏银川市

1983 年 9 月的来信

郧阳报社编辑部：

关于《鄂陕周报》，我再补充如下几个问题：

（一）1948 年 8 月，我调离报社时，由李衡负责报纸工作。李衡同志是四川人，解放前曾在成都的华西日报社工作，国共和谈破裂后，他到延安。1948年秋前，他和四川干部队一起，从陕北来到两郧地区。由于当时四川尚未解放，他就和四川其他干部队一样，在两郧地区暂时被分配工作。李衡同志分到《周报》后，《鄂陕周报》更名为铅印《鄂陕报》，以后，因《鄂陕报》受敌人的骚扰，两郧地委决定把《鄂陕报》停刊了。1948 年 10 月，陕南地区党委决定创办一份报纸，把《鄂陕报》的人员、工厂全部接收过来，先临时办了一份《陕南新闻》，为创办陕南区党委的机关报——《陕南日报》做准备，这时，李衡同志主持了《陕南新闻》的领导工作，为筹办《陕南日报》做准备，后来陕南区党委又从豫西调来程文津同志，任陕南日报社第一副社长。关于李衡同志的情况，多年来，虽经我多次打听，均无所获。前些时候有一个四川籍的老战友告诉我说，李衡同志解放后在重庆市文化局工作，早已病死。我俩在血与火的战争烽烟中建立起来的友情，对他的死，我感到十分痛惜！

（二）经过追忆。当时在鄂陕周报社搞编辑工作的还有张定一同志，他系青海的锡伯族人（应为土族），党员，华大（华北人民革命大学）毕业后，于1948 年春来到鄂陕周报社搞编辑工作，以后又在陕南日报社任编辑。

（三）上次我给你们写的那份关于《鄂陕周报》情况的材料，基本上属实。但是由于时隔太久和记忆不清的原因，也不见得十分准确。比如，最近王大刚同志在给我的来信中就提出周报社有个住在郧西县城的抄写员叫陈敬斋，而不是我说的姓王。鉴于上述情况，我认为关于周报社的情况，还是应当多向一些有关同志进行调查，以取得"兼听则明"的益处。

（四）在周报社工作期间，我们全体工作人员，每月不挣分文，连牙膏、牙刷都没有，洗脸用的是自备的布做毛巾，穿的是上级发的土布衣服。新参加工作的，穿的是从家里穿来的便服和带来的铺盖。肉食极少。当时还缺燃料，每周全体人员要到五里外的山上去背一次柴。生活虽艰苦，但大家为了"打败蒋介石、建立新中国"，却毫无怨言。不仅没有怨言，而且工作上干劲很大。那时，我们夜以继日地工作，每天工作十几小时，也没有什么节假日。我叫同志们干什么，大家都踊跃去干，从不讲价钱，不计报酬，大家相处得很好，关系密切，很团结。至今回忆起来，是很有意义的事情。

刘紫池于宁夏银川市

二、回忆创办《鄂陕周报》

筹办报纸的简况

1948 年 1 月中旬，创办报纸的筹备工作正式开始。报纸定名为《鄂陕周报》，每周一期。负责筹备的是十二旅政治部的宣传干事刘紫池。第一次召开报社成立会的地点在郧西城内一姓徐家召开的。参加会议的有刘紫池（会议召集人）、李全福（通信员）、陈哲文、王大刚、王克全和我。会议内容很简单，刘紫池同志讲了一下办报的意图，报纸名称和报社社址（设在距郧西县城 30 华里的土门），让我们做好准备，不久将搬至土门开展工作，等等。

过了几天，我们就到了土门，开始住在一家中药铺里，不久就搬到一栋靠路边的两层木楼房（原来是个小学）办公。这时，筹备工作接近就绪，工作人员又增加了不少，并有了相应的分工。报纸负责人是刘紫池，编辑是宫璋、陈哲文，正式出版后又增加了一个编辑叫张定一；记者是杨果行、王大刚（后又改作抄录新闻）；校对是王克全（后改做记者）；事务长的名字我忘了，事务员是郧西人叫盛永恺；誊写员是杨凤鸣、陈敬斋、张玉田；印刷工人（石印）胡少玉，摇机工人是陈金练；炊事员是牛根锁、老王；通信员是李全福，后来又增加了一个叫秦文俊。以上这些同志是当时报社的全部工作人员。报社当时属鄂陕军分区党委直接领导，司令员刘金轩、政委李耀，都亲自抓报纸工作。

《鄂陕周报》诞生

大约 1948 年 2 月底或 3 月初，创刊号出版了（应为 3 月 1 日——编者）。

是石印两版，纸是红、黄、绿颜色，质量不好，但石印字迹颇清楚。创刊号出版这天，分区首长们怀着极度兴奋心情到报社祝贺！刘金轩司令员更激动地用拳猛击摊在桌子上的创刊号，喜悦地狂呼："这个报纸有前途！"

《周报》每周一期，主要刊登各战场胜利消息、地方新闻（主要是反霸减租、土改和变工互助闹生产等）。这个时期，我在郧西的一区（五顶坪）、二区（关帝庙）和三区（马鞍）以及山阳县的漫川关、中村、银花等地采访，报道过召开农代会、发动农民下山分土地、变工队互助生产、群众联防等新闻。

《周报》改刊更名为《鄂陕报》

大约是1948年6月，条件稍好，报社又增加了一批人员，而且是抗日战争时期在重庆办过《新华日报》的老报人，又都是大专学生，比如李衡被任命为社长（此时才正式把刘紫池任命为副社长），施旸被任命为编辑主任，羊村（现在四川日报社）任命为采通科科长，耿俊如（现在重庆）任命为印刷厂厂长，还有一批印刷工人。报纸改名为《鄂陕报》，由两郧地委直接领导，每周改为两期、三期以至增为周六刊。这时地区（应是报社印刷厂——编者）办起了一个纸厂，供应报社用。报纸由石印改为铅印。地方报道内容主要是土改、号召国民党乡保人员回家劳动生产、恢复城市工商业等。

《鄂陕报》升级为《陕南新闻》

1948年9月下旬，由于鄂陕分区辖地扩大，分区升为陕南军区，地方政权相应成立了"陕南行政公署"，"中共陕南区党委"也宣告成立（开始是汪锋任书记，后来张邦英同志来了，由他任一把手）。这时报社即由郧西土门迁到郧阳"八高"旧址，正式更名为《陕南新闻》。同时成立了"新华社陕南分社"。这时报社社长由区党委宣传部副部长赵希愚兼任，副社长是李衡、程文津（现在北京外交部国际问题研究所）；新华社陕南分社副社长周书（现在西安市兴庄路第三干休所）。编辑主任仍是施旸，采通科科长是羊村，印刷厂厂长耿俊如。后来报社工作人员增至60多人，编辑又增加了姜桦（现在陕西省顾问委员会）、赵不肖、牟广钧（现在安康）、曾岛（现在人民日报社）、李辅卿（现在陕西日报社）、赵冀雍（现在天津）等。这时，报道面宽了，发展工农业生产、科技、文教卫、支前、建政等。

《陕南新闻》更名为《陕南日报》

1949 年 5 月 1 日，《陕南新闻》更名为《陕南日报》。这时又增加了一批工作人员。此时环境较为稳定。这时，我在编辑部编稿。到了 1949 年 5 月 23 日，陕南部队西进，我被调到新华社陕南分社前线支社担任随军记者，跟随部队西进，常在前线采访。同年 12 月上旬，解放汉中，我们于 12 月 17 日在汉中出版了《陕南日报》（南郑版）。

杨果行 1983 年 9 月 2 日夜于汉中

注：作者现为陕西省汉中地委党校副校长。

三、关于鄂陕周报社的情况

郧西县是 1947 年农历十月初四（阳历 11 月 16 日）解放。解放后不久的一天，县长邵康、农会主席王廷佐（后为副专员），在街上遇见我，叫我参加工作。起初我在县政府工作，后来邵县长叫我到陕南军政大学学习（校址在原土门中心小学）。在军政大学学习一个多月，1948 年元月 1 日又调我到鄂陕周报社工作。经过一个多月的筹备，于 1948 年 3 月 1 日《鄂陕周报》正式出版了。当时，鄂陕周报社也设在土门中心小学，报社负责人是刘紫池。报社有一部电台，可以收听国内外新闻。

同我一起调到《周报》社的，有郧西马鞍的杨凤鸣，郧县的张玉田。我们三人分在文书股里，负责来稿登记、写石印药纸等。1948 年年底，刘紫池对我说，邵县长打了几次电话，要你去筹办郧西中学的开学工作，于是我就离开了报社。

《周报》社当初只有十几个人，后来一天天增加。我现在记得的有：刘紫池是负责人又是总编。编辑有张定一、宫璋。我们文书组里也添了个姓刘的，负责排版。《周报》系石印印刷，一星期出一期，共两版，战报排第一版，地方新闻排第二板。因纸张困难，全部用皮纸印刷。印数 500—1000 份，部队发到连队，地方发到区。遇有重要新闻，才用彩色纸印刷。印刷组负责石印技术的是胡少玉、张芳武、邓宪福、柯善鹏、叶凤章、苗青义、陈安等人。事务组的负责人是盛永恺，负责后勤供给和生活。我们那时是供给制，衣服、鞋帽都由上面发。每人每月只有两斤小麦的津贴，事务长把小麦卖了，把钱发给每个人。那时的生活艰苦，每天都吃苞谷糁，发霉居多。采访股有王大刚。炊事员姜立坤。

郧西县志办叶圣怀、林修采访陈敬斋

1983 年 8 月 1 日

四、关于陕南时期办报的回忆

报纸的沿革

最初为《鄂豫陕周报》，又改为《鄂陕周报》《鄂陕报》，再改为《陕南新闻》，后改为《陕南日报》。这与当时的形势发展有关。太岳兵团四纵队十二旅，过黄河解放洛阳后，即沿河南卢氏南下，解放了陕西商南、山阳等地，随后转向湖北，又解放了湖北郧西、郧阳及河南淅川广大地区。为了向这些新区群众宣传党的政策，鼓舞军民斗志，首先办起了《鄂豫陕周报》，后因豫西地区解放区扩大，鄂陕这方面又解放了均县、房县等地，河南部分就划归豫西分区管辖。在这种情况下，报纸才改为《鄂陕周报》，后又改为《鄂陕报》。陕南区党委成立后，报纸又改叫《陕南新闻》，后又改为《陕南日报》。

报纸期刊和印刷

《陕南新闻》以前（含《陕西新闻》——编者）的报纸，均是两版。《鄂陕周报》为周刊，用的多是红、黄、绿三色油光纸印报，为石印对开两版。《鄂陕报》即为铅印，报纸期刊先是三日刊，后改为双日刊。《陕南新闻》用纸是我们在郧阳东关自己生产的软细麻纸。《陕南日报》，在郧阳时为双日刊，到汉中后才改为日报。在此期间，印刷工具也由平版四开机改为转筒机，另外，还有一部圆盘机。翻印一些小册子或少数文件，都使用平板机或圆盘机印刷。1949 年中华人民共和国成立后，在安康解放，汉中临近解放时，报社就着手筹办《陕南日报》汉中版（应为南郑版——编者），由姜桦同志负责，郧阳版照常出报。直到汉中全部解放，于 1949 年 12 月中旬，报社随着区党委西迁，郧阳版才予撤销。这时，两郧地委和专署又办了个《两郧新闻》。1950 年 2 月，两郧地委划归湖北，改称郧阳地委，不久又创刊了《郧阳报》。

陕南日报社西迁时，给郧阳留了一部四开平台机，一套字模。到汉中后，一部分工人又回到了郧阳。

人员编制和调配

《鄂陕周报》时，除刘紫池同志外，当时文字上只有宫璋和陈哲文，后来又增加了杨果行。不久又调来了张定一，他和宫璋各主持一个版。报社由郧西土门迁到郧阳后，报纸扩大了版面，人员也相应增加到60人，以后又成立了新华社陕南分社，除记者外，又增加了一部电台，报务员、译电员，报社人数猛增到100人左右，机构也相应扩大。这时，编辑部的配备是：一版姜桦，二版张定一，三版张坚，四版宫璋。随后有配备了四个助理编辑：一版程儒卿，二版张业汉，三版杨果行，四版赵家璧。助理编辑下面，又配备了四个抄录员：一版刘毓增，二版张颖，三版刘虹，四版夏绍玉（原是译电员）。新华社陕南分社成立之前，编采就分了家，编辑部管内勤，采通科管外勤。人员也稍加调整，羊村同志负责采通科，张业汉、杨果行已成正式编辑。陈哲文、曾岛、赵冀雍、李辅卿、孙木一、赵不肖和牟广钧、唐竹林、肖道全等人任记者，专事采访工作。以后编辑、记者又增加了曾羡今、李铎、东兵等。各重点县，如郧西、均县、房县、安康等地，均派有常驻记者；遇到有较大军事行动（如解放房县、安康、襄樊等）时，还派有随军记者。与此同时，还在各地党、政、军中发展了一批通讯员，报社的稿源，主要依靠这些人提供。新华社陕南分社成立后，采通科由分社调配使用，区党委宣传部副部长赵希愚兼任陕南分社社长，我被中原局任命为分社副社长，兼管报社、新华分社党的工作，赵希愚还兼任报社社长，程文津任第一副社长（李衡为副社长——编者），施旸同志任编辑主任，施旸同志病故后由李衡继任。

此外，行政上设有经理部，兼管财务，安天白任经理，耿俊如任副经理兼印刷厂厂长，李杰任工人组长。报纸发行工作，原由安天白兼管，后业务扩大，在经理部设了一个新华书店，专管发行工作，由姚宜民同志负责。

报纸报道内容

由于陕南区党委所辖范围在当时全是新区，群众对党的政策不甚了解，特别是把老区已经纠正过的"搬石头"错误做法一度又引进到新区，更痛心的是把一些基本群众——贫、雇农当作"狗腿子"和恶霸地主一起砸死，严重破坏了党的政策。为了挽回局面，报纸配合纠偏，以此为中心，加强对群众宣传教育工作，逐渐消除了群众的疑虑，给以后几次大的军事行动创造了有利条件。如解放房、竹及安康等战斗或战役都比较顺利，报纸在这方面曾起到一定的作用，当然，也与全国形势胜利发展分不开的。后来报道重点逐渐转向军事方面，如解放襄樊战役，房、竹战斗，以及安康的关垭子、牛蹄岭战役等，报纸及时报道，配合得很好，这就大大鼓舞了士气，教育了群众，保证了我军西进，最后终于解放了汉中，给我一野解放大西南打通了通道。随后报纸又转入了以反霸、减租为中心，都取得了较好的成绩。特别是报纸的群众基础，是在党对报纸重视和领导上建立起来的。如总分社发稿时，区党委几个领导同志，如张邦英、汪锋、祁果等都要亲自审稿，因而报纸办得很有起色，在全国也有一定的影响。

两个内部刊物

①在新华社陕南分社成立后，为了进一步开展业务，培养通讯员及提高报道质量，曾办了一份《陕南通讯》的小册子，64开本，由羊村负责编辑，在郧阳出了10多期，分社西迁汉中后，还继续出刊，内容有所增加。

②在《陕南新闻》后期，即开始注意全国形势的发展，为给各级党、政、军领导同志提供一个战争形势的参考资料，由报社编辑部抽出程儒卿、夏绍玉、计崇理等同志出了一份油印小报——《参考消息》，对外是保密的。每期一张蜡纸，先是十天一期，后来是一周一期。报社还建立了资料室，为报纸报道全国形势方面，可以随时获得参考资料。

以上回忆，因时间太长，难免有错误，请参照别处采访的材料，加以校对补正。

周书　1984年1月21日于西安

注：周书同志为陕南时期新华社陕南分社副社长，现已离休，住西安市第三干休所

五、创办《陕南日报》的回忆史料

回忆创办《陕南日报》的日子

虽然已经过去了 35 个春秋，但在郧阳那一段艰苦办报的生活，是难以忘怀的！

刘邓大军强渡黄河、挺进中原、揭开解放战争战略进攻的序幕之后，鄂陕边境的广大地区相继解放，中共陕南区党委在鄂西北的郧阳成立。为了适应新区宣传党的方针政策的需要，1948 年初冬，为筹办《陕南日报》，先在郧阳出版了临时性的报纸《陕南新闻》，翌年 5 月 1 日，《陕南日报》创刊——为中共陕南区党委的机关报。

（一）

郧阳，是一座小山城。当时由于国民党的破坏，百业凋敝，物资奇缺。办报，要有电台、新闻纸、印刷机等，然而最初，我们都没有。

陕南军区把从战场上缴获的一架军用收音机，送给了报社。从此，我们可以收听新华社广播电台的广播，抄收新闻了。

当地手工业生产一种土纸，灰灰的颜色，摸上去很粗糙，我们就用它来印报。

全郧阳城只有一架石印机。《陕南新闻》一开始就是靠它石印出刊的。后来，在郧西县的土门，发现了一堆印刷机的零件，我们喜出望外，如获至宝。这些废铜烂铁经过工人们的擦洗、修理、装配，竟成了机器。它虽然老掉了牙，但总还能从嘴里吐出印张来。

在一间平房里，支起了几扇门板（实际是匾——编者），拼成了一张长条桌，四面围着板凳，这就是我们的编辑室。编稿时，仿佛开会一般，编辑主任坐在长条桌的一端"主席"的位置上，四个编辑和几个缮写员、校队员分坐两旁，各司其职。遇到重要的情况，分管编辑工作的副社长"亲临"，坐在这张长条桌的另一端，同我们一起商议斟酌，毛笔与剪刀兼施，墨水与糨糊并用，审稿子，定版面，既当"指挥员"，又当"战斗员"。就这样，一份份稿件从我们这个简陋的编辑部发往印刷厂。经过了战斗之夜，当晨曦初露的时候，一张张散发着油墨气味的报纸已经发出了。它把党的声音，战斗的捷报，传送到战斗在汉江两岸崇山峻岭中的陕南军民。

（二）

尽管条件简陋，然而工作是严肃的。

区党委宣传部副部长赵希愚，兼报社社长。他穿着同我们一样的灰布军衣，淳朴爽朗，平易近人。工作时，在他那黑边近视眼镜后面的目光中，透出一股果断、坚毅之气。他对工作是极端负责、严格的。

他有政治工作人员那种思想敏锐、观察深刻的品质。几乎每天，都要抽空到报社来，看抄收的新闻稿。一面了解急速发展的革命形势和中央、毛主席新的指示精神；一面掂量重要稿件的分量，对版面安排成竹在胸。他不止一次地指出编辑对版面安排不当，没有看出某一篇新闻稿的重大政治意义，标题也没有突出主要之点，批评我们不敏感，强调一定要把标题改过来，并把稿件放到头条位置上来。

晚上，在他那一床一桌的简朴办公室里，烛光跳跃着。他埋头看清样，手上夹着纸烟，不时深深地吸一口。从宣传内容到文字表述，特别是对方针政策问题，把关很严。退回来的清样上，密密麻麻地写着他那倾斜而挺拔的毛笔字。

对工作上的粗疏大意，他不能容忍。遇到清样上出现一些不应有的差错，包括错别字没有校正出来的时候，他或把有关同志找去，一一指出，或者自己到编辑部。往往人还没有进门，声音就进来了，"你们来呀，这是怎么搞的？这样的错误不应该发生嘛"！进了门就当着大家的面，讲错在哪里，这样会造成什么影响，讲改进的意见，然后说，"编辑部要开个大会，专门讨论一下"。

批评是直接了当的，甚至脸色、口气都是很严肃的。用大家的口头语来讲，是"挨了一顿刮"！当场我们不免脸上火辣辣的，有点下不了台，然而内心里却感觉到了一点什么东西，有所长进，还是"刮"一下好。因为大家都了解，都是为了工作，没有别的，在这尖锐的批评中包含着关心、期待……

尤其是像我这样参加革命不久的青年人，可以说正是从这种批评中，渐渐懂得了应当如何对待革命工作，怎样做一个党报工作者。

（三）

郧阳一带刚解放时，附近还有国民党残匪流窜骚扰，剿匪正在进行，斗争相当尖锐。

我们在城里办报，生活是比较安定的，但也有紧张的时候。

一天傍晚，报社接到上级通知：有一股残匪趁我主力部队转战时，攻击郧阳守军不多地方，可能夜间偷袭郧阳城。

接到通知后，全社人员从领导到炊事员，从编辑、记者到工人，都动员起来了。没有一个人顾自己的东西。大家全力以赴，拆印刷机，把铅字装箱。然后抬的抬，扛的扛，火速转移。这些笨重的东西，是我们报社的宝贝。平时连一星铅块和一个螺丝帽掉在地上，工人同志们都要细心地捡起来，此刻当然也不能让它落到敌人手里。

夜幕笼罩大地，群山隐没在黑暗中。周围一片寂静，只有城下的汉江在照常奔流着，不时发出拍岸的水声。江边上，已经停泊着几条木船。我们踩着石级，悄悄地把印刷器材全部装上了船，待命出发。接着一部分同志回到报社联络，一部分同志守卫在船头。

陕南军区做好了战斗准备，敌人终于没有敢来送死。第二天一早，警报解除了。通宵未眠的同志们，尽管浑身沾满了油渍，有的熬红了眼，有的划破了手，又不顾疲劳，把船上东西，一件件搬回报社，很快安装好了。印刷机的歌声，又响彻厂房内外！

（四）

1948年冬，正是解放战争进入战略决战的时候，捷报频传。

冬夜的山城，北风呼啸，窗纸被刮得哗哗作响，顶棚被震得沙沙落灰。编辑部内木炭燃烧得通红，而我们炽热的心，比炭火更旺。

收音机里一响起"雄鸡雄鸡高声叫"那高亢激越的开始曲，人们的心就被吸引住了。等着听有什么新的胜利消息。当电波传来了我军又攻克某某重镇，歼敌多少万的捷报时，编辑部沸腾了。笑呀，唱呀，互相捶打，挥舞军帽，都无法表达个人兴奋激动的感情。

这时报社已经有了电台。电讯稿很快译好送来，编辑部便进入紧张的工作状态，有埋着头看稿的，有推敲标题的，有思索版面的，有赶写评论的，肃静异常。夜深了，炊事员送来香喷喷的面条，火盆上的茶炊喷出热腾腾的水蒸气。大家吃饱喝足，吸烟的吞云吐雾，逗乐的笑语飞扬，室内充满着活泼的气氛。随后校对、看清样，又沉浸在认真的工作之中。

每当有特大捷报的时候，大家争分夺秒，先编印号外，搞发行的同志拿着刚印好的号外，奔走分发。捷报所到之处，一片欢腾。我们同读者一起，分享着这胜利的欢乐。

编辑部的墙壁上，悬挂着大幅地图。每解放一处，我们就插上一面鲜艳的小红旗。随着我军势如破竹般的节节胜利，红旗越插越多，排成蜿蜒连绵的红色箭头，向着祖国的南方逼近、伸展。这红旗，把我们这个处在山城的编辑部同前线的各路大军紧紧地联系在一起，把新闻战士的心同解放军战士的心紧紧地联系在一起。透过红旗，我们仿佛身临那硝烟弥漫的广阔战场，仿佛听到那嘹亮昂扬的冲锋号角，仿佛看到那排山倒海的人民军队胜利进军的步伐。

在这"天翻地覆慨而慷"的历史转折时刻，作为新闻战士，能够为宣传人民革命的伟业壮举而工作，是多么幸福啊！

（五）

令人深切怀念的是，我们的编辑主任施旸同志。他那赤诚为党，忘我工作，献身革命的事迹，至今仍历历在目。

施旸同志，毕业于复旦大学新闻系，在重庆新华日报社工作过，是一位熟悉新闻业务而又经受过实际锻炼的年轻有为的办报人。

对于像我们这样搞编辑工作的新兵，他热情耐心，可以说是从新闻五要素教起。他含着和悦的目光，拿着他用红笔修改过的稿子，用满口的四川话，一字一句地向我们讲解应当如何处理稿件。他是一"字"不苟，就连一个标点也不放过。

在一阵紧张的工作之后，他常常伸一个懒腰，领头摆"龙门阵"。他略带诙谐的语调，不时引起同志们的哄堂大笑。当时的生活是艰苦的，在欢笑之余，忽然有人接过他的话头，模仿他的四川腔调说，"欢迎施旸同志请客，慰劳我们，要得要不得？"大家齐声响应，"要得！""不请，行不行？""不行！"有的啦啦队员不但用嘴拉，而且还上去用手拉了。施旸同志见大家把矛头齐对着他，他用浓重的乡音笑着说："个老子，捉我的大头呀！好，我们打牙祭去！"于是，大家拥向街口一家小饭铺，饱餐一顿牛杂碎。

他的身体本来瘦弱，脸色苍白，有时累得额头上冒汗珠，然而他像树桩长在凳子上一样，老坐在长桌的一头，带病伏案编稿。后来他身体越来越差，脚开始浮肿，非常怕冷，有时只好离开那个位置，搬个小板凳，摆张小茶几，到屋檐下边晒太阳边改稿子。最后病魔缠身，工作已经很困难了，他仍然不肯放下战斗武器——那支被他写秃了的毛笔。

组织上决定，他必须休息治疗，他才用恋恋不舍的目光把编辑部看了一遍，慢慢离去。想不到这竟是他同编辑部的永诀！

他住进组织为他安排的一间平房，门外有一个小院子，环境倒也清静。白天，他常从床上下来，躺在藤椅上晒太阳。每当我们去看他时，他总微笑着说："我很好，组织上照顾很周到，你们工作忙，不要来看我。"我们给他带去新出版的报纸，他兴奋而吃力地看着，然后默默无语，把报纸深情地捂在胸口，那情景真是催人泪下！

我们的军医和当地最好的中医尽力为他治疗，当时艰苦的条件下，能够弄到的药也都用了。然而，施旸同志的肾炎日渐恶化，浑身浮肿，终于被病魔夺去了年轻的生命。

武当肃穆，汉水咽鸣。我们怀着沉痛的心情，撒着热泪，为亡故的战友垒起了坟墓，树了墓碑，献上了花圈。这墓地就选在报社的旁边，为的离得近些，使他可以望到编辑部夜晚的灯光，可以听到工厂印报的机器声。他，为冲破黎明前的黑暗，迎接人民革命的胜利献出了一切，他没有能够看到旭日东升，光华四射，天安门广场上升起五星红旗的壮丽情景！

湖北来的同志谈到，如今的郧阳大变，成为一座崭新的山城。每每我想起长眠于郧阳地下的施旸同志，就有一种催人奋进的力量，应当用他那种精神，来为建设有中国特色的社会主义添砖加瓦。

姜桦 1983 年 12 月于西安

备注：作者为陕西省委调研室主任，现任陕西省顾问委员会副秘书长

六、有关《陕南日报》的概略

1948 年 6 月，中共陕南区党委在湖北郧阳成立，汪锋同志任区党委书记。当年 9 月，原豫西日报社社长赵希愚同志调到陕南区党委任区党委宣传部部长（1948 年 11 月 25 日陕南区党委发出通知说："华中局决定，赵希愚同志为区党委宣传部副部长兼报社社长。"）。11 月间，区党委出版临时性报纸——《陕南新闻》，由赵希愚同志兼任报社社长。1949 年一二月间，汪锋

同志到中原局参加一次会议时，经过组织手续，调我去郧阳参加筹办《陕南日报》工作。我从洛阳到鲁山豫西区党委转至南阳，3 月间随同新任陕南区党委第一书记张邦英和汪锋同志，经过老河口、谷城、均县到郧阳，参加了报社的工作，任《陕南日报》社副社长（陕南区党委 1949 年 3 月 17 日通知："程文津同志为陕南日报社第一副社长。"）。在筹办《陕南日报》时，以《陕南新闻》为基础，经过同志们的积极准备，改进编辑、排版工作和改善铅字等办报印刷条件，于 5 月 1 日正式出刊陕南区党委的机关报——《陕南日报》。当时，中国人民解放军第二、第三、第四野战军已经渡过长江，西北野战军也于 5 月 22 日解放了西安。陕南地区的任务是，全力动员和支援西进作战，积极解放全陕南。从 5 月开始，第十九军所属 55 师和 57 师在密切配合或分路西进作战中，连续攻克了沿途的许多县城，到 11 月 26 日解放安康，12 月 8 日进入汉中。因《陕南日报》和陕南新华分社人员开始分批西迁汉中，《陕南日报》于 12 月 28 日（应为 12 月 18 日——编者）在湖北郧阳暂时停刊。

在安康和汉中解放之前，陕南新华分社增派许多记者随军采访，陕南日报社也派出先遣人员，准备到汉中接管国民党的新闻机构。

12 月中旬，我和报社的部分人员随同区党委领导同志，从郧阳出发到白河，沿公路西去汉中。一路上桥梁全毁，路面被破坏，或被国民党军队撤退时由山崖上炸落下来的岩石所堵塞，由工兵不断架桥开路，时停时进，直到月底才到达汉中。报社留在郧阳的一批人员也于这时到达汉中。1950 年 1 月17 日，《陕南日报》在汉中正式复刊。

《陕南日报》在汉中复刊后，随着各项工作的开展，加强了记者采访，并逐步建立了地方通讯工作。那一时期的《陕南日报》，除报道全国政治、军事胜利形势和陕南部队在大巴山区聚歼国民党残兵余匪的军事胜利外，根据陕南区党委确定的陕南解放后新的工作任务，宣传新解放区的各项政策，报道剿匪、反霸、减租、镇反等群众斗争，以及建立各级人民政权，组织城市管理工作，恢复和发展城乡生产、文教、卫生事业等，还在报纸上开展了某些批评与自我批评。记得约在 1950 年下半年，我曾根据刘金轩司令员关于陕南解放后军事形势的报告，摘写了一篇报道，登在《陕南日报》上，并经陕南新华分社发往新华总社采用。那篇报道所摘写的内容，是陕南当时军事斗争的综述，可以作为了解陕南解放初期军事情况的参考。在地方工作方面，记得有一时期对剿匪反霸的报道较多，特别是对山区恶霸罪行的揭露和群众反霸斗争的报道较突出。如对镇巴山区一个大恶霸地主对当地子女结婚享有"首夜权"的揭露，和对陕南西部山区（大概是宁强等县）一个号为"盖三县"的大恶霸地主，操纵当地官府势力，霸占山区珍贵物产，残酷压榨山区农民的罪行的揭露等。并在报纸上报道了群众对这些恶霸的愤恨和斗争等。

　　陕南日报社和陕南新华分社迁至汉中后，仍由赵希愚同志分别兼任社长；我任报社副社长，到1950年年底赵希愚同志即将调离汉中时，我被改任社长；周书同志仍担任新华社陕南分社副社长，并兼任报社和分社党支部书记。报社设有编辑部和经理部。编辑部的工作由我直接管，编辑有姜桦、宫璋、张坚、张汉业、杨果行等同志，姜桦同志负较多责任。1950年8月调汉中中学校长张佐华同志到报社任编辑主任。近据张佐华同志回忆说，他到编辑部后，每次看完稿子，由姜桦同志负责送我审稿并经手画版样、发稿。编辑部还有校对组、资料组和缮写工作人员。经理部管辖印刷厂、纸厂、总务科、会计科，由安天白同志任经理，李杰同志任印刷厂厂长。许多印刷工人是来自旧《汉中日报》的。另由姚宜民同志担任报社秘书职务，并负责领导发行组的工作。当时，记者和地方通讯工作由陕南新华分社统一领导，电台和译电组也由分社管理。孙木一同志负责记者采访和地方通讯工作。张定一同志原任编辑，据他自己写的记述材料说，他到汉中后被派为随军记者，较长时间在大巴山区进行采访、报道，到《陕南日报》末期，才回到报社。其他记者有李辅卿、陈哲文、赵冀雍、牟广钧、赵不肖、唐竹林等（可能误漏，还有程儒卿、李铎、曾羡今等，已记不清他们的职务）。

　　《陕南日报》的工作，始终受到陕南区党委书记张邦英等领导同志的重视、关注和及时领导。兼任报社社长的赵希愚同志，更是经常到报社直接领导和指导工作，随时审阅重要稿件和报纸付印前的清样，表现了认真负责的工作精神。在这样的领导带动和指导下，提高了报社工作人员团结一致、努力工作的积极性，保证了报纸工作不断有所前进，避免了发生某些政策性的或较大的错误。

　　据张定一同志写的材料说，《陕南日报》是1951年3月27日在汉中停刊的。他写的报纸停刊日期可能是有根据的（1951年3月27日《陕南日报》

第 325 期一版报眼登的《本报停刊启事》为证）。

上面所写的，仅是一些很不完全的概略情况，也不够准确，只能作为整理收集材料时的一些参考。

程文津　1987 年 2 月 12 日于北京

备注：此材料是根据程文津同志写给陕西省《汉中日报》社史料整理编纂小组的信整理的。标题为编者所加。

七、程文津同志的来信

郧阳报新闻志编辑室：

1983 年 11 月收到你们来信和寄的《鄂陕周报》材料后，时已经年，今天才回信，感到十分抱歉！

现在回信，我明知时间太晚。既然回信，还是谈点感想、情况，以供参考。

（一）

我认为你们为郧阳地方新闻志写出这份《鄂陕周报》的材料是很有意义的。看了材料，使我了解了《鄂陕周报》的创办到最后出刊《陕南日报》的全过程，对当时同志们在艰苦条件下克服困难和热情工作的精神感到敬佩。《鄂陕周报》的创办背景和发展过程，使我回想起那一时期我在豫西地区搞宣传和新闻工作的一段经历。1947 年 8 月，西北民主联军 38 军在陈赓同志统一率领下渡过黄河作战，我在该军政治部负责宣传科工作，在进出伏牛山和在鲁山地区剿匪期间，曾先后编印《战地新闻》和《伏牛前哨》油印报。1948 年 3 月，到鄂豫陕前委办公室办石印报。在第一次解放洛阳运出铅印器材后，6 月参加豫西区党委领导下由赵希愚同志负责的《豫西日报》创办、整理和编辑工作。当时，油印、石印、铅印报的编印和创办，都是为宣传胜利形势和党对新解放区的各项政策等需要，其发展过程都是根据形势的发展，新区的扩大和党、政、军领导机构的变更以及印刷器材等客观条件而演变的。这与《鄂陕周报》到《陕南日报》的创办与发展的时间、过程和报道内容等，都有共同之处。除了油印报是临时分发和张贴的宣传品以外，上述几种报都是当时鄂豫陕地区建立的我党新闻工作的组成部分。

（二）

关于寄来的材料内容，我提不出什么重要的补充情况和意见，因为，我对《鄂陕周报》的一段工作没有经历其事。接到来件后，曾把它交给曾在陕南新闻单位工作过的几位同志看过，他们也未提出意见。现就我对《鄂陕周报》到《陕南日报》这段文字写得不够清楚的地方，提出一些情况供参考。

西北民主联军38军渡黄河后在豫西作战。该军17师向陕南进军，在商洛地区解放后，继续参加开辟陕鄂接壤地区，担任该军政委的汪锋同志，也去负责领导工作。在1948年6月，鄂陕军分区改为陕南军区，同时成立陕南区党委，由汪锋同志任陕南区党委书记，这在材料中已写明。赵希愚同志就是在这年9月离开《豫西日报》到陕南区党委任宣传部副部长。1949年2月，汪锋同志到豫，经过豫西区党委把我从洛阳调去郧阳参与创办《陕南日报》工作。我不是《鄂陕报》改为《陕南新闻》时就报社任职的。我于3月间经鲁山到南阳，在那里见了汪锋，张邦英同志，即随他们到老河口，然后经谷城、均县才到郧阳。这时，张邦英同志接任陕南区党委第一书记，我到报社任副社长（陕南区党在1949年3月17日发出通知，程文津同志为陕南日报社第一副社长。我们在修改初稿时已注意了这些问题——编者）。程文津同志在信中接着说：我到报社后，经过同志们的积极准备，到1949年5月1日，把《陕南新闻》改刊为《陕南日报》。8月间，李衡同志即与"川干队"人员去四川。记得在改刊后不久，陕南区党委叫报社派人随军西进，准备接收国民党在汉中办的报社。报社人到汉中后，参加了军管会，接收了旧《汉中报》和一个所谓"民生工厂"（姜桦同志撰写的《陕南日报》南郑版出刊始末记已讲清楚了——编者）。我于汉中刚解放的1950年，偕同报社部分人员到汉中，随即在1950年1月17日，在汉中出版了《陕南日报》。接着，程文津同志在汉中复刊《陕南日报》后写了宣传工作方面的情况（我们已从程老给《汉中日报》写的《有关〈陕南日报〉的概略》中做了节录，今后我们收集的史料若能付印，一定会把这份节录附在《陕南日报》史料的后面——编者）。

（三）

程文津同志对我们写的《初稿》在写法上做了肯定后，对一些段落应做些调整，提出十分宝贵的意见，尤其是建议我们把《鄂陕周报》和《鄂陕报》写在一起，因为它们都是十二旅党委改为两郧地委办的报纸，负责人都是刘紫池同志。然后，把成立陕南区党委，报纸改为《陕南新闻》和又改为《陕南日报》写一起。程老的建议，对我们有很大的启发。我们在修改史料时，根据程老和一些老同志的回忆，把《鄂陕周报》和《鄂陕报》作为十堰地区创办最早的党报来写；把《陕南新闻》和《陕南日报》作为陕南区党委在十堰的创办的报纸来写。程文津同志来信的最后说："听说郧阳城早已淹没在汉江中，现在的《郧阳报》所在的十堰市是否还在郧阳城附近的地方？你们出版的报是否还是地委办的报纸？我们虽然大都不相识，但在前后工作上是有些关联的。如蒙来信简告，我将感到高兴！"（我们十分感谢程老对十堰地区工作的关怀、思念，尽我们所知，已给程老回了信——编者）

程文津 1984 年 11 月 13 日于北京

八、回忆在陕南办报

1947 年 2 月，国共谈判彻底破裂，全面内战爆发，我党在国民党统治区公开出版发行的报纸——《新华日报》被迫撤返延安。

新华日报的同志回延安没多久，就开始向晋绥解放区转移，一部分同志暂时分配到晋绥解放区工作。到延安收复，刘邓大军过黄河后，将新华日报撤返延安的同志和原在延安工作的部分四川籍同志组成"川干队"（又名"长江支队"），由江震、梁华、杨超、熊复、陈野苹等同志领导，经过短期训练，准备经陕南解放区，由陈赓部队送进四川，在川陕边境建立根据地。1948 年春夏之交，当"川干队"行军到陕南后，正遇陈赓部队的主力东调参加淮海战役，中央决定"川干队"暂留陕南。这样，"川干队"就在陕南解放区正式分配了工作。

陕南解放区，早期叫鄂豫陕根据地。"川干队"到达的具体地点是湖北郧西县的土门。土门当时是鄂豫陕四地委，又叫两郧地委所在地。"川干队"留两郧地委后，支队长江震任两郧地委书记，杨超、陈野苹和大部分"川干队"的同志，包括新华日报 100 多名同志在内，绝大部分工作，只有少数人留下来办报。

在新华日报社的同志到达陕南以前，开辟这一地区的太岳兵团四纵队十二旅，就办有一张报纸（叫《鄂陕周报》，系石印，发行量不大）。国民党军队从郧西一带溃逃时，虽也遗弃部分印刷器材，但部队没有技术工人，看着机器、铅字不会用。所以，《鄂陕周报》只好搞石印，刊期也不便缩短。江震担任两郧地委书记后，便和部队党委商量，将《鄂陕周报》改为《鄂陕报》，报纸也由原来部队党委领导改为两郧地委领导，报纸由石印改为铅印，《鄂陕报》是当时两郧地委的机关报。

两郧地委派"川干队"的李衡同志任社长（原鄂陕周报的负责人刘紫池任副社长——编者），施旸同志为编辑主任，耿俊如同志为工厂厂长。耿俊如同志率领原新华日报排字、机印、铸字等车间的一部分同志，其中有陈昌涛、李位明、陈如德、曾宪栋、吴绍华、吴丰德、陈善海等，很快将敌人遗弃的机器设备收拾起来，一张四开铅印报不久就和陕南人民见面了。刊期也由原来的周一刊改为周二刊，周三刊，直到周六刊。《鄂陕周报》改为《鄂陕报》后，原在《鄂陕周报》工作的宫璋、张定一、陈哲文、杨果行、王克全等同志，都留在《鄂陕报》工作。当时，我是报社采通科科长。

《鄂陕报》出版一段时间，由于陈赓部队主力未回来，国民党地方武装向郧西一带骚扰，有可能波及土门，两郧地委决定将报纸暂时停刊，把机器设备埋在地下，改出油印新闻，每天由李衡、施旸编选稿件，宫璋、张定一和我三人刻蜡版，其他同志帮助印刷，将人民解放军在各个战场的重大胜利及时告诉陕南人民。出了一段油印新闻后，战局好转，陕南区党委成立，汪锋同志任区党委书记，决定将报社迁陕南区党委所在地郧阳，改为《陕南新闻》。这时，同志们又把埋在地下的机器挖出来，用牲口从土门驮到郧阳安装起来继续出报。开始叫《陕南新闻》，后改为《陕南日报》。

报纸改为陕南区党委机关报后，社长由陕南区党委宣传部副部长赵希愚兼任，副社长为李衡，编辑部主任仍是施旸，我仍负责采通科，工厂厂长仍是耿俊如同志。耿俊如同志不但负责工厂，而且行政部门的工作都由他管，实际是报社的经理，不过当时没有这个职衔罢了。在土门时期的全部人马，都搬到了郧阳。并且随着形势的发展和工作的的需要，又增加了大批力量，编辑、记者中，增加了老区来的干部姜桦、张坚、孙木一、赵不肖、牟广钧、李铺卿、赵冀雍等。报纸要出副刊，又把原新华日报的副刊编辑曾岛从白河前线调来负责副刊的编辑工作。另外，也吸收了几个当地的青年学生参加编辑工作，其中有王大纲、张月涛、刘玉珍等。行政部门和工厂吸收的本地同志更多，如陈保亨、徐志、王海清、詹家钰等，现在都成了《郧阳报》工厂、郧县印刷厂的领导干部。考虑到"川干队"的干部最后是要离开陕南的，在大批吸收本地干部、青年、工人进行培养以外，在陕南日报的后期，也配备了社一级的领导干部，如区党委调来程文津同志任第一副社长，成立新华社陕南分社，任命周书同志为新华社陕南分社副社长等。"川干队"大约是 1949 年 9 月开始集中，经过短期整训，而后进军西南的。这以后陕南日报社的情况我就不清楚了。

《陕南日报》在陕南区党委的直接领导下，宣传贯彻党在新区的各项方针政策，动员群众支援人民解放军彻底打败蒋介石，巩固、扩大陕南解放区，恢复和发展生产，支援前线，减租退押、清匪反霸、组织农会等，起了积极的作用，为陕南人民的彻底翻身解放，建设新陕南有着不可磨灭的功绩。社长赵希愚虽不常住报社，但对报纸的宣传很关心，经常把区党委的意图向报社同志传达。张邦英同志任区党委第一书记后，对报纸宣传也很关心，有时下乡就把报社的同志带上，我就曾跟他到郧阳附近的一个村子去组织农会，准备清匪反霸，在农民中控诉等教育的试点工作。李衡同志是老报人，曾任成都《华西日报》的总编辑。施旸同志是复旦大学新闻系毕业的，在到《新华日报》前，是党领导的《中国学生导报》编辑部的负责人之一，到《新华日报》后，做夜班编辑，撤返延安后，又随熊复同志在《晋绥日报》工作一个时期。他具有办《新华日报》和解放区报纸的经验，是党的优秀新闻工作者之一。后来的程文津、周书同志在业务上都兢兢业业，平易近人，能和群众打成一片。老区南下的青年干部和本地吸收的青年同志，当时都朝气蓬勃，刻苦钻研业务，有的人进步很快。特别是报社建立了团组织，报社更加充满生气。由于大家都有一股进取心，当时物质条件虽然苦些，但每个人都充满革命的乐观主义精神。在土门时期，隔不多久，大家要到山上去砍一次柴。在郧阳一年多，除过年吃过两顿大米饭外，天天顿顿吃苞谷糁，但大家并无怨言。记得有次祝捷大会，庆祝陕南人民解放军打了一个大胜仗，活捉敌人一个师长，我连夜赶写稿子，熬了一个通宵，第二天早晨大便解不下来，最后是用竹签慢慢撬下来的。有的同志开玩笑说，好久没打牙祭了，肠子干起了铁锈，大便滑不动。当时大家就是这样忘我工作着。这之中，特别要讲到的是施旸同志，他每天工作在 12 小时以上，他的体质原来稍差一些，以后就积劳成疾，患了水肿病，最后为陕南人民贡献了他年轻的生命。施旸同志的病，现在看来，那是缺营养，变为肝炎，最后成了不治之症。对于施旸同志的死，报社全体同志都很悲痛，大家把他埋在报社后面的青草坪上。但34年后的今年上半年，我来北京，绕道郧阳，再去凭吊他的墓地，却有许多难言之处，现在他的坟被处理得不成样子，希望郧阳地委和郧县县委重视这个问题，使为陕南人民的解放事业献身的施旸同志能安于九泉之下，这就是我们后死者最大的希望了！

羊村　1983 年 11 月 17 日于北京

　　注：作者原是《鄂陕报》和新华社陕南分社采通科科长，现在是四川省《晚霞报》的负责人。

九、建立陕南时期报社印刷厂的经过

　　我们几个都是重庆《新华日报》哺育成长起来的印刷工人。1947 年初，国共谈判彻底破裂，全面内战爆发，《新华日报》被迫从重庆撤返延安。到延安后，我们又在西北《群众日报》印刷厂搞了一年的游击报纸，之后调到"川干队"。

　　1948 年春节过，四川干部队从山西临县义圪垛村出发，经过三个多月的长途行军，于同年 6 月到达鄂陕解放区（现在的湖北省郧西县城）。因战争形势的顺利发展，党中央决定"川干队"暂不入川，暂留鄂陕地区分配工作。我们到郧西后，有八个人（陈昌陶、李位明、耿俊如、曾宪栋、陈善海、陈如德、吴绍华、梁杰），按上级命令，于 1948 年 6 月从"川干队"调到鄂陕周报社负责筹办铅印厂工作。从此，开始了建立"陕南日报"印刷厂工作。

　　我们到《鄂陕周报》时，报纸还是石印。不久，上级决定把《鄂陕周报》改名为《鄂陕报》，把石印报改成铅印报。报纸由两郧地委领导。

　　当时，两郧地委所在地是郧西县土门镇。我们一到土门，领导一方面让我们去看印刷厂，一方面向我们提出了明确的任务要求。这里哪像个印刷厂啊！在十几平方米的破烂平房里，乱七八糟地堆放着解放白河县缴获的印刷器材，由于战争的原因，这些印刷器材已是一堆破铜烂铁了。领导指示我们，在大山沟里搞印刷厂办党报，环境差条件不好，困难是很多的。要求我们充分依靠群众，发扬党的艰苦奋斗优良传统，要敢于战胜困难，把铅印厂办起来。我们听了地委领导同志的动员，几个人觉也睡不好，个个思绪万端、心潮澎湃。心想，我们在重庆时冒着生命危险，克服各种困难，能及时印刷和发行好《新华日报》，现在山沟里办印刷厂，即使有些困难，又算得了什么！在思想上做好了战胜一切困难的准备，并在行动上积极投入了筹建铅印厂的战斗。

我们几个人，除耿俊如同志有工厂管理的经验外，其他都是有专业的人员。如陈昌陶、陈如德懂得印刷机专业，陈善海懂得浇铸专业，李位明、曾宪栋懂得排字专业，吴绍华懂木工，梁华熟悉纸张。经过分工，各主办各的专业，但不分家，互相协作配合，不分分内分外，遇到哪里有问题，就集中研究突击解决问题。我们靠"新华军"（抗日战争时期，在国民党统治区，周总理亲自领导的《新华日报》与国民党做针锋相对的斗争，称之为"新华军"精神）也就是延安精神，从1948年6月到1949年9月，团结战斗，克服重重困难，在一年零三个月的时间里，从零开始，从无到有，终于办成了一个初具规模，有排字、浇铸、印机、纸厂的铅印厂。不仅印刷了《鄂陕报》《陕南新闻》和《陕南日报》，而且还能印书、印文件、印表格，连密码电本、小学课本也能印刷。工厂人数发展到近百人，报纸由八开两版增加到四开四版，报纸发行范围由部队到地方，并发行到商洛、安康一带，数量由几百份发展到3000多份。

快速建立技术队伍

在各方面条件都极端困难的情况下，创立印刷厂到底从哪里抓起？当时的困难是：一无熟练的印刷工人，二是印刷材料缺乏又不能补充。我们分析来分析去，大家认识到，必须快速建立一支技术队伍，有了人才能去克服各种困难。建立这支技术队伍，又必须是思想好、技术强。地委知道我们这个想法后，就及时地从在郧西办的军政大学里，挑选了8名知识青年到印刷厂来。这样，我们就有了16人。对这8名青年的分工是：机印厂3人，排字4人，浇铸1人。在具体培养这些青年时，我们一方面从生活上体贴他们，并经常开展谈心、交心、帮心活动，开展建立共青团活动，巩固他们的政治热情；另一方面，我们同他们一起工作，一起劳动，对他们进行技术培训。其方法是：从清理破铜烂铁开始，同他们一起清洗机器零件，安装机器设备，清理铜模，整理铅字，通过这些使他们懂得基本的印刷知识。与此同时，给他们讲解印刷的原理、零件名称及性能作用；讲解铅字的字体、字形、字号，字盘是根据什么规律排列的字架，提盘是用什么原则组合成的，空铅的运用，等等。还要他们把康熙字典的部首背熟，按笔画查找铅字。这样，他们对排字的基本知识很快地掌握了。接着，又教他们查铅字、上字架，练习排字，在一两个月的时间里，他们就能上架子工作了。当时，这几个青年学习很努力，每天工作时间都是在 12 小时以上，根本没有什么休息的概念。在清理破铜烂铁的过程中，大家既是印刷工人，又是搬运工人，劳动强度相当大。为了早日出报纸，天一亮大家就开始干，晚上点起桐油灯还在干，有时甚至通宵达旦地干。我们和他们同吃同住同劳动，像在重庆办《新华日报》那样，谁也没有一点特殊。要说有特殊的话，就是我们几个人，劳动带头，少睡觉，多做事；敌人搞骚扰，还得先照顾他们的安全。

尽快安装好印刷机

我们经过日日夜夜的劳动，弄清了烂铁堆里的宝贝是些什么：有对开印刷机一部，四开印刷机一部，二号圆盘印刷机一部，铸字、浇版机各一部，还有五号铜模半付（加起所有的铜模才半付），这些就是创建《鄂陕报》印刷厂，以致后来发展为《陕南日报》印刷厂的全部家当。当时这五部机器大件不怎么缺，小件螺丝缺得很多，机器要能动起来，螺丝钉缺了是不行的。在这山沟里，一无修理厂，二无机修工人，我们只好求助于当地的铁匠师傅了。铁匠铺只有县城里才有，铁匠师傅又不会造机器零件，只好请他们打成近似零件的毛坯，我们再用锉刀锉成需要的零件。那时，我们为配一个零件，骑着牲口（或步行）往返于郧县、郧西两个县城，不知跑了多少趟，才配齐了几部机器所需的零件。

几部印刷机最初安装在郧西土门小学的一间教室里。机器要安装得平稳，没有水平仪，我们就用碗装满水放在机座上观测，用这土办法，把机器安装好，保证了印刷机的正常运转，这些机器都是旧的，有些零件在安装运转后中途磨坏，报纸要印，换零件又不允许，我们只好用绳子把磨坏的部位绑起来，有时用当地出的青杠木（质坚）代替磨损的机器零件，按时把报纸赶印出来。现在听起来是笑话，当时不这样做还不行，不然就不能保证报纸的正常出版。

机印上的胶辊，也是我们自己制造的。抗日战争时期在重庆胶辊是用牛胶熬制的。陕南没有牛胶，当地有种羊胶，我们就用它来试验。在熬制中我们发现它的性能与牛胶不一样，用浇铸的办法不行，后来用灌香肠的办法往胶筒里灌。熬化了的羊胶温度很高，常常把手烫起泡。这种胶辊很不好用，特别是冬天和夏天，印几分钟就要洗一次胶辊。印报没有电力，全靠人工摇机器，每印10多张报纸要换一次人。当时不管多大的困难，我们还是保证了印机照常运转。

装订没有专门技术人员，也没机器设备，附设在印机车间。切纸没有切纸刀，就用切菜刀来代替。凡是需要装订的东西，我们原来《新华日报》的几个人全部上，搞折页、配页，然后用针线订书、上封面。后来，装订也配了两名学徒工，也是我们手把手教出来的。

迎难搞好浇铸、排版

陈善海同志带着一个徒弟，日日夜夜把铸字机、浇版机安装好，随即开始铸字来补充排字车间的缺字。陕南地区不出煤，用木炭代替浇铸所需的煤。开始印报是用活字版，铅字磨损了，没铜模铸字补充。为了延长铅字寿命，采用纸型浇铅版印刷，当时用于纸型的材料很稀缺，尤其是纸型表面用的两层薄型纸，在重庆《新华日报》时就靠进口，国民党为此还卡过我们脖子。在没办法时，就用牛皮纸代替进口薄型纸。可是在陕南这大山区，牛皮纸也没有。陈善海同志并没有被困难吓倒，他发扬"新华军"的创造精神，用当地手工生产的一种纤维很好的树皮纸，经过多次研究试验，终于成功地打出了纸型，并能浇出两三次铅版。薄型纸的困难解决了，打纸型用的滑石粉又用完了，只好再从代用品上想办法，选用当地黄泥和沙反复进行试验比较，最后用细沙代替了滑石粉。陈善海同志就地取材土法上马，解决了一个又一个浇铸上的困难，然而他却积劳成疾，从陕南回到重庆不久，病魔就夺去了他的生命。陈善海同志为陕南人民的解放事业做出的贡献和牺牲，永远值得我们怀念！

拼排版的困难也不少。当时，排字架、字盘、手盘、拼版盘、存字盘，没有一件是原来的，都是我们画出样子，由吴绍华同志带领当地木工做出来的。工厂由郧西搬到郧阳时，没有拼版工作台，我们发现一座房子里挂有几块大金字匾，就结长绳爬到屋顶的大梁上，用绳子再把大金字匾一块块吊下来，做我们的拼版工作台，还给编辑部一块，作为编辑的办公案子。所需的各种长、短、厚、薄规格的铅条，我们是用木条来代替的。木条伸缩性很大，往往给排版、拼版、打版带来很多麻烦和困难，但它还是能够解决印刷材料的困难，印出了在郧西土门出的第一份铅印报——《鄂陕报》。大家为此而感到高兴！

除拼版外，排字上最大的困难是缺少五号字和标题字。一张八开报纸就要缺很多五号常用字，和四、五种字体的标题字好几十个。当时没有能刻五号铅字的技术工人，只能着眼于现有条件想办法，这些办法今天听起来叫不是办法的办法。如常用字"情"，我们就找不常用的字"静"和"悖"，把"争""季"旁用锉刀磨去，把留下的"忄""青"两个半边凑起来，就成"情"字了，这是"合二而一"的办法。有些字也可以上下去掉不要的，留下用的拼凑；也有三个字拼凑成一个字的，这叫"合三而一"。用这种拼凑的办法，解决了很多缺字的困难，不然就出不了报纸。缺标题字，我们的办法是：一是一个标题缺字很多时，编辑部就用毛笔字把标题写在纸上，用与铅一般高的梨木条子刻标题；再就是单个字，请刻字工人按缺字的规格刻出来。开始，刻字是请县城里摆摊刻私章的人刻，他们不会写仿宋、古宋、黑体字，后来陕南军区领导知道了这个情况，就为我们调来一个刻字工人。这个同志叫胡兴安，原在新四军搞宣教工作，熟悉艺术木刻。新四军从宣化店突围时，因队伍打散隐蔽在商洛。他到印刷厂后，我们就向他提出要求，他基本能照印刷字体刻出来，解决了缺标题字的难关。

办纸厂造土油墨

随着解放战争胜利形势的发展，报纸的版面和发行量都增加，纸张和油墨的需要量也随之增加，缴获敌人的纸张、油墨是有限的，在陕南山区又买不到。在这种情况下，我们就只有就地想办法解决。经过调查，这里有造纸的原料能生产手工纸，我们就把原来的手工作坊接收过来，开始用废纸回槽生产手工纸，这种纸不能两面印，经过改进后只能马虎两面印。后来，废纸来源也成了问题，才用当地原料来生产纸，这种纸又软又薄，不能上机器，我们就把它裱成两三层，虽然质量差些，还可以把报纸印出来。纸的问题解决了，油墨又是个问题，几部机器每天要消耗九公斤油墨。油墨只有上海生产的好用，当时战火纷飞，怎能越过敌占区去购买大量的油墨呢？缺油墨的问题难道能难住我们吗？不能，群众需要报纸，报纸决不能因缺油墨停下来。我们横下心来大胆搞试验。我们只知道油墨的原料是烟和油，当地松烟、桐油来源丰富，可是没有制作配方资料，也没有设备，更不懂生产的工艺。怎么办？我们相信路是走出来的。于是，就用做饭的大铁锅来熬炼试制。开始造出来的油墨一上机器就糊版，经过多次研究试验，印上报纸后又干涸不了，最后，在熬制桐油上下功夫，终于掌握了熬制桐油的火候。研磨松烟没有工具，我们就用圆盘机的圆盘，弄下来两个对着，然后用人力压上去磨，一天只能磨出一两斤，搞得人周身都是黑的，累得全身酸痛。这种土办法造出来的油墨，虽比大城市制的油墨质量差得远，但它能解决印报、印书、印文件的困难。以后交通畅通了，军区在外地搞到一批油墨，这才从根本上解决了缺纸、缺油墨的困难。

防敌袭击保卫工厂

在建立印刷厂方面，我们克服了一个个物质上的困难，保证了报纸的出版。当时，这里是解放区，被我军打散的国民党散兵游勇、兵痞流氓、地主武装纠合在一起，对县城和村镇进行偷袭，当地群众叫他们"夜壶队"。"夜壶队"的偷袭，给我们工厂带来了新的困难。记得工厂在郧西土门时，就被袭击过一次，后来报社搬到郧阳，又被袭击过一次。敌人这两次袭击，虽都被我地方部队打退了，但却给我们带来了不少困难和麻烦。每次敌人搞突然袭击，我们都不可能把工厂搬走，但也不能使工厂落到敌人手里遭到破坏，只能学延安的办法——"坚壁清野"，连夜把机器零件拆卸埋藏起来。记得第一次"夜壶队"袭击土门时，我们就把机器设备、铅字埋在一个干燥的蓄粪坑里，盖上泥土，再在上面种上菜。敌人一被打退，我心急火燎地返回土门，大家七手八脚的很快又把印刷机、铅字挖出来，经过一番短时间的整理和准备工作，又继续出报了。再一次是报社已搬到郧阳城。有一天晚上，"夜壶队"可能要搞偷袭，全社同志都动员起来，有的拆印刷机，有的把铅字装箱，然后抬的抬，扛的扛，悄悄地火速把印刷器材全部装上了船，待命转移。第二天一早，警报解除了，通宵未眠的同志们，尽管有的熬红了眼，有的划破了手，但谁也不顾疲劳，把船上的东西，一件件搬回报社，很快安装好，照常进行出报。敌人这两次偷袭，更加锻炼了我们斗争意志，锻炼了我们组织应战的能力，使我们更加斗志昂扬地战斗在自己的岗位上。

在创建陕南时期报社印刷厂时，我们不管遇到什么样的困难，都能千方百计克服它，因为大家有一个共同的理想，这就是：解放全中国，建立新中国，实现社会主义、共产主义。如今，我们还活着的同志，都是年过花甲、两鬓斑白的老人了。回想起那段历史，我们又一次受到了党的优良传统教育。我们要发挥余热，决心在各自的岗位上，为四化事业做出新贡献！

耿俊如 曾宪栋 陈如德 李位明

1986 年 10 月 23 日于重庆

十、《陕南日报》南郑版出版始末记

1949 年 10 月，胜利的 10 月。天安门广场的上空升起了第一面五星红旗，人民解放军也把红旗插向祖国的边陲边疆。在郧阳创办的《陕南日报》，也随着这胜利的历史车轮，走向新的历程。

在解放战争捷报的频传声中，报社的同志兴奋地议论着："打到汉中去，解放全陕南为期不远了，我们就要到新区办报啦！"然而我们没有想到这一天竟来得这么快！

刚刚欢度过新中国成立后第一个国庆节，为了配合我军解放陕南，进军大西南，陕南区党委和陕南军区已经奉命成立南郑军事管制委员会，准备接管汉中。

报社接到区党委的通知，派工作人员随军管会前往汉中，筹备办报。

军管会负责宣传工作的赵希愚同志，他是区党委宣传部副部长，兼任《陕南日报》社长。一天晚上，他找我谈话，说组织上确定我随军管会西进，汉中一解放，立即筹备出刊《陕南日报》南郑版，宣传党对新解放区的政策。他说："到新区办报，我们还缺乏经验，你除了抓紧学习党的政策之外，要找一份新解放城市出版的报纸带上，随时可供参考。"我就按照他的意见进行准备，找了一全套济南出版的《新民主报》。具体的行装尽量从简，但这既厚又沉的合订本，却塞满了一马兜子。

11月的一天，由陕南军区副司令员、南郑军管会主任陈先瑞同志率领，我们一行十几个人，全部骑马，从郧阳出发。

当时，因为安康还没有解放，我们不能径直西进，而要绕道商洛、西安，才能去汉中。

商洛这时虽已解放，但剿匪尚在进行，还有残余股匪不时窜扰。军管会除了十几名工作人员以外，还带了精干的武装，在两翼护送。我们根据情况，或白天行军，或夜晚穿插。初冬的商洛山区，落叶萧萧，寒风飕飕，我们翻山越岭，策马前进，颇有"秋风铁马大散关"之感。尤其是夜行军，冷月如钩，严霜似雪，越过条条崎岖的山路，穿过道道湍急的河流，更使人产生"关山度若飞"的军旅情怀。到了商洛，我们舍马换乘卡车，很快到了西安。在古城西安休整了几天，又乘火车奔赴宝鸡。从宝鸡南下，行程越来越艰难了。汽车送了我们一程，就无法行驶了。胡宗南军队向南溃逃时，为了阻挡我军追击，对川陕公路进行了大破坏。呈现在我们面前的景象是：一段段路面被挖成宽沟深坑，一座座山头被炸塌在公路上，难以通行。路旁的山涧中，死伤的马匹，炸毁的大炮，弃置满地，活现出敌人溃逃时的狼狈相。沿路还埋了许多地雷，我们跟随在工兵后面，边扫雷边前进。

12月8日，汉中解放。这时，我们正行进在褒河旁丛山的古栈道上，听到这个消息，人人欢呼雀跃，异常振奋。领队的同志宣布："大家加油，今天赶到汉中去！"我们忘记了疲劳，脚底下有使不完的劲，攀越栈道，跨过褒河，直奔由河东店通往汉中的公路，经过几小时的急行军，在暮色苍茫中到达了目的地。

进城后，军管会设在中山街石灰口原银行的两层小楼，并开始办公，工作人员分别执行任务。

国民党统治时办有《汉中日报》，社址在小南门内街道的两侧。军管会任命我为军事代表，前去接管报社。第二天上午，我来到那里，前后查看了一遍。这是一个很小的院子，进入破破烂烂的大门后，穿过天井，正面有三间厅屋，是总编辑办公室和编辑部，摆着陈旧的木桌木椅；再通过过道，后面便是一大间排印房，摆着一些排字架和印刷机，在昏暗的光线下，显得非常简陋。我捡起一张印刷品看了一下，字号单调不全，字体残缺磨损，印在纸面上不是高低不平，就是有些字模糊难辨。

随后，召集全体职员和工人共二三十人开会。我宣读了军管会的命令，宣布接管报社，并讲了党的政策，要求大家遵守。

根据军管会的决定，立即出刊《陕南日报》南郑版。赵希愚同志向我做了具体安排。南郑版为八开两版，主要是刊登新华社的新闻稿，军管会的文告，宣传形势、任务和党的政策。赵希愚同志强调工作要认真细致，宣传要准确及时，每期清样都要送他审阅。

几天以后，西安《群众日报》派来一位记者。我们一起编辑南郑版，他还担负采访新闻的任务，一面向《群众日报》发稿，一面供南郑版采用。这样，南郑版也开始有了本地的报道，他不久回西安，后来到抗美援朝前线采访，不幸光荣牺牲。因为时隔了30多年，我记不起他的姓名，但他那热情工作、和蔼可亲的音容笑貌，至今深深地映在我的心里。

汉中解放之初，电厂一时尚未修复，入夜全城路灯熄火。胡宗南逃跑时潜伏下来的特务土匪，有放信号弹的，有打冷枪的。趁机捣乱。上夜班时，我们点着蜡烛，在暗淡的烛光下，编发稿件。工人们也是靠蜡烛照明，排字拼版。等到清样出来后，已是更深时分。我们立即把清样送到军管会，请赵希愚同志审定。每次送请样去，都见他忙碌得很，不是在开会，就是在处理文件，但只要清样一到，他就马上放下其他事情，坐到紧靠火盆的办公桌旁，一面习惯地伸着手去烤火，一面细心地看着清样，不时深深地吸一口烟，喷出浓浓的烟雾。

希愚同志对工作极度负责。他看清样，从版面安排、标题制作、稿件内容到文字技术，都严格把关，一丝不苟。特别是对政治性、政策性问题的表述，看得更加仔细，有时凝神思索，反复斟酌。给我的印象最深的，是他让我起草一篇庆祝南郑解放的社论，初稿送审时，他改动很多，密密麻麻地写着他那略带倾斜的毛笔字，可以说重要部分等于他重写了。

《陕南日报》南郑版共出版一个多月，汉中解放后，1949年12月下旬，陕南日报社全体工作人员也从郧阳西迁，于1950年1月17日在汉中出版《陕南日报》，南郑版遂宣告停刊。

姜桦　1988年5月27日于西安

十一、我在陕南新闻单位的经历

（一）

1948 年 2 月上旬，我在鄂陕四分区医院疗养恢复健康后，当要求返回部队时，四地委副书记祁果同志找我谈话。他告诉我："现在豫鄂陕区已成立区党委、行署、军区，已经连成一片。豫鄂陕区共有七个分区，我们四纵队十二旅在今年元月 1 日，奉命成立四分区、四地委、四专署。辖郧西、郧阳、均县、山商、白河、旬阳、山阳、上关、镇安等县。四分区刚刚办了一个《鄂陕周报》，决定把你分到报社工作。"

我听了祁果同志的话，心里很高兴，就说："我服从组织分配，当编辑怕力不胜任。"祁果同志却说："我们已经给报社负责人刘紫池讲了，你今天就去报社吧。"

就这样，我高高兴兴地到了鄂陕周报社。一到报社，就受到刘紫池和报社同志们的热情欢迎。刘紫池同志还向我简单介绍了《周报》的创办情况。

我到报社时，《周报》已出了第一期，正在校印第二期。这时的报社人员有：刘紫池、宫璋、陈哲文、杨果行、王大纲、王克全及三个青年学生。另外，还有三个文印员（陈敬斋、杨凤鸣、张玉田），7 个石印工人（胡少玉、张芳武、邓宪福、柯善鹏、叶凤章、苗青义、陈安），炊事员牛锁根和一个姓王的，事务员盛永恺，通讯员李全福、秦文明。到了 5 月，报社又增加了两个女同志，一个叫东兵，一个叫夏绍玉。

我到报社后，除做编辑工作外，还和刘紫池同志每晚轮流收录陕北新华社广播电台的记录新闻。当时，《鄂陕周报》尚无收发新闻的电台设备，只有一部从敌人手里缴获的美制报话机（用干电池）。我们抄录的新闻，先送分区首长看，然后再改编见报。这就是《周报》稿件的主要来源。

《周报》初创时版面有限，人员又少，特别是采访人员更少，所以地方稿件来源尚未打开。但我们遵照分区首长们的指示，尽一切努力注意组织地方稿件，编写一些地方新闻。

《周报》仅有一部石印机，报纸多是用红、黄、绿、粉红色油光纸印的，纸质薄脆，但石印字迹很清楚。第一版是国内外和本地要闻；第二版是综合新闻，主要是军队和地方工作。内容是宣传党的方针、政策，传播我军在各个战场的胜利消息及反映十二旅开辟和建立根据地的情况。地方新闻主要报道反霸减租、建政、生产自救、支前等。《周报》的读者对象主要是部队和地方干部，每期印 500—1000 份。部队发到连队，地方发到区。

刘金轩、李耀、祁果等分区首长们，十分关心报社人员的生活和工作，经常到报社看望大家。指导编辑出版工作，鼓励大家把报纸办得好上加好。

当时，我们的生活相当艰苦。每天吃苞谷糁稀饭和苞谷面窝窝头。菜是煮黄豆，很少吃到青菜。生活用品也很简单。被褥和穿的内外衣，是部队发的土布制品；棉衣都喜欢要又大又长的，除穿之外，睡觉时还可当铺盖，行军时又可当坐垫。新参加工作的同志，都是穿着各自从家里带来的衣服、被褥。洗脸是随便备一片布当毛巾用。有的用手捧水洗洗脸就行了；洗衣服多是用土碱或皂角。报社的生活虽然艰苦，但是工人师傅，炊事员、事务员、通讯员们学习政治和文化的要求很迫切，热情也很高。刘紫池同志指定我给他们当文化教员。我和大家互学并进，感到十分荣幸。我除给大家上文化课外，还教大家学唱歌子，大家风趣地说我是"青海牦牛嗓子"。这话有褒有贬，褒是赞我胆大、敢唱；贬是说我声音粗大、难听。后来大家又说，听惯了"牦牛"的呼唤，声音还是蛮好听的。

（二）

1948 年 6 月间，陕南区党委成立，原鄂陕四地委改为两郧地委，属陕南区党委领导。随着革命形势的发展，党政军的组织领导和机构也不断扩大和加强。作为党和人民喉舌的报纸，《周报》的体制自然也要跟着改变。要从部队党委领导的报纸，改为地方党委领导的报纸。把《鄂陕周报》更名为《鄂陕报》，归两郧地委领导。正在这时，1948 年 5 月，报社增加了一批生力军。这些同志是从陕北、晋绥随同到四川的干部（称"川干队"）一起来到两郧，并在两郧暂时分配了工作。分到报社的同志有：曾任成都《华西日报》总编辑的李衡，到报社后任社长兼总编辑（刘紫池同志任副社长兼副总编辑）。重庆复旦大学新闻系毕业，曾为党领导的《中国学生导报》编辑部负责人之一的施旸同志，施旸同志除在重庆《新华日报》任夜班编辑外，还在《晋绥日报》当过编辑，被任命为编辑主任；羊村同志担任报社采通科长，耿俊如任印刷厂厂长。另外，还有李位明、曾宪栋、陈如德、陈善海等一些熟练的印刷工人。

这些同志到报社后，就积极筹备改出铅印报纸。在郧西土门镇一间房子里，堆放着一些零乱的铅印机器零件。有的埋在土里，有的生了锈。铅字箱子东倒西歪，铅字散乱满地，这些都是敌人留给我们的破烂"礼物"。为了早日出铅印版，同志们挤出时间去捡拾、洗刷、整理、搬运和检修。经过一段时间，铅印机便安装就绪，机器轮子试转成功了。1948年7月1日，铅印《鄂陕报》从飞转的机器口里喷出来了。当第一张报纸印出来时，大家欣喜若狂，激动得流下了眼泪！从此，《鄂陕报》每周出两三期，以至增加到每周六期；报纸的内容丰富了，要求也高了，我们的工作量也增大了。但大家为了中国人民的解放事业，不怕劳累，努力工作！《鄂陕报》出到1948年9月底，因我主力部队在外解放襄樊、竹山、竹溪、平利等地。地方部队剿匪任务又很繁重，国民党胡宗南部和地方反动武装又趁机向郧西一带骚扰，可能波及土门。所以，两郧地委决定将《鄂陕报》暂时停刊。

1948年9月1日，我由李衡、宫璋两同志介绍，经党支部大会通过，报上级党委批准，在鄂陕报社光荣地加入了中国共产党。

（三）

陕南区党委成立后，为及时宣传党在新解放区的各项方针政策，动员和团结军民共同斗争，巩固和扩大现有阵地，准备解放全中国，决定把两郧地委停刊的《鄂陕报》全部人员、工厂接收过来，先办一份临时性的报纸——《陕南新闻》，以推动各项工作的进展。

于是，鄂陕报社由郧西土门迁到郧阳后，便改出《陕南新闻》，由陕南区党委领导。这时，报社社长由区党委宣传部副部长赵希愚兼任，李衡同志任副社长兼副总编辑，编辑主任先由区党委派来一位部队同志（陕西人，名字记不清了），工作两个月就调走了。后来仍由施旸同志任编辑主任。刘紫池同志已返回部队工作。

随着西南、西北战场和陕南前线我军的不断胜利，陕南全区和四川即将解放，区党委鉴于"川干队"的同志即将离开郧阳，便决定大量吸收和培养本地干部、青年到报社工作，并配备加强编辑、记者力量及报社领导干部。这时，先后到报社的有任第一副社长兼总编辑的程文津；姜桦、张坚为编辑；孙木一、赵不肖、牟广钧、曾岛、李辅卿、赵冀雍、肖道全、程儒卿均为记者；三个女同志刘虹、张颖、卢某为编辑部工作人员。与此同时，成立了新华社陕南分社和报社在一起。赵希愚兼任分社社长，周书同志任分社副社长。分社设有电台，电台和译电组负责人是何自超；译电员有蒋玉芳（女）等同志。原报社采通科归分社领导，科长是羊村。报社和分社不仅在一起办公、生活，而且是一个党支部，支部书记是周书同志。

报社和分社也有一定的分工。报社分管编辑部、工厂和新华书店，负责报纸的编辑、出版和发行工作；分社负责新闻电稿、新闻采访和通讯联系工作。在做好各项工作的基础上，1949年5月1日，《陕南新闻》改名为《陕南日报》，为陕南区党委的机关报。（《陕南新闻》创刊于1948年11月，共出版84期，于1949年4月28日停刊——编者）。《陕南日报》报头上的"南"字，是区党委第一书记张邦英仿毛主席字体写的。

到《陕南日报》时，编辑部的分工更细了。如版面分工是：姜桦负责第一版，主要编排国内外、本地要闻和主要文章、言论等；张定一负责第二版，主要编地方新闻和文章；张坚负责第三版，主要是编排国内外、本地区一般综合新闻和文章；宫璋负责第四版，主要编排文艺等方面的稿件，有党的方针政策、国内外大事、全国解放战争的胜利消息、工农业生产、商业财贸、文教卫生、建政支前、反霸土改，等等。每个时期的报道，都是紧紧围绕党的中心工作进行的。对有些稿件，由于报纸篇幅有限而不能刊登时，就印发成单行宣传品（小册子）。如我写的《欢呼淮海战役的伟大胜利》快板，就铅印成小册子随报纸一起发出。

编辑部设在原郧阳"八高"的一间房子里，没有桌子、椅子，在屋子中央支起一块大匾，四周放些长条板凳，这就是编辑部从领导到其他人员共用的"办公桌"。这比在战争环境中，把纸铺在背包或膝盖上写字好了千百倍。大家工作起来鸦雀无声。要是商量问题时，总是交头接耳，从无互相干扰之感。

赵希愚、程文津、李衡、施旸等同志坐镇"战地"，以身作则，把关守隘，要求很严。对稿子反复修改字斟句酌，从不放过一个"敌人"（错字）。他们循循善诱，诲人不倦，循名责实，一丝不苟，坚持原则，实事求是；知识渊博，业务熟练，刻苦耐劳，坚忍不拔；朴实醇厚，诚挚待人；和蔼热情，平易近人。我们编辑部的同志，在这些领导同志手把手的教导下，得益匪浅。无论在政治思想水平、业务能力等方面，均有不断的进步。

（四）

《陕南日报》于1949年12月18日在郧阳暂停刊。接着，报社即随陕南区党委西迁汉中。

我们报社的人员，是乘着从敌人手里缴获的大卡车西迁汉中的。由于汽车已经破旧不堪，走起来时常"抛锚""撒气"，加上公路年久失修，沿途许多桥梁又被敌人破坏，爬坡过河，大家都要下来推车。相比步行，乘汽车还是舒服得多，也快得多。这时，虽是三九天，时遇风雪，但大家乘坐汽车前进，个个兴高采烈。一路欢歌，一路欢笑。我们于12月底到达汉中，《陕南日报》社设在南郑文庙内。经过半个月的准备工作，《陕南日报》于1950年1月17日在南郑复刊。

《陕南日报》在西迁南郑期间，先由一部分先遣人员，在刚解放的南郑出过临时性的《陕南日报》南郑版。

我到南郑后，即奉命去当随军记者了。

张定一　1986年1月15日于北京

注：此文是根据张定一同志为原郧阳地委党史办公室写的《战地杂忆》一文改编的。作者现在北京中央民族学院藏族研究所工作。

十二、关于新华社陕南分社前线支社的回忆

《陕南日报》在郧阳创刊时，同时成立新华社陕南分社，社长由陕南区党委宣传部副部长赵希愚兼任，周书同志为副社长。

1949年，陕南部队西进解放汉中，新华社陕南分社曾在前线设有支社，与陕南军区政治部在一起。当时，前线支社的组成人员，最早有"川干队"的同志参加。支社负责人是"川干队"的曾岛同志（现在人民日报社）。之后，"川干队"的同志奉命南下四川，曾岛同志和"川干队"的其他同志就离开了前线支社。这时，新华社陕南分社副社长周书写信，让姚宜民负责前线支社工作。人员组成情况是：饲养员一人，通信员两人；记者有姚宜民、杨果行、李铎、李辅卿、东兵（女），共计8人。

姚宜民　1986年8月30日

（摘自《汉中日报》创刊40周年纪念）

第十二章 报人纪事（中篇）

一、郧山报泉涓涓滴　汉水东南日夜流
——回忆鄂陕边区的办报岁月

1948 年春，在鄂陕边区根据地——两郧地区，开始办起了报纸。随着解放战争形势的迅猛发展，到 1949 年年底，在这里出版了《鄂陕周报》《鄂陕报》《陕南新闻》和《陕南日报》，还成立了新华社陕南分社。现在回忆在鄂陕边区办报的岁月，有其深远的历史意义和现实意义。

战斗中诞生的《鄂陕周报》

《鄂陕周报》是适应人民解放战争军事发展的需要，或者说是开辟鄂陕边区以后的产物。1947 年秋，太岳兵团四纵队十二旅，攻克了蒋介石、胡宗南的顽固堡垒——陕州、灵宝后，得到人员和物质的补充。随即扩大为 55、57 两个师，沿着陕西南部，建立了山商、上关、镇安等县级政权。随后又解放了郧西、郧阳、均县、白河等地区。这种胜利形势，需要大肆宣传。特别是有关党开辟新区的方针、政策和法令，更需要大事宣传，以鼓舞党政军民的斗志。原先部队政治部办的油印战报，已远不能适应新的革命形势，于是，《鄂陕周报》便应运而生。

《鄂陕周报》属十二旅党委办的报纸。它主要在于集中宣传人民解放战争的顺利进展，宣传建立政权、发动群众，以及军政军民和部队内部的官兵关系及训练工作等。它既属部队办的报纸，又不同于一般的部队内部报纸；它

既面向连队，又兼顾地方，任务是相当繁重的。当时的报纸只有两个版面，为石印四开单面印刷。由于用纸困难，很多期的报纸还是用红红绿绿的标语纸印刷的，报纸发行份数有限。

当时报社的人员很少。刘紫池同志是从部队政治部抽来办报的，他既是负责人，又是普通的编辑人员。其他大部分是青年学生，不懂新闻业务。大家都是在干中学，在学中干。当时，因为报纸要集中报道人民解放战争的顺利发展，稿件主要以新华社的通讯稿为主。刘紫池同志就亲自抓抄、收新闻记录稿，还辅导和培养王大纲同志学习这项新闻业务。至于报社的记者，先派到前方去锻炼，在战斗中去学习写新闻报道。当时山商、镇安和上关等县的县政府都还没有一个固定地点。他们到哪儿，记者就到哪儿，和干部一起，既做发动群众建立基层政权的工作，又要随时参加战斗、扩充队伍。先把这些工作做好了，再去写新闻报道。留在编辑部的同志，负责编稿、校对、报纸发行、与通讯员联系等工作，有什么就干什么，都没有明确的职务和分工。刘紫池同志负责全社的工作，同志们都喊他"刘干事"。

部队和地方党的领导，对办好《鄂陕周报》是十分重视的。十二旅司令员刘金轩、政委李耀、55师师长符先辉等领导，每次从前线回来，总要利用休息时间到报社看看。每当发现新华社播有重要新闻，便指示赶紧见报。有一次，新华社播了任弼时同志关于土改纠偏的报告。李耀政委再三交代要做好记录，尽快见报。刘金轩司令员指示报社全体同志参加抄录。他说："记不全不要紧，参照着整理就行，起码不会发生大的遗漏。"李耀政委发现报社的同志吃的是霉苞谷糁，就说："你们是脑力劳动者，报社的任务繁重，生活上应当适当照顾。"从此以后，我们就能吃到好苞谷了。有时还能吃到白米、白面。四地委副书记祁果对办报很在行，他在短短四个月中，不仅为我们做过形势报告，还对编辑、记者的任务做过具体讲话。对报纸每个时期的报道中心，也做过不少指示。

在《鄂陕周报》时，我们完全是处在战争环境之中，前方有拉锯战，后方有土匪、"夜壶队"骚扰，随时都有"情况"（指战争）发生。说声有"情况"，就得立即转移。当时我们的工作都很紧张，生活都很艰苦，根本没有什么休息制度，一切都要适应战争的需要。那时，就连家在当地的同志不经批准，谁也不能回家。每个同志的脑海里，想的尽是战斗和工作，谁也没有什么私心杂念。工作起来，一个人当几个人使，工作效率很高。

《鄂陕周报》办的时间虽然不长，但是各项工作的进展很大，很受当时部队和地方读者的欢迎。

得到充实壮大的《鄂陕报》

随着革命形势的好转以及宣传工作的需要，《鄂陕周报》更名为《鄂陕报》。这时的报纸，也从部队党委领导，转为地方党委领导下的两郧地委机关报。

《鄂陕报》是 1948 年 7 月 1 日出刊的，为铅印四开四版周三刊。一版为要闻；二版是地方工作；三版是城市工作或登些通讯、特写及经验介绍等；四版是国际国内时事。报纸的发行量也由原来的几百份激增到 2000 多份。除重点在两郧地区发行外，随着解放战争胜利推进的步伐，报纸还发行到了安康和商洛地区。

在人力、财力和物力奇缺的情况下，当时能把《鄂陕报》办起来，确实是一个巧遇。当时，中央由陕北派往四川开辟工作的一支队伍——长江支队（也叫"川干队"），来到鄂陕边区，并暂时在这里分配工作。"川干队"里，有些同志是抗日战争时期在重庆办过《新华日报》，后来又到老解放区办过解放区报纸，他们都有办报的经验和熟练的印刷技术。正是这些同志，为办《鄂陕报》带来了金钥匙。以"川干队"的同志为骨干，《鄂陕报》建立了一个比较健全的编辑部、经理部和印刷厂。这时的报社，不仅有了设置明确的机构，也有了人员具体的分工。由"川干队"调来的李衡同志任社长，施旸同志为编辑主任，羊村同志任采通科科长，耿俊如同志任经理兼印刷厂的厂长。原《鄂陕周报》的负责人刘紫池同志被任命为副社长。与此同时，还相应建立了一些内部制度。如采通科负责开辟稿源，除派记者随军或深入地方采访外，还负责加强与各部队和地区通讯机构及通讯人员的联系工作；出版组负责策划每期的报道中心、落实稿件及安排版面，润饰文字，力争使报纸为读者喜闻乐见；校对组会同各版编辑，校阅初稿清样，建立各种责任制；经理部负责纸张供应和报纸发行。在解决缺纸的问题上，他们一方面派人到外地采购，另一方面就地取材开设造纸厂。造出能两面印刷的各种加重纸张，基本上解决了缺纸的困难。说到建立印刷厂，真是个千头万绪的事情。"川干队"里有一些搞过印刷的熟练工人，他们不怕苦、不怕累，成日成夜的干。把从敌人那里缴获的一堆破旧印刷器材经擦洗、整理后，拼凑成两部印刷机。对于缺少的零件，他们画个图形，请当地铁匠打个毛坯，再用锉刀手工锉成零件。就这样想方设法地干，终于使印刷机转动，印出了《鄂陕报》。这个时候，报社已发展到五六十人。印刷厂也细分为排字、铸版、机印和石印四个小组。经理部的总务、采购和发行员也逐步配齐了，这给后来创办《陕南日报》打下了良好的基础。

虽说当时《鄂陕报》得到了充实和壮大，发展形势很好。但由于我主力部队前去解放襄樊和两竹（竹山、竹溪）、房县和平利等地，地方部队剿匪的任务又很重。这时，胡宗南国民党军队和国民党地方反动团队"夜壶队"等钻空子不断进犯和骚扰郧西，造成局势不稳。虽然敌人的每次进犯都被我军打垮，甚至把敌师长、敌团长、敌县长都活捉过来，但为了避免不必要的损失，两郧地委还是决定将《鄂陕报》暂时停刊。《鄂陕报》从创刊到暂时停刊，前后约办了五个月时间。

《陕南新闻》的出现

1948 年 6 月，中共陕南区党委、陕南行署和陕南军区相继在郧阳成立。陕南区党委成立后，要办一份报纸，于是，就把两郧地委的《鄂陕报》接管过来，将报社由郧西土门迁往区党委机关所在地——郧阳原"八高"旧址。当时，《鄂陕报》虽然刚经过整顿和充实，但办报的各方面条件还不够成熟，还需进一步充实和提高。于是，决定先办一个过渡性的刊物——《陕南新闻》。《陕南新闻》的创办过程，实际上是《陕南日报》的筹办过程。

《陕南新闻》创刊于 1948 年 11 月，为八开两版三日刊。区党委为了整顿和充实报社机构，派区党委宣传部副部长赵希愚兼任《陕南新闻》社社长，李衡同志为副社长。到 1949 年 1 月，区党委又调程文津同志任第一副社长。施旸同志仍为编辑主任。另外，区党委还从华东、华北派到陕南的干部队伍中，调姜桦、孙木一、赵不肖、牟广钧和李辅卿、赵冀雍、于邦彦等同志到报社工作，充实了编辑和记者队伍。印刷厂也招收了一批学徒工，充实到排字、机印和铸版各组。造纸厂也由郧西土门搬到郧阳县东菜园，并调原 38 军干部孙照隆负责纸厂工作。这时，经理部也调安天白同志为经理，耿俊如同志为副经理兼印刷厂厂长，还配齐了总务、采购及新华书店负责报纸发行工作的人员。

《陕南新闻》共出 84 期报纸，后于 1949 年 4 月 28 日停刊。这期间，为筹备出版《陕南日报》做了不少努力。同时，《陕南新闻》也为宣传党的方针、政策，推进新解放区的工作，做了大量的工作。

《陕南日报》与新华社陕南分社

《陕南日报》与新华通讯社陕南分社，实际是两个牌子一套人马。办公、生活都在一起，同属一个党支部，人员分工各有侧重。在筹办《陕南日报》的同时，便着手筹办新华通讯社陕南分社。陕南区党委除选派区党委宣传部副部长赵希愚兼任新华通讯社陕南分社社长外，同时委派周书同志为陕南分社副社长，由羊村同志担任采通部的负责人，集中全部记者力量深入前线或地方去采访，还配备加强了编辑和通讯力量。新华通讯社陕南分社除保证《陕南日报》用稿外，并随时向中原、西北两大区发稿。陕南分社还建有电台，第一台为发报台，第二台为收报台，第三台为联络台，人员约 40 多人。加上采通部 15 人，新华通讯社陕南分社约有 55 人。

《陕南日报》创刊于 1949 年 5 月 1 日，为中共陕南区党委的机关报，《陕南日报》在郧阳创刊，名曰日报，实际是四开四版三日刊。自创刊起就是铅印，发行 3000 多份。

经过《陕南新闻》时期人员的充实和加强，到《陕南日报》时，全社职工已有 75 人。其中编辑部 15 人，经理部 15 人，印刷厂 35 人，加上新华通讯社陕南分社的人员，共计 130 人。由于人力得到充实，不仅加强了前线和地方的采访和对来稿的整编工作，而且也加强了新区和前线的宣传和报纸发行工作。不单设备有所增加，解决了印报的动力和技术问题，而且还彻底解决了纸张和其他物质供应的问题。如纸厂自造的"玉版"纸，虽然不能跟机印纸相比，但它坚实还可以两面印刷，比当时西北区办的《群众日报》用纸条件还要优越些。

《陕南日报》和新华通讯社陕南分社成立后，出色地完成了对新的政治协商会议、百万雄师过大江、开国大典、解放大西北和全国解放胜利形势等重要报道任务。同时，也抓紧了时事政治学习。通过逐期检查报纸，加强业务锻炼和对新闻采编的钻研，培养了不少新闻工作人才。之后，尽管"川干队"的同志全部离开了报社，但报社的工作却丝毫没有受到影响。

1949年冬，为了配合"打到汉中去，解放全陕南"的斗争形势，新华通讯社陕南分社加强了对前线的采访，成立了新华通讯社陕南分社前线支社，派出大批记者随军采访。《陕南日报》也派出姜桦等同志，随陕南区党委和陕南军区奉命成立的"南郑军事管制委员会"，提前离开报社，参加了解放汉中，准备接管国民党在汉中办的报纸。这时，虽然人力分散，编辑、采通工作都很紧张。但是同志们为了以实际行动响应陕南区党委"打到汉中去，解放全陕南"的号召，一人当两三人用，干劲都很足，确保了电台对外发稿和报纸发行等繁重任务。提前到达汉中的姜桦同志，待汉中一解放，就顺利接管了国民党办的《汉中日报》，并立即出版了《陕南日报》南郑版。

1949年12月18日，《陕南日报》在郧阳休刊。陕南日报社和新华通讯社陕南分社随陕南区党委西迁汉中。1950年元月，《陕南日报》在陕西省汉中出版的《陕南日报》南郑版随即停刊。这时报社和陕南分社的人员，加上接管国民党报社的人员共有200多人。1951年3月，由于陕南区党委和陕南行署已完成其历史使命，奉命撤销，《陕南日报》即于3月27日终刊，共出报325期（其中在郧阳出报125期），新华通讯社陕南分社也同时撤销。

《陕南日报》的出版发行，标志着陕南新闻事业的发展。同时，也为后来郧阳新闻事业的发展奠定了基础。《陕南日报》西迁汉中时，给两郧留下了部分印刷机和铅字。西迁汉中后，《陕南日报》又支援两郧办报所需的纸张、铅字和部分印刷工人。为1950年创刊《郧阳报》打下了基础。因此，陕南新闻事业是郧阳新闻事业不可分割的部分。

光辉业绩　源远流长

从1948年春节过后，《鄂陕周报》筹办那天起，到1951年春节过后，《陕南日报》终刊，前后不过三年光景。因为革命斗争的需要，陕南新闻事业曾经得到四面八方、五湖四海的支援，完成了"打到汉中去，解放全陕南"的历史任务，其光辉业绩是不可磨灭的。经受过解放战争洗礼的这支新闻队伍，在完成其历史任务后，又扩散到四面八方去。直到现在，有很大一部分人还在继续从事新闻工作（在古都西安，就有很多同志）。另外，有在武汉三镇的，有在四川成都或重庆的，有去建设大西南的，也有调到新疆去办报的，也有调到北京去，还有现仍在《人民日报》和中央其他单位工作的。再拿当年由《陕南日报》分出来的《汉中日报》《安康日报》和《郧阳报》来说，不管从报纸的质量或人员、印刷方面，其发展也是很快的。两郧地区在解放前，虽然建立过鄂陕边区和鄂西北边区，但从来没有办过党的报纸。《鄂陕周报》可以说是在两郧地区办的第一份党的报纸，它是当年汉水流域办革命报纸的一个开端。不管它当时的起点条件多么差，但应看到，它在一年多的时间里，以飞跃的姿态，沿着从小到大、从初级到高级的进程，先后改报名四次，它的生命力是极其强大的。从《鄂陕周报》（石印版），改为《鄂陕报》（铅印版）。再从《鄂陕报》改为《陕南新闻》《陕南日报》的情况，就说明了这一点。再从《陕南日报》完成其历史任务被撤销，又办起《郧阳报》《安康日报》《汉中日报》，特别是 20 世纪 50 年代又发展到办各县县报、县广播站。近几年又发展办电视台这蝉联演变、一脉相承的发展情况，更证明其生命力是强大的。不过，现在的时代不同了，发展的需要和方式也都起了变化。而这种变化，正是向着全面的纵深发展。直到今天，汉水流域的新闻事业和其他事业一样，显得更加繁荣昌盛，源远流长。这一切，都跟过去人民解放战争中的艰苦奋斗是息息相关的。

现在我们回忆鄂陕边区办报的岁月，看汉水流域新闻事业的发展，能说不是"郧山报泉涓涓滴，汉水东南日夜流"的结果吗？

陈哲文　杨果行

1984 年 6 月 11 日于汉中

二、报检会

报纸检查会，就是现在的"评报会"。它是一项新闻业务研究活动。

这项活动，我记得是从《鄂陕报》（铅印版）在两郧地区公开发行后才有的。当时，并没有作为制度，要求编辑部所有的同志都参加。而是在自觉自愿的情况下，不定时间、不定地点，一般利用晚饭后闲散的业余时间，轻轻松松地，不约而同地进行的一项业余活动。这个活动，基本上是逐期进行的。

有一次，我在鄂陕报社印刷厂（现在的郧西土门）的山坡树荫底下，无意中碰上社长李衡和其他几位同志坐在那里，我当他们在扯闲话。谁知我还未走到他们跟前时，李衡同志就热情地给我打招呼："来，欢迎你参加我们的评报会。"拿当时李衡同志的话说："评报就是检查报纸，有检查才知不足，才能发现工作中的问题。同时，有检查才能更好地总结工作，改进工作。"

报纸检查会，并不是两郧才有的。听编辑主任施旸同志告诉我，这项新闻业务研究活动，在重庆办《新华日报》时就有了。因为当时国民党反动派非常害怕我们的报纸和舆论，经常指派特务捣乱，恨不得找个借口把《新华日报》捣毁，斗争十分激烈，所以报纸工作的政策性很强。报纸的文字工作也要处处注意，哪怕是一个字、一个标点符号，在工作中稍有疏忽大意，就会给党报带来麻烦，给敌人以可乘之机。

报纸检查会的内容比较广阔。从组稿到选编、版面、标题等都要加以轻重衡量，以找出其中的差错。哪怕是文字上的笔误，也不放过。从方法上说，采用毫无拘束、畅所欲言、发扬民主的方法。有不同意见可以争论，有的意见虽只占少数，甚至是孤独的见解，仍然可以保留自己的意见。在一次"报检会"上解决不了的问题，还可以组织专题讨论，从业务范畴提高到学术领域里去研究讨论，以便提高大家的政治和业务水平。

在报纸检查会上，首先，对于报纸内容的评论是十分认真的。1948年秋天，社长李衡同志派我出去了解当时的旱情，并要求我写一篇报道。我想旱情轻重，老农说了才有准。于是，我就找了一位60多岁的农民了解旱情，并请他谈谈生产救灾的办法。那个老农对旱情的分析还是客观的，但却谈不出多少可以补救旱情的办法，光摇头叹息说："天干无露水，人老人无情。"在写成的稿件里我引用了那位老农的话，稿件给李衡同志一看，他说我这篇报道很不理想，并指出"天干无露水，人老人无情"不是两句好话，要我重新去采访。叫我多找几户翻身农民谈谈，看看有什么补救的办法没有。于是，我又找了一些翻身农民座谈，一些年轻的农民对旱情毫无所惧，他们说："天旱有什么了不起，我们能斗地主恶霸，也就敢和天斗、和地斗。"并提出多种秋菜和早熟庄稼，安排好明年度春的计划。根据座谈的情况，我重新写成稿件，很快就见了报。为这件事，李衡同志在报纸检查会上，把我写的前后两篇稿件进行了对比，做了分析。他说，我第一次稿子写失败，主要是他没给我讲清意图和采访的方法（实际是我没经验），启发大家采编稿件要精益求精。

其次，对如何选编稿件，也是报纸检查会上的重要内容。记得在《陕南新闻》时，我曾处理一篇稿子。作者稿子的原意是想通过对辽沈、平津两大战役的胜利观察，看出全国性的解放胜利形势已为时不远了。可是稿件内容中很少用事实说话，空话较多，我一看就摔得远远的。后来，通联科科长羊村看到了，他把那篇稿子看了又看，琢磨了好长时间，认为这篇稿子立意是好的。于是，他就找到那位通讯员座谈，补充些具体材料，最后整理出一篇稿件，在报上发表了。像这类事例，也在报检会上翻腾出来，让大家评论。这类事例经常引发激烈的争论，但对教育编辑人员如何珍惜作者心血，尽可能保留作者的材料等方面，却起到了深刻的教育作用。

再次，报纸检查会上，对于版面上的评论也是很多的。我记得1948年秋天，为鄂陕边区地方部队歼灭敌人一个团的报道，发生了很激烈的版面争论。这期报纸，一版报道的是华东野战军攻下济南、活捉王耀武，还报道了全国性的重要新闻。二版头条报道了地方独立团（实为郧县、郧西两县翻身农民武装组成的两个独立营）全歼国民党从河南调来的一个保安团。不少同志认为，在二版头条安排地方部队取得胜利的消息，已经是放到重要位置了。可是编辑施主任首先提出了问题，并反驳上述同志的意见不对。"大家既然承认地方部队是个大胜利，为什么不把它往要闻版安排呢？"他说，"既是地方报纸，就要以地方事件为中心嘛！难道地方部队的成长和胜利，就不能和外省歼灭敌人的胜利相比吗？"他认为，作为一支新成立的地方部队，消灭敌人一个团，说明地方部队力量的增长，可以使人民解放军野战部队放手去开展新的更浩大的胜利局面，这比外区外省的胜利更重要。这时，有的同志开玩笑说："你是编辑主任，为什么当时不按照这个法则去安排版面呢，而今却要争得脸红脖子粗？"施旸同志被逗笑了，他说："前事不忘，后事之师。像这样的事，就是要多争论，争个水落石出，我再检讨也不晚嘛！"

在报纸检查会上，为标题也有争论的。记得1949年秋天，《陕南日报》在报道西安解放因标题安排不妥，报纸还收回重印过。当时，国民党部队在强大的人民解放军钳形攻势下，胡宗南部怕得要死，匆匆忙忙撤离西安，退守秦岭以南。报纸用六行仿宋标出"西安解放"四个显著的大字，还套了红。报纸发行两天后，忽然叫收回重印。原来是在"报检会"上，有的同志认为标题标得不妥，提出了不同意见。为了统一思想，补救标题上存在的问题，又召开了一次紧急的专业讨论会。说明了西北野战军历次战功和威力，同这次解放西安的意义。由于国民党部队慑于我军的威力，才迫不及待地撤离西安。标题上存在的问题，就在于标题标得简单了一点。大家一致同意在"西安解放"四个大字的基础上，加上"西北第一座大城市"八个略小点的标题字，用双行叠置在正题上，从而加重了报道的气氛，并突出了十几朝代古都西安的地位。

当时，报纸检查会的作用是很大的。通过评报工作，不仅能促进提高采编人员的思想和业务水平，而且还逐步建立起一些责任制度。同时，在这个基础上，推行了"消灭报纸差错"的自觉行动。这对于办好党的报纸工作，无疑起到了积极的作用。

陈哲文

三、活跃的陕南日报社青年团

我们在收集陕南时期新闻史料中，看到了不少老同志虽已年过花甲，但对陕南日报社活跃的青年团生活，却是记忆犹新。他们的回忆，对新时期如何做好青年工作，有一定的借鉴作用。

现在陕西省榆林地区的离休女干部夏绍玉，曾这样回忆说："我在报社工作时间虽然是短暂的，可对当时青春年少的我来说，却是非常宝贵的。特别使我不能忘记的是，当时团的生活。"那时，每星期的团日都有新的活动内容，如办墙报、周末演讲会，政治时事测验、图书阅览、团课教育、开展批评与自我批评、唱歌，等等。办成了团员及青年思想政治教育的阵地和团员青年文娱活动的园地。那时，每个同志都会唱很多歌，走也唱，坐也哼，尽情歌唱"解放区的天是明朗的天，解放区的人民好喜欢，解放区的太阳永远不会落，解放区的歌声永远唱不完……"快要解放汉中时，大家又唱"去！去！去！到汉中去！到汉中去！到汉中去！汉中的人民等待我们，我们团结向前进！胜利向前进！……"团员和青年们不仅会唱歌，还会打腰鼓、扭秧歌。每当哪个大城市被解放，报社团员和青年就敲锣打鼓、扭秧歌上街宣传。团组织对社团员和青年的思想工作也做得很过细。记得报社从湖北郧阳迁往陕西汉中时，有些当地的青年不愿离开家乡，家里也有顾虑。团组织一方面启发教育这些青年，服从革命的需要，另一方面还帮助其做家庭工作，终于做通了这些青年同志的思想工作，愉愉快快地到汉中去。当时团组织的生活很能吸引团员和青年的心。我是 1949 年 2 月到报社工作的，那时我还不是团员。由于青年团处处关心我们青年，我就自觉地时时、事事跟着他们学，他们干啥我干啥。当年的 10 月，我就志愿加入了新民主主义青年团。当时报社的物质条件很差，生活也很艰苦。可是回想起当时同志们之间的诚挚感情、大家庭的温暖和乐趣，尤其是团的生活，至今我仍觉得是甘甜的。特别是对提高我的思想政治素质，坚定革命的人生观，起到了决定性的作用。

现在陕西省勉县食品公司工作的于力（那时叫于运通），在回忆中也说，当时报社团组织不仅重视做团员和青年的工作，还注意做不够入团条件的青少年工作。当时，在印刷和纸厂里有不少年龄不够入团条件的青少年工人，一没事做，就知道玩，有时还吵嘴打架。为了帮助这些同志，团支部派团员于运通帮助他们学习，还把全社的儿童组织起来，经常开展宣讲、歌咏、排演文娱节目。或组织他们学政治、学文化、学时事、进行交心谈心等活动，提高其思想政治觉悟。在此基础上，成立了报社少年先锋队（为陕南地区试办单位）。为发展少年先锋队，由团支部书记张定一（党员、编辑）执笔，自编铅印了《少年先锋队章程》小册子，并在《陕南日报》上全文登载。按照这个章程，单个吸收，选优发展组织。自开展少年和儿童工作以来，在团支部的领导下，不少同志的工作、学习都有较大进步。他们自觉写着相互批评和表扬的稿子，登在壁报上。当时，不论是青年团员的活动也好，还是少年先锋队的活动也好，经常在《陕南日报》上做公开介绍。报社开展团的活动和少年先锋队的活动经验，在陕南区党委和行署各个单位有一定的影响，不少单位代表到报社取经和交流。

我们在翻阅《陕南日报》时，发现报社团的活动情况经常在报纸上作介绍。如《陕南日报》创刊后不久，在 1949 年 6 月 2 日的报纸二版上，就分别刊登了《本社青年团开团员大会，通过四个同志入团》的消息。消息以《活跃的报社青年团》为题，介绍报社团活动的经验。在 1949 年 7 月 16 日《陕南日报》三版上，又发表了《本社青年团召开团员大会》的消息。从这条消息里可以看到，陕南日报社是从 1949 年 1 月开始建团的（当时为《陕南新闻社》）。刚开始只有 6 个团员，后逐渐发展到 10 人，15 人，到 6 月已有团员

27人，占全社青年的四分之一。1949年7月31日《陕南日报》又刊登《本社青年团开大会，12名新团员宣誓》的消息。这次会议，郧阳市各机关、学校青年团支部还派代表参加。在11月11日《陕南日报》二版上，又发表了《本社青年团团员学习团章举行测验》的消息。从上述消息和文章中可以看到，当时陕南日报社团的生活是十分活跃的。每个团员都能以身作则的模范行为，在各种工作中都起到了明显的带头推动作用。铸字工人吴绍华，为了保证《陕南日报》在"五一"能正式出版，在一星期的时间中，不顾疲劳夜以继日地铸新铅字。印刷工人石培新（解放战士）入团后，工作特别积极主动，每天都能保证学会3—5个汉字。在反对无组织无纪律学习过程中，团员们都能深刻检讨自己，并严正批评他人。在日常工作中，每个团员都牢记着：我是一个团员青年，我要做群众的榜样，我要做火车头！每到团日这天（星期日），一吃过下午饭，团员们就找到自己的小组长，或在屋子里，或在野外草坪上，紧紧地围坐在一块，严肃地召开团小组生活会。在这种环境的组织生活中，每个同志都有不同程度的进步和跨越。

陕南日报社活跃的青年团生活虽然远去，但仍值得我们在现实生活中予以借鉴和发扬，仍然可以让它在改革开放，奔向四个现代化建设进程中，充分调动和发挥每一个团员、每一个青年的工作积极性和创造性！

郧阳报社新闻志编辑室

1989年5月4日

四、随军西进采访记

1947年秋，中国人民解放军四纵队十二旅配合西北民主联军38军17师，解放了我的家乡郧西县城后，当即开办了军政学校招收学员。我报考了军政学校，开始投身革命征程。

军政学校毕业后，我先后在土改工作队、师部宣传队工作。1948年夏天，我被调到鄂陕根据地十二旅党委办的鄂陕周报社工作。1948年6月，由于鄂陕根据地的扩大与发展，建立了陕南区党委，并创办了临时性的报纸——《陕南新闻》，为筹办区党委的机关报——《陕南日报》做准备；在此期间，还成立了新华社陕南分社。这时的我，大部分时间都在新华社陕南分社采通科工作。主要搞新闻采访和通讯联络工作，采访的稿件除供报纸采用外，还向上级新闻单位提供稿件。

自从陕南区党委发出"打到汉中去，解放全陕南"的号召后，陕南人民解放军为完成解放全陕南的任务，于1949年5月奉命西进。这时的我，被调到新华社陕南分社前线支社当了一名随军女记者，跟随主力部队55师前委政治部一同西进。当时，前线支社的组成人员，一部分是陕北派往四川开辟工作的"川干队"同志，如曾岛、耿俊如、曾宪栋等，另一部分是陕南新华分社的一些同志。前线支社最早的负责人是曾岛同志。他是在重庆办过《新华日报》的老新闻工作者，消息写得很熟练。如大小战役的报道，写得及时准确、真实感人。行军路上，他对我的帮助很大。每当战斗空隙，这位良师便手把手教我如何采写新闻消息，如何报道战役情况。他不仅教我怎样写战斗胜利的消息，还教我如何采写战斗英雄和各兵种作战时的特殊奉献精神。跟着这样一位老师行军、工作，我才生硬地写了一些报道。时间不长，由于解放大西南的需要，"川干队"的同志奉命集中入川，曾岛同志离开了前线支社。曾岛同志走后，支社负责人是姚宜民同志。这时，支社的人员组成情况是：饲养员一人，通讯员两人，记者有姚宜民、杨果行、李铎、李辅卿、东兵，共计8个同志。在行军途中，杨果行同志先被调到57师工作外，还有四位同志都留在55师工作。除姚宜民同志留在师政治部外，其他同志都要求下到连队工作，我曾到炮兵营体验过一段生活。作为一个热血青年，为了解放全陕南，乃至全中国，我是愿意把热血洒到战场上的。每当一到炮火纷飞的阵地，我什么都不知道怕了，和战士们一样，从东战壕跳到西坑地，哪里枪炮声最激烈，我就到哪里去采访。由于我是个女性，参加实战采访的机会比男同志少。如牛蹄岭之战，这是解放安康的大战役，我却没能捞着上阵地的机会。当时，男记者们都跟着布防的首长们出发了。他们帮助步兵挖工事，准备迎接战斗，抢时间采写战前准备工作的稿子，我却眼巴巴地守在政治部所驻的山头上。但是，我没有忘记我是一个记者，仍然随时注意收集采访的线索。牛蹄岭之战，实际是解放安康的前哨战。在这次战斗中，国民党集中胡宗南正规军和安康保安团以及从白河、竹溪被我军打败的残兵约三个半军的兵力，企图凭借牛蹄岭的天险阻止我军西进。虽然我军兵力和武器与敌人悬殊极大，但我军却英勇善战，尤其是山炮营在这次战斗中发挥了很大的威力。当时炮兵营的决心是"有我炮兵在，就有阵地在"。我炮兵指战员在激战中紧密配合步兵，稳、准、狠地猛烈打击敌人，打退了敌人多次反扑。当我回到平利县休整时，就抓紧时间采访。如《牛蹄岭战斗中，我炮兵显威力，配合步兵打退敌人8次反扑》（见《陕南日报》）1949年8月23日四版）。就是在部队休整中，听功臣们、英雄们追述的。记得在采访这篇报道时，炮兵指战员和一位射击手还带我到阵地看过一次，并具体讲了战略战术问题和英雄们的出色表现。可惜到现在，我把这些英雄的名字都忘掉了，这是十分不应该的。作为一位随军记者，真是遗憾终生，愧对先烈！

各作战部队在平利县休整时，连、营、团、旅都召开庆功会，战士们表决心立新功的活动很活跃。这时，我爬东山走西岭，夜以继日地跋涉在山林河汉之间，到连队采访。我日夜参加会议，听战士们评功表功。当时可歌可泣的事迹很多很多。但事隔40多年，记忆里的战火硝烟和英雄们的事迹却都很模糊。在当时采访中，善于和战士们打成一片。记得当时我和政治部宣传科科长柳三朵同志一起，每天都是急行军，从这个连队的山峰转到那个连队的河谷，每到一个连队都受到指战员们的欢迎。随军前，我曾在师部文工团乐队工作过一段，做过一些宣传鼓动工作。每到一地，我总是先为战士们唱歌，或演些有关三大纪律八项注意的短剧。如"红布条""房东查铺"等，然后和指战员们一起开会，访问英雄，把所见所闻及时写成报道。先交营地油印小报采用，他们用后，有些转师部由骑兵送回郧阳。我写的《西进各部队评功表功，纷纷举行贺功大会》的消息，后来被《陕南日报》采用了。

还有一件令我难忘的事，就是在西进途中，我十分注意采访一些无名的支前民工的英雄事迹。这些无名英雄随军转战沙场，抬伤员、运弹药、送粮草、抬担架，顺战壕一路小跑救护伤员的情景，至今历历在目。记得有位民工在抬伤员中，为了保护伤员的生命，他与伙伴脱下自己的棉衣盖在伤员身上；过河时怕伤员受生水，把担架顶在头上渡水过河；上山坡时，为了让伤员躺得平稳些，在担架前面的人就跪着走。有些年轻力壮的民工，一天能背20多位伤员；运粮草、弹药的民工们，也有很多英雄模范事迹。当时的我，经常在宿营或是吃饭休息时抽空跑到支前民工堆中，采写他们与人民解放军一起浴血奋战、拼死支前的英雄事迹。记得当时写了许多这方面的报道，大多都被部队办的油印小报采用了，《陕南日报》也采用过我写的支前民工的稿子。

我在跟随西进部队行军时，当时的生活和工作等各方面都是很艰苦的，自白河战斗之后，天连降大雨，我几乎天天都穿着湿衣服，和男同志一起行军。山路上石头和树茬子很多，一双布鞋穿几天就穿烂了，只好穿草鞋行军，脚上常被打出血泡。行军时身上又是汗，又是水，不可能常洗澡或换衣服，身上长满了虱子。没办法，只好在晚上休息的时候烧一堆火，把衣服展开在火上用劲抖。只听得火里噼噼啪啪地响，烧死了不少虱子。躲在衣服缝里的虱子抖不掉，只好用牙咬一遍。用这种办法，既消灭了虱子，又烤干了衣服，再穿上衣服，身上就舒服多了。当时，我虽然剪的是短发，但虱子一多，就感到咬得难受。于是我向老乡借来一把剪子，干脆把头发从发根剪掉，使虱子无处藏身，然后再用皂角水抹在发茬上，把虱子闷死。再用山涧溪水洗一洗，就感觉轻松多了。这时，同志们就戏称我为"假小子"，以此作为他们的笑料。

我随军西进采访之事已经过去 40 多年了，当时的许多人和事虽然已记得模糊不清了，可当时随军采访的艰苦工作和生活却历历在目，使我倍感今日幸福生活来之不易！我愿用我晚年的余热，为祖国、为人民尽一点绵薄之力，做一点贡献！

东兵　1989 年 6 月 4 日于汉中

五、赵希愚同志二三事

赵希愚同志，陕南区党委宣传部副部长，兼任《陕南日报》和陕南新华分社社长。他是一位既严肃，又可亲的领导者。

1948 年以后的一两年时间里，我在《陕南新闻》《陕南日报》当编辑，负责第一版。赵希愚同志对一版的清样每期必看，因此，我就常有机会接触他。

最初，我觉得他严肃得近于严厉。一次我去取清样，他指着版面说："你看看，这是怎么搞的？这样的错应当出现吗？为什么校对没有校出来？为什么编辑没有看出来？"声音虽不大，语气却颇重，这连珠炮式的责问，弄得我一时不知怎么回答。接过清样来一看，才知道原来有几个排错了的字没校出来，而且有一个字错得真要命，产生歧义，以至意思全相反了。又一次，我去他那里，只见他在房子里走来走去，好像有什么意见要说。果然他开腔了："这一期的报纸版面安排得不妥当嘛！你们怎么考虑问题的？一条普通的地方新闻放在头条位置，把新华社这么重要的新闻挤到报角上，你们没看出那里面有中央的精神吗？为什么不掂掂分量，政治敏锐性哪里去了？"他拿起笔来，把新华社的消息勾画到头条位置，又批了两个字"改版！"

有时他审阅稿件看出什么重要问题，或者发现刚印出来的报纸有什么纰漏，就找到报社来了。往往人还未到编辑部，声音就听到了："来呀！你们都到编辑部来！"不等我们通知，他把总编辑、编辑主任等都叫来了。当着大家的面，他直截了当地提意见，说某篇稿件的某个提法不妥当，问我们看过中央和上级党委的有关文件没有，讲宣传纪律的严肃性，毫不含糊。对于粗心大意造成的差错，他绝不放过，责成编辑部："你们开个会，好好检查一下工作！"批评过后，他前脚出门，编辑部有人吐吐舌头说："好厉害的一顿刮呀！"挨"刮"的同志当时受不了，颇有微词，过后想想，他就自我解嘲，风趣地对身旁的同志说："你没挨'刮'，'响鼓不用重锤敲'嘛！咱不够'响鼓'的格儿，只得挨'重锤'敲一敲了！"

然而赵希愚同志并非一味地严得令人生畏，接触多了，倒觉得他更可亲。一来他是个透明的人。批评出于公心，为了工作。有意见当面讲，襟怀坦荡，不计个人成见，不存心整人。他说得不对的可以当面"顶"，并不是为了面子，以势压人。报社开会总结工作，他首先肯定成绩，表扬总是多于批评的。二来他不是"打着手电筒——照别人，不照自己"。要求别人怎么做，他自己也怎么做。审稿、看清样，他一丝不苟，常常干到深夜，熬得眼红。我去他那里，并不总是挨批评，也常常听到他做自我批评，说上一期哪个标题、哪个提法欠周，他看清样疏忽了。三来他关心别人，鼓励我们学习理论政策，了解实际工作，党内有什么重要指示，及时向编辑部通气。他有空就来报社看当天抄收的电讯稿，边看边聊天，谈思想，谈工作，也开玩笑。有时更深时分打着手电筒来报社转一转，看看上夜班的同志。逢年过节会餐，他和大家有说有笑，到处敬酒，有不会喝酒的，他也要非干一杯不行！

渐渐地，赵希愚同志在我心目中的印象清晰起来，觉得他思想敏锐，工作严格，待人真诚，是思想战线上一位干练的领导者。这样的印象在我以后的工作接触中又更加深了认识。

1949年秋，人民解放军胜利进军，陕南全境临近解放。一天晚上，我接通知去希愚那里，他兴奋地对我说："咱们要到陕南新区去办报啦！为了配合部队解放陕南，区党委和军区已经奉命成立南郑军事管制委员会，准备接管汉中。报社党组织决定你随军管会西进，汉中一解放，立即筹备出版《陕南日报》南郑版。你有什么意见吗？"我说："没意见，早就盼望有这一天了！"接着他向我布置："到新区办报，我们缺乏经验。你除了抓紧学习党的政策以外，要选一份新解放城市出版的报纸带上，随时可以参考。"我按照他的意见，找了一全套济南解放后出版的《新民主报》，加上别的资料，塞满了一马兜子。当时，因安康尚未解放，我们要绕道商洛、西安前往汉中。在行军路上，我骑的马老了，负荷又过重，老掉队，真急人！希愚同志知道了，让我分一部分合订本给他骑的那匹马驮，我才跟上。

12月8日汉中解放，我被任命为军事代表，接管国民党的《汉中日报》。希愚同志向我做了具体安排：接管报社后组织原有人员，马上出报，主要刊登新华社的新闻稿，军管会的文告，宣传形势、任务和党的政策；同时取得军管会各组织的帮助，配合发点地方新闻。他反复叮咛："这是在新区办报，国民党把我们说成是青面獠牙，群众不了解党的政策，有疑虑。咱们的宣传要跟上，注意及时、准确，回答群众关心的问题工作要格外细心。"他考虑到我一个人"唱独角戏"的难处，随后又让《群众日报》的一位记者住到报社，协助我的工作。

我们每次前去请希愚同志审清样时都见他十分忙碌，不是在开会，就是在处理文件，但只要清样一到，他就马上放下其他事情，坐在紧靠炭火盆的办公桌旁，一面习惯地伸着手去烤火，一面细心地看清样，不时深深地吸一口烟，喷出浓浓的烟雾。特别是带政策性问题的稿件，他审得特别仔细，有时候凝神思索，反复斟酌。给我感触颇深的，是他让我起草一篇《庆祝南郑解放》的社论，初稿送审时，他改动较多，密密麻麻地写着他那笔画倾斜的毛笔字，尤其是有关政策性的个别段落，可以说等于他重写了表达得更准确清楚。事后，报社给他送去一点稿费，可是他却派通讯员把稿费拿来，说是"慰劳慰劳"我。这样一件小事，也可以看出他的心地……

以后，赵希愚同志到群众日报社当社长，我去看他，说起以往挨他"刮"的难受劲，他抿着嘴笑了。不久他去旅大担任领导工作，再未见过面。"文革"期间，他含冤去世。那时，我才离开"牛棚"，下放农村，音信阻隔，渺无所闻。得知他去世的消息后，我悲怆不已！如今写下这篇短文，一鳞半爪，寄托一点对他的难忘思念吧！

姜桦　1988 年 12 月 20 日于西安

六、月华如水忆李衡

1948 年春我随第三野战军随营学校南下，过了黄河，秋天被分配到《陕南新闻》（后改为《陕南日报》）当编辑。

到报社报到的那天，头一个见面的是一位中高身材，穿着洗得灰白的粗布军衣，戴着银丝细边银镜，颇有学生气质的领导人，他就是当时《陕南新闻》副社长兼总编辑李衡同志。他说着一口四川话，热情地接待了我，一面介绍报社的情况，一面吩咐通信员接过我的背包，安排住处，随后又引我到编辑部，把我介绍给编辑主任施旸同志。给我的印象是：他直爽、可亲，炯炯有神的目光里似乎蕴含着丰富的学识。

上夜班时，他来到编辑部，跟大家一起办公。当时，编辑部很简陋，三间平房，正中支起一块大案板，四边放着长条凳子。李衡同志坐在案子的一头，施旸同志坐在另一头，编辑们分坐两边，就像开什么会议似的。我初上班，留意着李衡同志是怎样工作的。只见他审改稿件，全神贯注，旁若无人。他习惯用毛笔、墨笔改，红笔删，连改带删，双管齐下，纷披飞舞，眼疾手快。需要调整段落时，剪刀、糨糊一齐上，就像医生做手术一样的敏捷利索。他工作之心细，从一些小地方也能看出来。例如，他在大头针上贴上纸片，制成一面面小红旗，装在盒子里。每解放一座城市，他就在编辑部挂着的地图上插上一面。红旗蜿蜒伸展，显示着我军的进攻路线和前锋所至。编稿当中，他随时望望，避免记忆上差错。遇到要变动版面时，他又从口袋里掏出自制的软尺，一根布带子，上面划着道道，用它比画来比画去，计算字数，然后动笔改版样，做到准确无误，省得拼版时出麻烦。了解他的同志悄悄地对我说："李衡同志当过成都《华西日报》的总编辑，又在解放区工作过，是老报人哩！"我增加了对他的尊敬。

　　一阵紧张的工作之后，大家少许休息一会儿，李衡同志捲起一支烟，悠然地抽着、抽着，他兴致来了，扯开话头，摆龙门阵，说笑话，他那浓重的四川乡音，富有幽默风趣，逗得哄堂大笑。大家笑了，他也笑了，而且笑得最响，把窗户纸都震动了。一阵轻松之后，又鸦雀无声，伏案继续工作。

　　他也有上夜班不来编辑部的时候，那就是临时确定要写一篇什么评论了。于是他关上宿舍的门，备好烟叶，泡上浓茶，一个人在房子里走来走去绞脑汁，然后趴在桌子上挥笔疾书。个把小时，一篇评论赶写出来了。评论通常发排在我编的第一版上，所以我总是先睹为快。李衡同志写文章，构思成熟后，一气呵成，改动不多，笔力雄健，气势流畅。他并非书法家，然而手迹笔墨纵横，潇洒挺劲，饶有美感。

　　当时，报社使用的电台陈旧，抄收新华社电讯稿时有脱漏，上下文连不上，尤其是比较生疏的人名、地名等，抄掉一个字，难以断定，很伤脑筋。碰到这种情况，我们只得去请教李衡同志。他翻翻稿件，略加思考，一面提笔填上，一面说明几句。新闻人物、政治事件、人文地理、时事掌故，他相当熟悉，记忆力又好，这是他多年编报生涯积累下来的渊博知识和练就的新闻业务功底。新华社预告有重要文稿播发时，除电台抄收外，李衡同志还亲自坐到收音机前，抄收记录广播。他耳听手写，从容不迫，既字迹清楚，又记录准确。他这种作为党的新闻工作者的认真、严谨的工作态度，无声地感染着我们。

　　相处既久，渐渐熟了，我常到他房间去坐坐，这真是一间陋室，一张旧方桌，一张木板床，两三条木凳子，桌子上的书籍、笔墨、纸张井然有序，显得简朴而整洁。我们除了谈工作，还谈志趣，谈文艺，无拘无束地闲聊。1949年四川解放前夕，在郧阳的"川干队"集合待命，即将奔赴他们的家乡工作。李衡同志也要离开报社，走上新的战斗岗位了。临行前的一天晚上，我去他那里话别，彼此都不免为离愁别绪所萦绕，话反而少了。他送我一本自己常用的《水调歌头》。读着那最后的两句："但愿人长久，千里共婵娟"，我的眼睛不禁湿润了。

　　送走李衡同志，我怀着依恋的心情又去了他住过的房间。四壁空旷，到处打扫得干干净净。桌上整齐地放着尚未用完的粗麻稿纸，用剪刀压着；笔筒里插着几支毛笔，有的已用秃了；墨盒、墨水瓶、糨糊瓶照常摆着，一样不缺。这是李衡同志的性格和规矩：对公家的东西分毫不沾！这也是他品质高洁的写照！

此后由于工作调动频繁，天各一方，我们失去联系。此后又听说他逝世了。今夜月如水，我提笔写这篇回忆录短文，想起"但愿人长久，千里共婵娟"的词句，备感悲痛，情绪如缕。故人已去，但风貌宛在，就像这月光一样的皎洁明静，在我心中是"长久"的，不会逝去的。

姜桦　1988 年 12 月 15 日于西安

注：作者当时是中共陕西省顾问委员会副秘书长。

七、怀念施旸同志

37 年了，时间是过得如此之快，回想我们把您安放在汉江之滨，那块绿草如茵的坪地上，踏着进军号向西南进发的时候，同志们少了一位亲密的战友，我们曾多么难过，大家像失掉了一件随身携带的心爱的东西似的。当我们在山城重庆举杯庆祝胜利的时候，同伴中少了您的欢声笑语，我们是多么惆怅！而当我们重到化龙桥畔去寻找《新华日报》遗址，又会勾起多少对您的回忆？！

施旸同志，您为陕南人民的解放，为人类美好的未来，奉献了您青春的生命（当时，施旸同志只有 27 岁——编者）。在那战火纷飞的年代，在物质条件极端艰苦的条件下，您是那样没日没夜的工作，积劳成疾，您病倒了，躺在床上，还要看稿子。最后，您说您不行了，要大家不要管您，勇往前进。您是这样无私！

施旸同志，您离开我们整整 37 个年头了。同志们每当有什么聚会的时候，总是想起您。您是那样和蔼可亲、平易近人，那样接近群众，特别对比您年轻的同志，您是那样热情的鼓励和帮助他们进步。您瘦削的身影，真像自己吃的是草，而挤给大家的是奶汁。您对人诚恳，谁都愿意和您接近谈心，您满腔热忱，总是把温暖送给别人。施旸同志，您离开我们整整 37 个年头了，但说什么我们也不能把您忘却！

37 年，天覆地翻，还经了多少惊涛骇浪，风云变幻，新中国的航船，又在朝阳中乘风向前。这是您美好的追求，您追求的美好目标，不管经过多少曲折，最终还是要在中国的大地上实现，在您献身的那块土地上实现，今天已是工厂林立，气象万千。那丹江水坝，像万颗明珠日夜发电；第二汽车制造厂，就在您安息的身边。还有那新建的铁路穿越其间，随着工业建设的发展，您的墓茔进行了搬迁，现在把您从我们原来选择的草坪迁到一个较高的地方，那里可以极目远望，您可以看得更远更远。我们正在四处打听您的遗孀，忽然传来喜讯，您还有骨肉遗留在世间。这事您不知道，我们也长久不知道的。这一喜讯使生者欣悦，也使您含笑九泉，这就是您那新婚不久，赓即离别，也就成为永远诀别的爱人给您留下的血脉。然而，这喜讯为何这样的晚，这样的晚？！

羊村

（原载四川省《晚霞报》1986 年 11 月 11 日 4 版）

注：羊村同志原在新华社陕南分社工作，是分社的通联科科长。回四川后，是四川省《晚霞报》的主要负责人。

八、白毛女式的新闻战士——李往

在陕南日报社工作的女同志中，有位名叫李往（原名刘钦瑜）的，同志们称她是一位坚强的战士，她有过白毛女式的生活经历。

1921 年 10 月，李往出生于四川江津永安乡，1942 年，考入重庆北碚复旦大学新闻系。在复旦大学时，同志们都说她身上有股宝贵的"牛劲"，这就是对革命真理的追求。当时，她是新闻系进步同学创办的《新闻晚会》的参加者，又是重庆《新华日报》的热忱而认真的读者，还是《中国学生导报》的成员之一。

1944 年，中共中央南方局号召知识青年到农村去，到解放区去，复旦大学有些同志要到中原解放区去工作，李往同志知道后，坚决要求同往，她说，我是个乡下人，按理应下农村，可我的经历太简单了，到解放区去可以得到更多的考验和锻炼。1945 年 3 月，李往同志和到中原解放区去的同志一起，由重庆东下，来到襄南地委。到襄南后，李往同志被分配到《襄河报》（中共襄南地委的机关报）工作，一个月后，组织上又把她调到《七七报》（是鄂豫边区党委的机关报）去了。那时，多数干部文化水平不高，能把事情的来龙去脉说清楚的稿件很少，为了处理好一篇稿件，她经常带着问题深入调查，直到把问题调查清楚，才改写稿件，她那时对工作一丝不苟的作风，给同志们留下了极好的印象。

1946 年 6 月底，蒋介石调集了数倍于我的兵力围攻中原部队，我中原部队奉命突围，10 月，李往同志随新四军一纵三旅七团突围至房县上龛一带，因妇女病和疟疾，不能随军行动，组织上把她安排在一个叫汪德常的群众家里养病，从此，她就和其他掉队的战士一起，在房县山旯旮里安下身来。为了躲避敌人的搜捕，李往同志先后在扁担沟、黄龙山一带 10 多户农民家里隐蔽过，她每到一家，总是主动下田干活，帮助群众推磨、带孩子、缝补衣服，并利用时机宣传党的主张，她经常对群众说："老乡们，莫看我们眼下困难不少，莫看国民党反动派这么凶恶，只要我们穷人抱成一个团，拧成一股绳，听共产党的话，我们穷人总有一天要当家做主人的。"

当时，李往同志在房县上龛一带住下来，可不是那么简单的，时时处处都得提防国民党反动派的搜捕或土匪的迫害。1947 年 4 月的一天，两个冒称国民党侦探的土匪把她带走，后经老乡帮助，李往同志趁夜深人静的时候，悄悄破窗逃跑，连夜回到黄龙山。1947 年秋天的一个上午，李往正在一个姓贺的老乡家为掉队的战士补衣服，突然来了几个乡丁，不问青红皂白把她押到了乡公所，由国民党县政府一个科长审讯她。经李往同志机智应对，把这位科长的提问搪塞过去了。一天中午，李往趁看守她的人睡午觉时，从后门迅速跑到荆棘丛生的山上，进入了大森林，终于在另一个乡管的杨峪沟躲了起来。为了不连累当地群众，她住进了一个阴森森的山洞里，开始了白毛女的生活。

李往同志自打住在山洞里，吃饭每天靠老乡贺长运给她送，外面的情况靠贺长运给她讲。两人在患难交往中，渐渐产生了儿女感情，1947 年年底，她和贺长运在一个没有鲜花美酒、没有糖果糕点、没有婚礼仪式、也没有一个宾客的特殊洞房——山洞里幸福地结合了。

山洞的日子是难熬的，加上终日与世隔绝，李往同志更是度日如年。1948 年秋，听说解放军已经到 300 里外的均县，李往同志再也待不下去了，就动员贺长运和她一起走。中秋节前，她们离开了扁担沟、黄龙山，躲过重重哨卡，走到均县六区沙沟河，离均县县城只有 70 里了，在这个节骨眼上，李往同志的疟疾病和妇女病又复发了，只好又隐蔽起来。中共均县六区区委成立后，她激动地给区委写信，汇报了自己的情况，并要求参加工作。区委接信后，很快和她见了面，并介绍他们找县委。1949 年 3 月，均县县委书记刘瞻和县长刘康接待了他们，并安排李往在县民教科工作。不久，刘瞻到两郧地委开会，见到在陕南日报社工作的原复旦大学新闻系学生曾岛，谈到李往同志的情况，曾岛同志得知老学友李往同志的下落，就积极向组织反映，把李往同志调到陕南日报社工作，贺长运也被安排在陕南新华书店工作。

李往同志到报社后，担任编辑工作，有时还深入实际采访，工作积极认真负责，经常以老大姐的身份向女青年讲革命来之不易，讲她在房县上龛一带住山洞、向群众宣传革命思想和党的主张的经历，激励青年们奋发向上。特别是李往同志与农民结合的故事，以及她热情耐心教贺长运识字的情景，更让青年女同志们敬佩不已。她为了教贺长运识字，走在马路上，她就教他"马路"二字；进办公室就教他"编辑部"几个字；上街就教他"街道"二字。李往同志在陕南日报社工作仅有半年多时间，她那高尚的思想情操，认真负责的工作态度和团结互助的工作作风，给人们留下了深刻难忘的印象。

1949 年 8 月，李往同志被编入"川干队"，并随同"川干队"一起回到四川重庆了。

数年的山洞生活，本来是李往同志艰苦而光荣的历史。可是，在十年动乱期间，她这段光荣的历史却被黑白颠倒，说成是她的"罪状"，李往同志于 1969 年含冤离开了人世。

党的十一届三中全会以后，李往同志的一生作为，终于得到了历史的公正评价。李往同志离开我们已经 20 多年了，凡是与她有过交往的人，尤其是一些活着的战友，都深深地怀念着她！

邢象超　东兵

九、为求史料真　聆教老报人
——到河南、陕西拜访老报人

我们 1983 年 11 月 17 日由十堰出发，到河南省许昌地区，再到陕西省西安市、商洛地区等地，拜访原郧阳地委第二任地委书记张超，原新华社陕南分社副社长周书，以及曾在《陕南日报》工作过的姜桦、孙木一、李辅卿等同志，并在商洛地区档案馆里发现了在郧阳创刊出版的部分《陕南新闻》和全部《陕南日报》。这次外出访问共 20 多天。

主要收获

1. 要拜访的领导和同志都拜访了，且收到预期的效果。在出访之前，我们曾事先给要拜访的领导和同志写了信，这次拜访时，他们都恰好在家，并都有一定的思想准备。如到河南省许昌地区拜访张超时，他重点对我们整理的《1950 年至 1952 年时期的郧阳报概述（征求意见稿）》，提出了宝贵的修改和充实意见。他在肯定《概述》"反映了当时的真实情况"后说，"当时地委对办报的指导思想，除《概述》里杨锐同志讲的意见外，还因郧阳地方辽阔，人烟很稀，靠各级党组织宣传党的方针政策固然是主要的，但还很不及时、很不够；靠《湖北日报》宣传，可发行量有限，结合当地情况也不够，为了宣传社会改革，动员群众剿匪反霸，土地改革，使党的这些主张能及时地、直接地与群众见面，地委便决定办《郧阳报》。报纸办起来后，就把它作为地委领导们的一个重要工具，关心它，重视它。当时，党政军都很重视它"。接着，张超同志并就地委如何加强报纸的领导问题，以及报纸的报道内容、报纸的作用等问题，谈了许多宝贵的意见。这些意见，对我们补充、修改《概述》稿，具有十分重要的作用。

到西安拜访周书、姜桦、孙木一、李辅卿同志时，他们重点对《陕南日报》的情况进行了回忆。以往，我们认为《鄂陕报》作为《陕南日报》的前身，通过这次访问，我们原来的认识是不够的。因为，《鄂陕周报》是开辟鄂陕根据地的太岳兵团四纵队十二旅办的报纸，属十二旅党委领导。当时，十二旅党委也叫鄂豫陕四地委。1948 年 6 月，陕南区党委成立，鄂豫陕四地委改为两郧地委。这时，党中央从陕北派往四川开辟工作的"川干队"（也叫长江支队）来到两郧地区，并暂时留两郧工作，"川干队"的支队长江震任两郧地委书记，同十二旅党委商量，把《鄂陕周报》改为《鄂陕报》，为两郧地委领导。在"川干队"里，有在重庆办过《新华日报》和在陕北办过《晋绥日报》的同志，还有一些熟练的印刷工人，他们经过没日没夜的辛劳工作，把郧西土门一间房子里存放的铅印设备，经过擦洗、整理、配件，把《鄂陕报》办成了铅印报。《鄂陕报》没办多久，胡宗南部和当地的反动武装，趁我主力部队在外解放襄樊、竹山、房县时，加上地方部队剿匪任务繁重，企图趁机向郧西一带骚扰，有可能波及土门，所以两郧地委决定将《鄂陕报》暂时停刊。

《鄂陕报》停刊后，陕南区党委正在筹办一份报纸，就把《鄂陕报》的人员、工厂全部调到郧阳，办起了《陕南新闻》，作为创办《陕南日报》临时性的报纸。这时办的报纸，已属陕南区党委领导。到1948年11月以后，又成立了新华社陕南分社。这时，报社分管编辑部、工厂和新华书店，负责报纸出纸工作和报纸发行工作；新华社陕南分社负责采访通联工作，并设有电台（分报务组、译电组），两家为一个党支部，在一起办公、一起生活。

在这次访问时，我们还搞清了《鄂陕周报》《鄂陕报》和《陕南新闻》《陕南日报》机构设置情况。《鄂陕周报》是十二旅政治部宣传部干事刘紫池筹办的，他是该报的主要负责人；改为两郧地委办的《鄂陕报》后，社长是"川干队"来的李衡，副社长是刘紫池。李衡同志曾在成都《华西日报》当过总编辑；施旸同志为编辑主任，他是复旦大学新闻系毕业，是党领导的《中国学生导报》编辑负责人之一，之后又在重庆《新华日报》做夜班编辑，到延安后，又在《晋绥日报》工作，他具有办新华日报和解放区报纸的经验（到陕南后，因劳累过度，病故于郧阳）；羊村同志负责采通科工作；耿俊如同志负责经理部工作。《陕南新闻》和《陕南日报》报社社长都由陕南区党委宣传部副部长赵希愚兼任，副社长由李衡同志担任，编辑主任为施旸同志。后来，为了充实加强《陕南日报》的领导工作，又从河南洛阳调来程文津同志，任《陕南日报》第一副社长，负责全社工作；派周书同志任新华社陕南分社副社长（赵希愚同志兼任社长），主管报社和新华社陕南分社党内工作。采通科交给新华社陕南分社，科长仍由羊村同志负责；经理部和工厂仍由耿俊如同志负责。

通过这次访问，我们还对办《陕南日报》的方针、稿件来源、宣传内容、报纸的作用，以及哪些同志在报社工作过等情况，有了进一步了解。

2. 收集到一些较为珍贵的资料。如在我区从未收集到的《陕南新闻》，这次在陕西省商洛地区档案馆里发现40多期报纸（已全部复印）。原来，我们对在郧阳创办的《陕南日报》，到底何时西迁汉中，在郧阳共出多少期报纸等情况都搞不清楚，这次在商洛看到1949年12月16日出版的《陕南日报》，在报眼上刊登一则启事说，"本社奉命由郧阳西迁，《陕南日报》自12月18日起暂行停刊"。由此得知《陕南日报》在1949年12月18日在郧阳停刊的，共出版125期。我们在陕西省档案馆里，还看到了陕南日报在陕西汉中的出版报纸情况和终刊时间。在1951年3月27出版的《陕南日报》报眼上，发了一则启事说："本社是1949年5月1日劳动节在湖北郧阳创刊的，随着全陕南的解放，在1949年12月下旬从郧阳西迁，1950年1月17日在南郑出刊。迁移前和迁移期间曾在初解放的南郑出版过临时性南郑版。……现在，由于陕南区党委和行署已经结束，今后，南郑、安康两地分别出报，本报到本期为止，即宣告停刊。"使我们把《陕南日报》的终刊时间和期刊数都搞清楚了。

在陕西省图书馆里，我们还发现了解放前国民党陆军军官学校第八分校在我区均县草店出版的两期《武当月刊》，一期是民国三十三年11月31日出版的第一卷第三、四期合刊；另一期是民国三十三年12月31日出版的第一卷第五期。

我们这次还收集到张超同志珍藏30多年的三本笔记。在这三本笔记里，记录着张超同志从1948年至1950年在郧阳工作时写的调查材料，不少材料最后已形成了两郧地委指导工作的指导思想，有的已经形成文件下发了。从这些材料里，我们对解放初期郧阳形势和群众思想，以及党在当时的方针政策、工作部署等方面的情况有进一步的了解，使我们受到了党的优良传统和作风的教育。对这些资料，我们觉得它不仅为写报史提供了宝贵史料和依据，而且它也是我们郧阳地区极为珍贵的党史资料。为此，我们征得张超同志的同意，把他保存的笔记借回来，交给地委党史征集办公室，经党史办妥当处理后，又给张超同志寄去。

三点感想

1. 登门拜访老同志，可以激发我们的感情，提高对收集史料、写好史志重要性的认识，增加工作的主动性和责任感。这次拜访的几位老同志，都说我们做的这项工作"是很有意义的事"，"做好这项工作，可以使党的优良传统和艰苦奋斗的作风发扬光大。"这是老一辈革命家对我们的鼓舞和鞭策。在西安拜访周书时，他已是年过八旬的老人了，还向我们表示，一定写一份回忆录寄给我们，并告诉我们说："他老伴自告奋勇帮他写好回忆录呢！"当我们去拜访姜桦同志时，他给我们写的回信还未来得及邮寄。信里说，"我准备好好回忆一下，把我所知道的情况写出来"。后来，他为我们写了多份回忆材料。这些老同志对我们的工作是这样的关怀和支持，我们还有什么理由不尽职尽责地做好写新闻史料这项工作呢！

2. 事先与要去拜访的同志取得联系，使他们在思想上有所准备。最好写出调查问题初稿，交他们审阅，并提出具体要求。这样，在拜访老同志谈情况和问题时可以谈得比较集中，效果较好。这次我们去拜访的几位老同志，都事先去信给他们联系过，并告诉他们我们出访的时间和请他们回忆的主要内容。所以，我们这次拜访的同志都没有外出，谈情况谈得比较集中，抓住重点问题。我们觉得，这种做法还可以用到未顾得去拜访的同志。如原在《鄂陕报》和《陕南新闻》以及新华社陕南分社工作过的羊村同志，接到我们给他去的信后，很快就给我们写回信，并寄了两份十分珍贵的回忆《陕南日报》和《怀念施旸同志》的史料。我们认为，这样做是收集史料既快又好的办法。我们将坚持做下去。

3. 外访要做好充分的准备工作。这一点，是我们从失败的教训里吸取的经验。原来，我们对照相和录音工作都是门外汉，这次出访时，照空相、录空音都出现过。今后，我们一定要努力学会照相和录音方面的技术，熟悉掌握照相机、录音机的器材性能，以便更好地做好报刊史料的收集工作。

周尚原　陆秀山

1983 年 12 月 21 日

十、到安康、汉中、成都、重庆拜访老报人

1986 年 4 月 10 日，我们由十堰出发，先后到陕西安康、汉中，再到四川的成都、重庆，拜访了解放初期在十堰地区办过报纸的老报人。这次出访，历时整整一个月。

拜访了以下老人：

在陕西省安康、汉中地区的有：

王催芝（安康日报社）；

王克全（安康地区五金文化公司）；

黄祖德（安康党史办公室）；

曾羡今（安康地委党校）；

邵子平（安康地区农牧局）；

杨果行（汉中地委党校）；

陈荣华（女、汉中地委党校）；

刘毓曾（女、汉中洋县长青林业局汉中干休所）；

东　兵（女、汉中地区五金交化公司试销门市部）；

陈哲文（汉中师范学院）；

姚宜民（汉中体委）；

胡兴安（汉中洋县长青林业局汉中干休所）；

曾繁勋（汉中地委印刷所）。

另外，还有在汉中日报社工作的一些老同志，他们是：杨纯心、袁因、李铎、李明伦、陈泽龙、赵明启、张梅林、石秀玉（女）。

在四川成都、重庆的有：

羊　村（四川《晚霞报》）；

陈昌涛（国家物资局成都储运站）；

吴丰德（成都龙潭寺四川矿山机械厂）；

吴绍华（成都红星印刷厂青年服务部）；

耿俊如（重庆市物资局）；

李位明（重庆市交通局汽车修理总厂）；

陈如德（重庆市印制二厂）；

曾宪栋（重庆日报社印刷厂）。

这次出访，是我们几年来拜访老报人最多的一次。这些老同志中，有的在陕南时期参加新闻工作最早、时间最长，如杨果行、陈哲文两同志，他们从郧阳刚解放，就参加鄂陕周报社工作，直到《陕南日报》在汉中终刊；有的是新华社陕南分社和《陕南日报》一个部门的负责人，如羊村、耿俊如同志；还有的是编辑、记者、校对、缮写、电台工作的，也有搞后勤工作的。

他们知道的情况多，而且面也广。我们在拜访这些老同志时，有的登门拜访，有的开座谈会，当面聆教。

这次我们能拜访这么多的同志，一要感谢安康日报和汉中日报的领导，他们为我们提供了许多方便条件，如又是派车、派人陪我们，又是召开老报人座谈会，为我们了解更多的史料提供方便；二是感谢老同志们对我们工作的支持，他们像对亲人一样，热情地为我们谈情况，安排我们的吃住，有的还为我们提供了珍贵的史料，许多同志还写了回忆录。

几点主要收获

一、原来搞不清的问题搞清楚了。《鄂陕周报》何时创刊？何时改为《鄂陕报》？《陕南新闻》何时创刊？陕南新华书店是否隶属陕南日报社？这些问题我们原来都不太清楚，通过这次拜访老报人，我们把这些问题都搞清楚了。

1.《鄂陕周报》是 1948 年 3 月 1 日创刊的，不是 2 月 1 日，它停刊于 6 月底。杨果行、陈哲文同志在回忆这个问题时，找出万年历查对时间。杨果行同志是 1948 年阴历正月初二（阳历是 2 月 21 日）由郧阳到郧西上军政大学的。一星期后，由军政大学分到鄂陕周报社工作。杨果行和陈哲文同志都记得正月十五日（阳历是 2 月 24 日）还没出报。他们一致认为："1948 年 3 月 1 日《鄂陕周报》创刊是准确的。"

2.《鄂陕周报》刊头是文印员张玉田写的。

3.《鄂陕报》创刊于 1948 年 7 月 1 日，停刊于 1948 年 9 月底。在四川的一些老同志和汉中的老同志的回忆都是一致的。

4.《陕南新闻》创刊于 1948 年 10 月下旬。大家在回忆时说，《鄂陕报》在郧西土门停刊后，报社就开始往郧阳搬，一些笨重的铅印设备都是靠牲口驮的。经过个把月的筹备工作，10 月底才出版《陕南新闻》，它停刊于 1949 年 4 月 28 日，共出报 84 期。

二、统一了对撰写陕南时期新闻史料的意见。大家认为，把《鄂陕周报》和《鄂陕报》作为一部分写；再把《陕南新闻》和《陕南日报》（包括新华社陕南分社）作为一部分写，是符合当时的历史的。因为《鄂陕周报》和《鄂陕报》，当时是鄂豫陕四地委（由四纵队十二旅党委兼任的）和两郧地委的报纸（鄂豫陕四地委奉上级命令改为两郧地委）。《陕南新闻》是为创办《陕南日报》出的临时性报纸，属陕南区党委的机关报。

三、请老同志审查订正了我们写的《战斗中诞生的〈鄂陕周报〉，发展中壮大的〈鄂陕报〉——记解放后在郧阳创办得最早的报纸（初稿）》。我们出访前，已提前把这份材料寄给一些同志审查。这次，我们又把这份材料的底稿带上，有重点地请一些老同志审查。并请杨果行、陈哲文同志修改定稿。我们出访回来不久，汉中日报社就把杨果行、陈哲文同志修改的稿子寄给我们了。

四、在成都撰写了《〈鄂陕周报〉〈鄂陕报〉工作人员通讯录》和《〈陕南新闻〉〈陕南日报〉以及新华社陕南分社工作人员通讯录》（征求意见稿）。这两份材料，是我们拜访老报人时大家座谈会回忆的。

五、许多老报人答应从不同角度写好回忆录。如成都的羊村同志，打算写对李衡（陕南日报副社长）同志的回忆。重庆耿俊如、李位明、曾宪栋、陈如德同志，早在1984年已写了一份在陕南艰苦创办铅印厂的回忆材料，现在他们准备再认真修改后寄给我们。汉中的陈哲文同志，已是76岁高龄了，他已为我们撰写过一份全面回忆陕南时期在郧阳办报的情况，现在还准备再写一份《报检会》的材料，把当时报纸工作的检查制度和一些老同志办报的认真态度，以及一些同志的好作风写下来。

六、收集到一些珍贵的史料。在汉中，杨果行同志把他从北京收集的原陕南军区司令员刘金轩的大事记借给我们看，对我们系统地了解郧阳解放的全过程，和对我们今后撰写十堰新闻史料有一定的帮助。我们全文做了抄录。在重庆，李位明同志把"川干队"离开郧阳时，30多位同志在病故于郧阳的施旸同志（陕南日报社编辑主任）墓前留的合影让我们翻拍。这是一份十分珍贵的史料。

十一、老报人的怀念与要求

我们这次出访，所拜访的老同志，几乎都谈到病故于郧阳的施旸同志，大家都深切地怀念着他！

施旸同志，中国共产党党员，四川江津人。1948年6月随"川干队"来到陕南，历任《鄂陕报》（两郧地委机关报）、《陕南新闻》《陕南日报》（陕南区党委的机关报）的编辑主任。他在工作中含辛茹苦，积劳成疾，于 1949 年 5 月 11 日病故于郧阳，安葬在报社附近（原郧阳军教馆旁）。施旸同志逝世时，年仅 27 岁。

施旸同志，早在复旦大学新闻系读书时，就曾主编《中国学生导报》，揭露国民党的腐败，鼓励青年团结斗争。1946 年在重庆《新华日报》当编辑；1947 年 2 月，《新华日报》被国民党封闭，他到延安后，又在《晋绥日报》当编辑。1947 年 10 月参加"川干队"。施旸同志来到陕南后，每日伏案工作，经常深夜躺在床上看稿子。他病重后面部已浮肿，他却说他是枕头低了，不是病。他病痛剧发时，用手顶住痛处，咬着牙，趴在床上工作。组织决定让他离职休息，他对报纸仍然非常关心，每当发现某一标题不妥、某一字句排错，莫不及时提出。同志们去医院看望他时，他叫大家少去看他，不要耽误工作。

施旸同志对同志极端热情，许多同志在回忆时说，他在南下途中，本来身体都很虚弱，总是不顾自己，而关心别人。在报社工作时，许多同志不会写稿、改稿，他热情地耐心教大家。他在工作上的严肃性和政治责任心，他虚心钻研政策与业务的进取精神，以及生活朴实、接近群众、团结同志的作风，直到现在，还深深地留在大家的心中。

老报人在怀念施旸同志时，对我们说，现在新华日报史学会四川分会，要把施旸同志的事迹收入新华日报史料里。在成都时，听征集"川干队"史料的同志讲，他们也准备把施旸同志的事迹收入"川干队"史料中。现在四川的同志们，正在收集整理施旸同志的事迹资料。还有的同志告诉我们，像施旸同志一样因积劳成疾回四川后死去的同志，已被追认为烈士（原在陕南日报社印刷厂的浇铸课课长陈善海就被追认为烈士）。现在四川的老同志，正在向有关领导反映，要求追认施旸同志为烈士。四川的同志听说施旸同志的坟被迁动了，碑也几乎弄得看不到了，心里都很难过。他们说，施旸同志是为解放两郧和陕南献出青春的，他对郧阳人民是有贡献的。他的病，若不是当时条件差，是死不了的。他死时，陕南区党委的领导们和全体报社工作人员，无不悲痛！1947 年 6 月 17 日《陕南日报》在《悼念施旸同志》文章中说："他是一位有成绩的新闻工作者，他的死，是陕南人民新闻事业的损失，也是革命的损失！"老同志们请我们转告郧阳地委和郧县县委领导，希望能对施旸同志的坟墓加以保护，并重新修复一下。这样活着的同志心里会好受些！老同志们的要求，也是我们郧阳新闻工作者的要求！深切盼望郧阳地委和郧县县委有关领导，予以重视和解决。

郧阳报社新闻志编辑室

周尚原、徐志

1986 年 5 月 30 日

第十三章　报人纪事（下篇）

一、杨锐同志回忆创办《郧阳报》的情况

1983 年 4 月 23 日晚和 24 日上午，我们到黄石市老干部干休所，拜访了 20 世纪年代初郧阳第一任地委书记杨锐。

23 日下午 5 点多，《黄石日报》黄治文同志陪同我们，找到了杨书记的住处。当我们走到他门口时，看见他一家人正在吃饭，感到不便进去，正欲退转时，一位刚健的老人出来问我们找谁。我们一看是杨书记，便做了自我介绍，说明来意。

杨书记听说我们是从郧阳来的，热情地邀请我们进屋坐。他把我们带进客室后，就忙着给我们沏茶，梁屈萍同志（杨书记老伴，原郧阳地区妇联秘书）也走进来为我们拿烟拿糖。大家都坐下来后，杨书记说："去年听说你们要来，真的来了。你们是写新闻史的，写史这个工作很重要。我现在休息时，也会不断回想在冀鲁豫的那段工作呢！"接着他又说："办《郧阳报》的详细情况我知道得不多，可当时办报，地委酝酿过、讨论过。你们要我谈些啥，可以提出来。"我们看时间太晚了，给杨书记写了个请他回忆的提纲，请他第二天上午再谈，他同意了。可是，他却不让我们走，向我们询问郧阳现在的生产、建设方面的一些情况，询问一些老同志的情况。尽我们所知，都一一做了回答。9 点时，我们才回到招待所。

24 日上午 8 点多，我们又来到杨书记家里。杨书记开始向我们介绍创办《郧阳报》的情况。他说："郧阳是 1950 年 2 月由陕南划归湖北的。当时地委

给省里联系工作的最大困难是，交通不便，电话不通。"接着他回忆说："当时有些情况要向省里汇报，打电话要通过陕西省或河南省，才能和省里联系上。那时，地委虽有手摇收发报机，但每次用起来效果不是很好，往往收些断头少尾的东西。在这种情况下，地委开始酝酿、讨论要办个小报，以便指导工作，交流经验，来宣传贯彻党的路线、方针和政策。后来，省委同意批准我们办报。在报纸创刊之前，地委对报纸的宣传内容还做过讨论，认为只要不属于保密的东西，都可以通过报纸进行宣传。"谈到这里，杨书记联系当时的实际，讲了报纸的作用。他说，土改时，他在均县（现丹江口市）大土湾总结了那里采用把大型农具、耕牛折价的办法分给贫雇农，做到填坑补缺，群众比较满意的经验。大土湾的经验在地委会上汇报后，地委认为这个经验很好，一面给省委汇报，一面决定在《郧阳报》上发表。大土湾"分果实"的经验很快就在全区推广开了，省里也肯定推广了这一做法。杨书记风趣地说："那时的报纸版面不大，质量也不太高，可是起的作用却不小。每次《郧阳报》一来，我总要先看看。因报上登的东西是地委的指导思想和全区的情况，不看不行啊！"谈到这里，他又说，《郧阳报》当时最大一个特点，是上面抽象高雅的东西登得不多，当地东西登得多，农村基层干部和群众看得懂、听得懂，大家都喜欢它。

杨书记还回忆了报纸当时的印刷和发行情况。他说："报纸刚办起来，发行有困难。如竹山、竹溪、房县的报纸，每次都是县里派人骑马来接的，稿件也是由他们派人送的。以后才交邮局发行。纸张和铅字有困难，地委还派人到汉中找陕南区党委解决。"

杨书记在回忆报社的机构设置时，他记得是董文南、姚时进、狄希亮几个同志在报社负责。他建议我们到河南省许昌去找张超同志，他是地委宣传部部长兼报社社长，直接抓报纸工作，对报社的情况和办报的情况知道得多些。

杨书记在回忆办郧阳报的同时，还谈到他到郧阳和离开郧阳的时间。他说，他是1948年6月由冀鲁豫来郧阳的，和他一起来的还有张超、程健民同志。刚来郧阳是先到郧西县土门，一来就担任两郧专区专员。1950年2月成立郧阳地委时，他担任了郧阳地委书记兼郧阳军分区政委。1952年后半年调离郧阳。

我们看了一下手表，已是 11 点多钟了。我们向杨书记告辞，感谢他对我们工作的支持。杨书记一再留我们吃中午饭，我们再三谢绝。最后杨书记一直把我们送到黄石市干休所大门外。

周尚原、刘振汉整理

1983 年 5 月 6 日

二、在郧阳报社工作的回忆（1950—1952 年）

艰苦创业

1949 年 12 月，我接到上调两郧地委工作的通知（当时我任郧西县委秘书），和我同时接到调动通知的还有当时任郧西土门区委书记倪满和同志（现在新华社总社工作），我们到地委报道后不几天，地委宣传部长张超找我谈话，说，由于形势发展很快，全国解放了，新中国成立了，原来的《陕南日报》（两郧地委原属陕南区党委领导）奉命西进，地委决定办一份报纸。报纸的主要任务：指导工作，宣传党的方针政策，教育人民，打击敌人。负责人有董文南（原地委宣传部副科长）、姚时进（在郧西担任过区长）和我以及从均县调来的黄绍鲁同志。我们四个人的分工是：董文南任副社长，负责全面的工作，姚时进重点负责编辑组的工作，我是采通科的负责人（1952 年 6 月后担任总编辑），黄绍鲁同志重点负责财务和印刷厂的工作。当时报社的干部大约有 20 人，到 1950 年 3 月，由从湖北省文工团调来了 10 位同志，由于文工团来的同志文化水平较高，又能歌善舞，大大活跃了报社的文化生活。

为了建立通讯队伍，使各级党委有思想组织上的准备，地委决定首先出版《两郧新闻》，作为过渡形式。《两郧新闻》系石印小报，八开两版三日刊，每期印 1000 余份。稿件来源是靠抄收新华社播发的电讯，有时也登少量地方重大新闻。当时设备十分简陋，生活条件艰苦，仅有两台石印机，一部手摇发报机和一部收音机。手摇发报机，又是陈旧不堪，每次发报，周瀛和他的助手都弄得汗流浃背；写石印的史子玉、彭柏清，印刷工人冷松龄，记录音的郭汉光同志常常是苦战通宵，饿着肚子睡觉。缺少房屋，办公室、寝室、印刷厂都挤在一起，办不起食堂，就在地委食堂搭伙。

1950 年四五月，着手筹备办铅印的郧阳报，当时仅有的是陕南日报西迁时留下的一部四开印刷机的铁架子，一部分残缺不全的零散五号字，当时我们正为此焦虑时，接到陕南日报社在汉中的来信，答应给一部分五号字，我们听到这个消息后，真是喜出望外，因为我过去担任过陕南日报特约记者，经常写稿和编辑部的同志较熟悉，董文南同志就派我和印刷厂工人王海清去完成这项任务。当时安康、汉中一带刚解放不久，还时有土匪出没，抢劫财物、残害行人，为了预防万一，我还带了支手枪。我们从郧阳坐船到白河，又改走旱路，经过10多天地跋涉，才到达汉中。陕南日报社的同志，热情接待了我们，送给我们两箱五号字。回来时我们搭的汽车，由于道路极坏，车子破旧，又烧的是木炭，每天只能开动200多里，遇到险路还得下来推车，用了一个多月时间，总算把铅字运回来了。可是，标题字、空铅、铅条都缺的很多，在排字时仍有不少的困难，印刷工人就出主意，在郧阳城请来四个木匠，用特制的木片、竹片代替空铅、铅条使用；没有铅线，就买来一些白铁皮自己动手加工。由于机器破旧，开始时又没有电动设备，工人们就轮流用脚踏印报，每期三四千份报纸，一般是头天下午五六点钟装版，到第二天上午12点钟才能印完，这时工人同志们已是汗流浃背，筋疲力尽，但他们总是毫无怨言，战胜种种意想不到的困难，完成了党和组织交给的任务，把党中央的声音，解放海南岛、抗美援朝的辉煌胜利和西藏和平解放等重大新闻，转达到鄂西北城乡大地，大大鼓舞了群众的斗志。时间虽然过了30多年，每当我回忆起这段难忘的经历时，心中总是充满激情，对王海清、周瀛、郭汉光以及编辑部、印刷厂的全体同志的高度政治热情，工人阶级、共青团员的优良品质，团结奋战，克服困难的革命精神，表示由衷的感谢！

与人民同呼吸共感情

从1950年开始，郧阳地区开展了轰轰烈烈的清匪反霸、镇反和土地革命运动，地委和报社编辑部，为了培养一支立场坚定，爱憎分明，与人民同呼吸共感情的编辑记者队伍，在报纸创刊后不久，除留少数人员坚持日常工作外，下决心抽出了三分之二的编、采力量，投入了火热的群众运动，到反霸和土改斗争第一线，和贫下中农实行"三同"。下去的同志都学习了毛主席《论人民民主专政》和有关土改的政策，到基层后接受当地党委和报社编辑部的双重领导，既参加运动，又担负向编辑部写稿，反映情况，发展通讯员的任务。这次下去的共 10 多人，我也是其中之一，派往竹山县。下去的同志，经过一年多到两年的锻炼，大多数表现很好，做到了既能从事实际斗争，又能提笔写文章，喜贫下中农之喜，乐贫下中农之乐，思想感情发生了根本性变化，写出了一批有血有肉、爱憎分明的文章，有的还受到了地委的表扬，有的文章被省报转载。给我印象最深的有《党的好女儿郑学莲》，这是报社派往郧阳县的同志和通讯员一起采访的。郑学莲是一个年轻的共产党员，妇女干部，她的丈夫是民兵队长，一次遭土匪袭击，丈夫带民兵向深山转移，郑学莲不幸被捕，敌人严刑拷打，逼她供出丈夫和民兵转移的地点，郑学莲被土匪打得体无完肤，伤痕累累，仍宁死不屈，不仅未供出一字，而且破口大骂敌人，说他们是兔子尾巴长不了，我死了会有共产党给我报仇。万恶的地主还乡团气急败坏，最后把郑学莲活活烧死了……记者和通讯员含着眼泪，采写了这篇通讯，《郧阳报》发表后，在全区引起了强烈反响，郧阳县文化馆把郑学莲烈士的事迹编成连环画，在郧阳城关到处张贴，郧阳县妇联还号召全县妇女向党的好女儿郑学莲学习，积极参加清匪反霸、土地改革斗争，保卫胜利果实。《竹山县永胜区得胜乡举办地主罪恶展览会》，是另一篇影响较好的报道，这篇报道记述了竹山永胜区得胜乡（我在这个乡担任过土改工作组长）觉悟了的农民，通过大量实物，现身说法，控诉地主阶级的新老罪行。展览会上有恶霸地主毒打农民打断了的扁担；有地主阶级盘剥农民的残酷手段和实物；有谁养活谁，生动的算账对比；有地主阶级为了抵抗土改，分散浮财，收买拉拢贫下中农的衣物钱财等。把地主阶级的新老罪行揭露得淋漓尽致，农民看后深受教育。竹山县委书记李平同志看了这篇报道，听了工作组的汇报，肯定了这种做法，在区委书记会上，要求各地参照仿行。

《郧阳县长岭乡翻身农民喜庆大丰收，上书毛主席，感谢共产党》，这封信表达了分得土地的农民，第一个丰收的喜悦心情，文章感情真挚，语言生动，《郧阳报》发表后，《湖北日报》于同年 10 月（或 11 月）以头版头条位置予以转载。

全党办报形势喜人

《郧阳报》从创刊到终刊（1952 年 11 月和襄阳地委合并，报纸即告终刊），地委自始至终都十分重视加强领导。地委宣传部部长张超同志亲自兼任报社社长，报纸编辑部每一时期的宣传方针，大多经过地委集体讨论，报社主要负责同志经常列席地委工作会议。地委书记杨锐，宣传部长张超，专员刘露洗，军分区司令员梁厉生，都亲自给报纸写文章，发现了好的典型，就面告或打电话给报社编辑部组织力量采访。报纸的重要社论，大多经过地委领导同志审阅、修改。地委很重视运用报纸开展批评与自我批评，监督干部转变作风，发扬全心全意为人民服务的正气，打击各种邪气，为此还专门发过几个文件。记得有这样一件生动事例。1951年秋房县青峰区群众联名写信给郧阳报社，揭发青峰区仓库主任对农民野蛮无理，并私自扣押群众的严重事件，报纸发表后，当事人久拖不理，专员刘露洗就亲自给房县董县长写信（在报纸上公开发表），要求他立即派人查明情况，严肃处理。董县长很快照办了，违法者受到了惩处，事情得到了圆满解决，干部和群众从中受到了深刻的教育。

由于地委的重视，措施得力，出现了全党办报的喜人形势，报纸在党内外群众中具有较高的威信。郧西县委书记赵修（后任郧阳地委组织部长），郧阳县委书记董华生，竹山县委书记李平，都多次在区委书记会上号召并具体组织为报纸撰稿，运用报纸，指导工作，教育干部和群众。有相当一部分县区委的领导同志，担任了报纸的特约通讯员，有些同志原来文化理论水平不高，担任报社通讯员后，白天深入基层调查研究，夜晚在煤油灯下提笔给报社写文章。这样一来，报纸也就成了提高干部文化、理论水平的一所特殊学校。

《郧阳报》坚持了大众化、地方化、通俗化的办报方针。当时郧阳地区解放不久，经济、文化比较落后，编辑部根据地委指示，坚持从实际出发，文字要浅显易懂，选用农民健康的语言，使粗识字的看得懂，不识字的听得懂，把报纸办得生动活泼，为农民喜闻乐见。对新华社的消息，除重大新闻，一般都要经过改写，并设了《时事漫谈》《天下大事》《国际简讯》等多种专栏，受到了读者的好评。报纸编辑部很重视组织群众开展读报活动，全区读报组最多时发展到800多个，其中办得好的有300多个。1951年下半年，副社长董文南同志在中南报刊工作会上，就报纸的大众化、地方化、通俗化以及开展读报活动工作做了专题发言，引起了到会同志的重视。

在郧阳报社工作的三年，是我深受教益的三年。党组织的关怀，领导和战友的帮助，群众的养育，都使我终生难忘。另一方面，由于报纸创刊不久，采编人员（特别是我自己）政治、理论、文化和业务水平还不能适应形势的要求，因而报纸上某些言论、文章质量还不高；由于我们工作的疏忽，还出现了一些差错；加之主观客观条件限制，报纸的印刷质量还不高。这些缺点、错误，至今思之，仍引以为憾。

狄希亮

三、关于《郧阳报》创刊初期几个问题的回忆

建立读报组与开展读报活动问题

　　《郧阳报》一创刊，就很重视在群众中开展读报活动，先后建立了一批相对固定和不固定的读报组（《郧阳报》1950 年 7 月 1 日创刊，8 月 1 日，郧阳地委宣传部就发出了《关于在全区普遍建立读报组的通知》——编者）。这是从当时当地的实际情况出发，也是符合群众要求的。一是由于旧社会统治阶级的残酷剥削压迫，百分之八九十的农民读不起书，都是文盲，当时又没有广播，报纸发下去后，往往在乡、村政府睡大觉。另一方面，群众又迫切要求了解党的方针、政策，因此，只有请乡村教师或粗通文字的基层干部来担任读报员，向群众宣传党的政策。为此，报社请示地委后，编辑部专门成立了通讯读报组，协助各级党组织，领导这一工作。在群众中开展读报活动，得到各方面的大力支持，读报组由点到面迅速的展开，到 1951 年 8 月底，全区各地已建立读报组 2528 个。当时《郧阳报》的办报方针，很强调通俗化，使识字的看得懂，不识字的听得懂，因而能较充分的发挥党报的作用，受到了广大群众的欢迎。其中一些读报组还和编辑部取得了联系，把他们对读报的反应、意见，以及他们那里的好人好事写给报社，使编辑部和群众之间互通情报，心心相印。

关于报纸的通讯队伍问题

　　《郧阳报》创刊时，从原来的《陕南日报》接收了一批通讯员，我们及时与他们取得了联系，但是数量不多，还不能适应报纸的要求。这时，从地委书记杨锐，到宣传部长张超（兼报社社长）、分区司令员梁厉生，都很重视报纸的通讯报道，他们不仅在会上讲，而且亲自给报社写文章、题词。各县县

委书记，如郧西县县委书记赵修，郧县县委书记董华生、竹山县县委书记李平，都亲自在区委书记、区长会上布置通讯报道工作，强调把工作和写稿结合起来，运用报纸这个强有力的武器推动工作。报社编辑部也经常把各县来稿及用稿情况向各县县委书记、宣传部长通报。那时的区委书记、区长，大多文化程度不高，但他们工作很深入，掌握很多生动材料，只是提笔写稿感到困难。报社编辑部组织通讯队伍，就把重点放在他们身上。每次听了他们的汇报，就同他们一起分析研究，去粗取精，写成稿件。有时采取合作形式，把口头汇报记录加以整理，经过编辑、记者修改，然后见报。这样一来，就打破了写作神秘论，使他们尝到了写稿的甜头，感到给报社写稿，既可以提高文化水平，又可以提高思想政治水平。当时在郧西担任区委书记的崔明全、葛景炎、孙龙章等同志，就是这样培养了写稿兴趣，他们陆续走上了县委领导岗位后，仍然坚持工作、写稿两不误。

关于在报纸上开展批评与自我批评问题

创办《郧阳报》时，郧阳地委就明确提示，党报要有战斗性，要大力表彰先进，宣传清匪反霸和恢复发展生产中的英雄模范人物，同时要重视各种脱离群众的不良倾向，对如官僚主义、命令主义、违法乱纪等行为开展批评和斗争。1950年中共中央发表了《关于在报纸上开展批评与自我批评》的决定，编辑部进行了认真的学习和贯彻。报纸上的批评稿件绝大部分得到地委、县委和有关部门的支持，因而收到了积极的效果。

当时，报社编辑部和郧阳军分区、地区工会、农会、妇联、监委等有关部门关系很密切，经常配合，协同作战。如报纸上有关剿匪、民兵联防、劳武结合等报道，主要依靠军分区政治部宣传科供稿。地区工会办事处主任王健平、农会主任葛景炎、妇联主任赵海云、秘书梁屈萍，都担任报社通讯员，经常提供表扬、批评的稿件和线索，在他（她）们的影响下，这些部门的工作人员，也经常给报纸写稿，表扬先进，批评形形色色的不良倾向，以此教育干部和群众，收到了较好的效果。

关于报社的体制问题

郧阳报编辑部开始成立时，设了编辑组、采通组。采通组重点是组织通讯报道（当时所有记者都在采通组），负责第一道工序；编辑组负责对稿件编辑加工。这在创刊初期，由于通讯报道工作较薄弱，做这样分工也是必要的。但经过了大半年以后，矛盾就暴露出来了，主要是采、编有些脱节，不利于通讯队伍的培养、提高，编辑组没有自己的机动记者，也感到工作有些被动。于是，1950 年年底开始，实行了采、编合一，谁处理稿件，谁负责给通讯员复信，另外抽出几个同志专门成立通讯读报组，专管报纸的群众工作（当时还出了一个不定期的《通讯与读报》刊物），直到 1952 年 11 月《郧阳报》第一次终刊。

从当时的实际情况出发，把报道重点放在农村是对的，但对城镇报道有所忽视，稿件数量少，质量也不太高。再就是少数报道出现失实，这些教训也应记取，引以为戒。

狄希亮　1987 年 7 月于咸宁

四、筹办创刊时郧阳报社印刷厂的情况

1950 年 5 月 1 日，我从陕西汉中陕南日报社回到郧阳筹办报社印刷厂。当时只有《陕南日报》西迁汉中时给郧阳留的一部四开铅印机，实际是一个铁架子，零件缺得很多，只好到郧县机械厂现配零件。

没有铅字，陕南区党委答应支援郧阳一副五号宋字。报社派狄希亮同志和我带上地委写的介绍信，步行到汉中去取铅字。我们是从 5 月 5 日从郧阳出发，来回用了个把月时间才把铅字运回来。取回的这副铅字很不全，尤其是标题字、空铅、铅条都没有。为了力争在 7 月 1 日出版《郧阳报》，我们就向董文南副社长建议，从郧阳城关镇请四个篾匠和木匠师傅，由篾匠师傅加工竹片子代替铅条；木匠师傅用梨木刨成木条，然后按照空铅大小的需要，做成代空铅。缺标题字，又请了六位刻字师傅日夜不停地赶着刻，晚上没有电灯，就点上汽灯赶着刻字。

印刷机缺的零件配齐了，可是印刷机胶辊用的原料买不到，只好用当地的牛皮胶代替。用牛皮胶做的胶辊，印到晚上 10 点钟就软了，印不成报了。在这种情况下，我们只好用打版的刷子刷上油墨印。我印，冷松龄同志刷油墨，胳膊碰得流血还在印。起初，四五千份报纸，从头天晚上 6 点钟装版，

一直印到第二天上午 12 点钟才能印完，一小时最多印 800 多份报纸。

筹办工厂时，开始只有我和冷松涛，李福亭三个人，后来从陕南日报社回来的有李杰、徐志、陈保亨、肖安成、金万祥。

我们艰苦创业办报的情况，省里知道以后，给我们拨了 1 亿元（相当于现在的 1 万元）添置设备，买的机器还没运回来，郧阳就和襄阳合并了，新的机器都给襄阳报社了。

王海清

代笔人　周尚原

1983 年 6 月 17 日

注：王海清是《郧阳报》创刊时期机印车间负责人。

五、郧阳报复刊前后的日子

1965 年 8 月襄阳、郧阳分开，当时确定《襄阳报》在郧阳设记者站，两地委合用一份报纸，《襄阳报》加出一个郧阳版。襄阳报社确定我到郧阳，并由我挑选一名记者一起去。吴德胜同志是襄阳报社比较有些名气的记者，又和地委领导比较熟，家又是郧阳的，这对开展工作有利。我向领导建议后，领导找他谈话，他愿意同我一起来郧阳。

9 月底，我和吴德胜同志乘坐一辆给郧阳地委送小麦的货车，带上我们的办公桌、床铺行李从襄阳出发了。到老河口遇到涨大水，渡船停渡，便在老河口住了一夜。次日仍是大雨滂沱，只好勉强渡河。"天上下雨地下滑，汽车慢得像牛爬"，第二天晚上又在十堰住了一晚（当时是郧县的一个小镇），直到第三天才到郧县城。

实践证明，两个地委合用一份报纸，有诸多不便。于是，郧阳地委决定复刊《郧阳报》。地委把复刊《郧阳报》的消息在县委书记会上一公布，县委书记们异口同声，表示赞成，并说要人给人，调谁都不讲价钱。地委要我和吴德胜负责筹划并提选调人员名单。我在《襄阳报》是做群众工作的，对各县有写作能力的人比较熟，于是我提了孔翔翎、黄宏福、王兴华、屈伸、徐泉源、刘家瑞同志；吴德胜提了雷向元、刘明栋。地委又推荐了胡继南、周尚原同志，并派来地委宣传科长彭作师，调来竹山县委宣传部长朱志彩同志任副社长（是省里下的文件）。地委通知朱志彩、彭作师、刘正安、吴德胜、王兴华五人组成编委会。我任群众工作组组长，吴德胜、王兴华任编辑组副组长。编辑部机构设置、出版顺序、栏目开设、版面安排，都照搬了襄阳报的。复刊初期人手少，一个人当几个人用。如周尚原同志，一个人搞校对，兼编通讯刊物的编辑（一月一期）；孔翔翎同志，除了每天晚上坚持收新华社记录稿外，每期还兼编半版时事；刘家瑞同志除登记稿件外，还办《情况反映》（"内参"）。

1966 年 3 月 1 日《郧阳报》复刊，我代地委起草了复刊决定，刊登在复刊号上。《郧阳报》复刊时，刊头是鲁迅体，1979 年 5 月，国务院副总理王仁重来郧阳视察工作，应邀为报纸题写刊头。复刊的开办费，地委给了 1 万元，主要用于添置照相机、收音机、办公用具、订报章杂志、购置图书、桌椅床铺等。办公室除了社长外，都是集体办公，只有一部电话。人员工资、办公经费、报纸补贴、每年财政给拨 3 万元。报社添置任何东西都要向财政局写报告，夏夜办公蚊虫多，窗户上加一层窗纱，多次报告才获准。报社没有食堂，在地委机关搭伙，经常下班晚了，买不到可口的饭菜，加夜班吃夜餐更不方便。

报纸印刷是由郧县印刷厂代印。县印刷厂设备落后，没有铸字机、照相制版机，照片、插图都到《襄阳报》《湖北日报》制版，花费大，成本高，时间还不能保证。办报自己没有印刷厂，很不方便。当时报纸还要给地委送大样，排好的版面经常变动，变动版面就涉及印刷费用，时间一长，费的口舌就多，矛盾就大。于是决定自己办印刷厂。由于二汽在十堰建厂，地委决定迁十堰，报社也要随迁到十堰，建印刷厂更是顺理成章的事。我们给省里写报告，造了 17 万元建印刷厂的计划，省里全照数批了。

我们到十堰选了厂址，厂址既不能离地委机关太近，近了人多嘈杂，远了工作又不方便。来十堰建厂由吴德胜同志负责（后来朱志彩同志也来了），他们住在群众家里，有的住在牛圈里，当时搞基建很困难，除了要钱外，砖瓦灰沙石、钢材、木材都要自己采购，自己找汽车运回来，木材还要到产地去买。招待司机自己掏钱，公家不报销。红砖买不到，就组织工人烧。建房需要多少砖，事先要做计划再搬运，多了浪费砖，少了浪费工时，整个印刷厂、编辑部从选址到建成投产共花了 11 个月时间。工地木渣、短木头，都要捡回来，后来做成小桌子又卖给职工，工地起伙烧的木渣还要付钱，真是寸木不丢——谁敢大手大脚花钱！？几年后，报社会计清基建账，发现整个工程只用了 70 吨水泥，怀疑搞错了，经——核实，确实未错。原来，当时除墙脚粉刷用点水泥外，地坪都是用石灰渣捶的，利用废料做了 120 多个独凳。当时不准盖楼房，平房一律土坯墙、布瓦，住房每平方米的造价仅 50 多元。

一边建厂一边招收新工人，在郧县印刷厂培训。新工人招来了没有床铺睡觉，每人发两块包装纸的纸板子铺到地上睡。襄阳报支援了几个技术工人，一部对开印刷机，一部四开印刷机，一部切纸刀，一部铸字炉。郧县印刷厂又支援了一批老技术工人，工厂很快投产了。整个报社建成投产仅投资 28 万元（包括厂房和机器设备）。到 1970 年下半年，除实现以厂养报外，还向国家交了 1 万多元的利润。地委书记王文波同志，在地直负责人会议上表扬了报社。

复刊初期，丹江口还未向十堰供电，也没水厂，报社自己发电、自己抽水，保证了生产、生活的必需。

复刊初期，报纸发行量一再突破发行指标，造成纸张紧张，报社不得不出面为纸厂要煤要碱，以求纸厂供应纸张。

开始来十堰，生活不方便，买菜、买粮、买日用品、买柴都要到十堰老街上买，报社在三堰，离十堰老街约 3 公里。特别是烧柴，有时还买不到（山民卖柴不定时）。买回来的柴，自己锯，自己劈。当时正值"文化大革命"，有的人打趣说："上班在单位搞'斗、批、改'，节假日在家里搞逗（逗孩子）劈（劈柴火）改（改善生活）。"有的人因嫌十堰生活不便，户口迁到十堰后又转走了。可谁知几年后，想来十堰又来不了，后悔莫及。

弹指一挥间。现在报社已发生了翻天覆地的变化，但回忆一下当年复刊时的艰苦奋斗精神，还是有好处的。"长江后浪催前浪，一代新人胜旧人"，但愿《十堰日报》永远走在时代的前列！

刘正安

六、永远难忘为消灭报纸差错的人们

从《郧阳报》创刊到复刊，我做过较长时间的校对工作。现在，同志们还开玩笑喊我"老校长"哩。我搞校对时，见报差错率比较低。回顾起来，除有责任心外，就是有一些热心消灭差错的人们。

党的报纸，是党和政府的喉舌，也是人民的喉舌。她的每句话，每个字，甚至每个标点符号，都应当对党和人民高度负责。当时，从社领导到全社的同志们，都认真地把"消灭差错"当作一件事情来办。从社领导来说，他们遵照毛主席的教导，每当"报上有了错字，就把全报社的人员集合起来，不讲别的，专讲这一件事，讲清楚错误的情况，总结发生错误的原因以及消灭错误的办法，要大家认真注意。"他们不仅讲，而且动员群众千方百计消灭错字，对已经见报的差错，坚决在报上更正；对严重的差错，还要责成有关人员做检查，找原因，订出消灭错字的办法，甚至在报上作公开检讨。同志们为了消灭错字，响亮提出："消灭一个错字，等于消灭一个敌人""人人把关，环环把关，错字不出报社大门"。搞校对、排字的同志，提出"错字要消灭在自己手里，不能留给别人"等口号，并且注意落实到自己的实际工作中。

从编辑部来说，当时要求记者、编辑写稿、改稿都要字迹清楚、工整，不写别字和不规范的字；引用名人名言，要查原著，不准错字、漏字；杂乱不清的稿子，都要重抄后再发排字房。不少同志为此默默无闻地做着大量的工作，他们细心、工整的改写稿件；引用名人名言不仅注意查原著，而且注明出处；不清楚的稿子，就重新抄写一道。早在20世纪50年代初，总编室还有缮写员，她叫瞿德玉（女），工作认真、细心，字也写得工整，凡是总编审改的稿子，她都缮写一遍。由她缮写的稿子，排字工人都说好排，很少出差错。当时，还有两位编辑，一位叫洪季涛，一位叫宋麟先，他们都是党的地下工作者，工作认真负责，写字工整清楚，工人们都喜欢排他们改的稿子。复刊后，也有不少工作认真细心的同志，如孔翔翎、雷向元等同志，他们改的稿子都很清晰，字也工整。多年来，正是有这些责任心强的编辑、记者们想工人所想，做大量细心的工作，给排字工人带来了方便，使排字减少了不必要的差错。

再从排字工人来说，当时，负责排报的同志，都是责任心强、技术过硬的同志，尤其是拼版的同志都是车间的主要负责人。创刊初期，如詹家钰、周顺兴、金万祥等同志，每排完一篇稿子，往往连一个错字、漏字都没有，特别是詹家钰同志排的稿子，差错率超不过万分之一。当时工人们为了以实际行动支援抗美援朝，响亮提出："消灭一个错字，就是消灭一个美国鬼子。"复刊后，排字车间也有少数技术过硬、责任心强的同志，如计孝仁、赵玉欣、王松权、叶克西、彭希学、虞星等，他们排字的差错都很低。这些同志，在排稿过程中，发现原稿有错，不是照原稿排，而是主动把明显的差错改掉；对拿不准的错，就找校对同志鉴别（当时校对同志经常和工人一起排字或改清样），然后改过来。他们对公开见报或未公开见报的差错，从不埋怨校对同志，总是先从自己思想上、工作上找原因，在每周工作例会上，检查自己责任心不强，没有把差错堵住，而且找出差错原因，制定今后杜绝差错的办法。并做到每排完一期报纸，他们都注意检查自己的字架子，及时把上错、还错的字调整过来，以免下次再错。拼版、改版的同志，在清样时，总是把改动的地方认真查对，从不马虎。正因为有这样一些严格把关的同志，公开见报差错率很低，甚至没有差错。他们这种为党为人民负责的主人翁精神永远值得学习！

另外，全社上下还有许多自觉热心堵差错的同志。创刊时，洪季涛同志在每期报纸清样后，他都要把每个版的清样认真再校一遍，曾堵过不少差错。复刊后，肖大同同志就是全社有名的自愿堵差错者。他是个打版师傅，他总要先把清样看一遍，发现有差错，及时改过后再打版；他在打版前堵的差错，谁也说不清有多少。印刷工人马文清、张明礼等一些同志，在印报的过程中，喜欢当第一读者，发现差错后，就立即停机，找有关负责人反映，直到把差错改掉后才开印，他们不怕改错延长印报的时间影响自己的休息。最让我难忘的是刻字师傅焦大泽，他为了提高改错工效，还自己设计，制造了一部冲版机，能很快把铅版上的错字冲掉，把正确的字安上。不论在制版时或印报时谁发现了差错，不管是中午或是夜晚，不管是炎夏还是寒冬，只要一喊他，他就随叫随到，总是认认真真、一丝不苟地把错字改过来。手弄脏了，脸黑了，衣裳上糊了油墨，他从没怨言，总说这是他应该做的。焦大泽同志这种无私奉献、对工作认真负责的精神，值得我们永远怀念！终身学习！

为了不让错字出报社大门，对错误严重的，不惜经济损失，全部停发重印。对一些能补救的，总是千方百计想办法补救。遇到这种情况，全社上上下下，从领导到一般同志，人人踊跃参加改错，并想出许多改错的办法。如有的用笔改，有的开"橡皮机"（同志们在手掌上蘸上油墨，或拿块蘸油墨的橡胶，用正确的字蘸油墨把错字盖上），细心地把错字改过来。这充分体现了全社职工团结一致、齐心协力办好党报的精神。

还有一点需要提及的，就是和我一起搞过校对工作的陈性云（女）、徐泉源、秦秀兰（女）等同志，他（她）们业务水平高，责任心强，尤其特别让我思念的教我搞校对工作的启蒙老师凌云同志，他那和蔼的态度、严谨的作风、敢于负责的精神，使我懂得搞校对工作责任重大，党报的每句话、每个字，甚至每个标点符号，都应当对党、对人民负责。回顾40年来，我的思想和业务水平，与党和人民的要求还相差得很远。校对工作有点成绩，永远属于热心为消灭差错的人们！

周尚原

七、印刷厂艰苦创业的历程

1965年8月，随着郧阳地区建制的恢复，郧阳地委于1966年1月31日发出《关于复刊〈郧阳报〉的通知》。当时，报社没有印刷厂，委托郧县印刷厂代印《郧阳报》。这时，我在郧县印刷厂负责。

为了印好《郧阳报》，我们请当时郧县县长张志谓到印刷厂做动员报告，教育职工把代印《郧阳报》作为一项光荣的政治任务来完成。全厂同志认识到，印好《郧阳报》是地委和全区人民群众对我们的信任，在思想上和行动上与编辑部的同志亲密无间、通力合作，较好地完成代印《郧阳报》的任务。这期间报社把我借调到郧阳报社筹办印刷厂的工作。

白手起家办厂，一切都是从零开始。

当时，地委对办报办厂十分关怀和重视。没设备、没技工，地委写信向丹江工程局和襄阳地委求援，并派刘正安、雷向元同志和我，带上地委写的信，到丹江工程局和襄阳。我们乘坐长途汽车，先到丹江口，因丹江工程局的印刷设备全部交给三三〇报社，我们就由丹江口到襄阳。在襄阳地委的支持下，襄阳报社无私地支援我们一些设备和技工。王元喜、李世华、李洪志三名印刷和制版工人就是这次调给我们的，同时，还支援我们老式"牛腿式"对开印刷机一部，二号圆盘印刷机一部，电动铸字炉一部，手摇铸字机一部，四开切纸机一部。这就是我们印刷厂筹办之初的全部家当。仅靠这些设备办好报纸是有困难的，地委又从有限的地方财政上，支援我们一部分资金。我记得当时又陆续购置有电动铸字炉一部、四开印刷机两部、二号圆盘印刷机两部、60匹"东方红"发电机组一台，地委还派吴德胜、徐志同志向湖北日报社和省文化局求援，要了一台浇版机和一部分标题字和新闻纸。还有的设备是我们自己动手造出来的。如当时没有烘版机，工人肖文田就做了个烘版机模型，我拿着这个模型到均县（现在的丹江口市）机械厂去求援。这个厂精心为我们制造了烘版机。我们还自己设计、自己制造了装订车间用的账页打眼机和联单打眼机，仿造了打捆机和接书器；打版台是请郧县机械厂铸造的，刨字尾的刨床和刨字在郧县城关镇轴承厂加工的。当印刷设备添置基本就绪后，先从地区水利工程队招收12名青工，后来地区与郧县协商，郧县印刷厂又支援了我们一部分技工和徒工。1967年11月15日报社迁到十堰后，才开始有了自己的印刷厂。

1977年3月，地区领导让我们厂承担印制毛主席语录以及《毛泽东选集》第五卷的光荣任务。从当时的情况看，我们印刷厂的设备和技术力量都很不适应。可是，我们觉得这是上级对我们的信任，也是我们练技术、练思想的极好机会。后来，地区领导又同意我们增加人员，添置设备。趁此机会，我们新购置八部对开印刷机、一部四开印刷机，又招收了一批知识青年学徒工。

当时，新添置的8部对开印刷机，只有一部是自动化的，其他都是靠手工喂纸，很不适应高速度、高质量印制语录与《毛选》五卷的要求。在这种情况下，我们依靠工人群众，发扬艰苦奋斗的精神，靠技术革新提高设备能力。搞印刷机自动化，我们没钻床，在地区行管局找来一根60厘米无缝钢管，用它制成钻杆，做成一台小钻床。仅有这台钻床还不行，很多机器零件需要车床车，我们又向中南金属安装大队求援，搞来一根"工字"钢，用它来做车床面子。那时我们没有汽车，我就和肖文田同志一起，用板车把两百多斤重的"工字"钢拉到大修厂去加工；车床头是请郧县机械厂加工的，车床下座是用水泥浇铸的。就这样七拼八凑，把"土车床"也搞成了。紧靠着两样"土机械"仍然不能完成印刷机的自动化装置任务，机修班的同志就用砂轮、锉刀、钳子，以蚂蚁啃骨头的革命精神，日夜加班，经过紧张地奋战，把几部手工对开印刷机全部改成自动化。与此同时，同志们还用圆盘印刷机改成塑料皮烫金机，自己设计、自己制造了裁纸机，既提高了裁纸工效，每卷桶纸又可多裁 200 多张。由于我们抓技术革新，印刷《毛选》五卷的任务顺利地按时间、保质量完成了。在全省印制《毛选》五卷先进单位代表会上，还为我厂颁发了高质量、高速度奖状，在全省 28 家印制《毛选》五卷的同行中，我厂名列第八名。

回顾 20 多年来我们印刷厂走过的历程，自始至终是靠艰苦创业，靠技术革新进步。现在我们的事业发展了，但艰苦奋斗、靠技术革新进步的传统精神不能丢，在新形势下，这种精神还需要发扬光大！

李耀武

八、艰苦奋斗建厂建社

今年（1990 年，编者注）7 月 1 日，是《郧阳报》创刊 40 周年纪念日，又是报纸复刊后在十堰建厂建社 23 年。

23 年前，报社地处的郑家沟是一个荒凉的地方，前面是乱河滩，后面是荆棘丛生的荒山沟。现在，这里已是厂房、楼房林立，道路宽敞、绿树成荫的报社大院，全社总建筑面积达 15222.16 平方米，成为全区初具规模的新闻中心。

来十堰建厂建社，我是一个自始至终的参加者。从 1967 年 2 月 24 日在这里破土动工，到 1990 年初退休，20 多年来，组织上一直让我搞基础建设工作。报社大大小小的建筑，许多都是领导和同志们的汗水结晶，有的甚至是同志们亲自动手建起来的。大家不怕苦、不怕累、艰苦奋斗、自力更生的精神和动人事迹，至今历历在目，使我终生难忘。

记得 1967 年初，吴德胜同志带我和徐泉源、王佩缜、李德林、欧阳学忠、蔡永刚、蔚启武、葛少松、侯凤山、彭有道、李德有等同志来到十堰筹建报社。当时，没地方住，就住在群众牛圈里；吃饭自己做，吃不到青菜，就吃"大头菜"（咸菜），老房东邵忠平关心我们，有时给我们青菜吃，同志们高兴地说："今天打牙祭啦！"在这样的艰苦条件下，无一人有怨言，而且比着看谁做的事情多。工地开始备料时，每当购回的木料、水泥、白灰、砖瓦、沙石，大家都是争先恐后动手下车，堆放。有时刚下完木料，其他材料又到了，同志们发扬连续作战精神，继续接着搬运。一次下白灰，有的同志脚被蚀起了疱，鼻子被呛得出不来气，谁也不愿意下火线，等把白灰下完，个个成了"白头翁"。工地开工后，用砖量相当大，当时从外地购砖，不仅价格高，运输困难，而且供不应求。工地领导决定走自力更生的道路，就地取土、自己脱坯、自己烧砖。在装窑运土坯时，不少同志肩膀压肿了，手碰破了，脚扭伤了，却无一人躲懒。最艰苦要算烧窑点火了，当时没有鼓风机，窑脚下每个风道一个人，手拿蒲扇扇风助燃。扇风时一刻也不能松劲，一直要坚持扇三个多小时，把煤燃着时，人人熏得泪流满面。据当时统计资料记载，大家自己动手共脱土坯40多万块，烧砖60多万块，为国家节约了资金，缓解了缺砖矛盾，加快了工程的进度。由于搞基建的同志发扬了艰苦奋斗的精神，从基建破土动工，到1967年9月，只花了七个月的时间，建成了办公室、车间和生活用房共106间，总建筑面积达3215.85平方米，投资17.5万元，每平方米造价未超过54元。这些房子虽然都是平房，但是保证了地委当年11月在十堰出报的要求。当时，报社建社的速度快、质量好，曾受到地委领导的称赞和表扬。

1971年报社破天荒要建造一栋三层楼房，建造这栋楼房主要用于办公、安装收讯模写机和单身职工宿舍。当时资金较为紧张，只好自筹资金。为了能及早建成这栋楼房，报社领导动员全体职工发扬自力更生、艰苦奋斗的精神，只请了郧建公司几个技工师傅，从清基、挖脚、上下车、运材料、抬预制板、筛沙、挑泥桶等活路，都是同志们自己干的。在建楼过程中，除每天到工地轮流值班的同志外，同志们还利用早、中、晚和星期天休息时间，领导和同志们都是一样干，重活、脏活领导还抢着干。青年小伙子、姑娘们，更是赛着干。下基础时，有几块"牛石"搬不动，几个"牛劲"小伙子，自告奋勇，硬是把这几块"牛石"搬下基槽。姑娘们也不怕脏、不怕累，肩担、背砖，把砖送上十几米高的脚手架上。这座建筑面积445.4平方米的三层楼房，由于坚持了自己动手、勤俭节约，总共只投资5.5万元。

排字车间原来的建筑面积不够用，标题字架无处放，当时又无钱扩建。排字车间的全体职工，在车间党支部的带领下，齐心协力，自己动手，在炎热酷暑下，挖基运料，不请技工，不投资，硬是建起了128平方米的车间。

在20多年的建厂、建社过程中，不仅在建车间、建办公室和生活住房上发扬了艰苦奋斗、自力更生的精神，而且在其他建设方面，同样发扬了这种精神。如修建人防工程时，从领导到同志，从工人到炊事员，不论男同志还是女同志，不论临时工还是家属工，人人上阵，个个发扬"一不怕苦，二不怕死"的愚公挖山不止的精神，自己打炮眼、放炮，自己出渣运渣，用三年时间，共挖石方 2000 多立方米，出运石渣近 6000 万立方，使用面积近千平方米，可容 800 多人，并在洞里修有车间、办公室、会议室、礼堂、用水池、厕所等设施。经上级人防单位检查、测试合格，多次被省、地、市评为人防建设先进单位，全国人防指挥部还奖锦旗一面。

更感人至深的是 1979 年 11 月修社区水泥路那场战斗。这条路全长 247 米，宽 3.2 米，全社职工齐动手，只用了两天两个晚上的时间，完成土方 350 立方米，铺毛石 192 立方米，混凝土 128 立方米。在修这条水泥路时，老厂长李耀武刚从医院出院，就发扬老八路的光荣传统，和年轻人一起干。炊事班长龚永龙，白天上班，晚上同志们干到啥时他就等到啥时，保证同志们吃热饭、热菜。他这种全心全意为人民服务的精神，永远值得怀念！

多年来，在建厂建社的过程中，不仅在经济形势有困难时，注意发扬艰苦奋斗的精神，就是经济宽裕时，这种精神也没有丢。1986 年，新建胶印车间时，采取了边建设边投产的办法。当第一层地面工程完成三分之二时，就把彩印机搬进去投产，第二层楼继续施工。这一年创产值比 1985 年增长 101 万元，利税增长 7.6 万元。到 1987 年胶印车间竣工时，年产值达到 200 多万元，创利税达 26.3 万元。在兴建胶印车间时，不仅采取边建设、边投产来增加生产，而且还注意节约。如将原设计的钢铁门改为木质门；原设计一、二层都为封闭外走廊，后把第一层的中间隔墙改掉，扩大了安装机器的使用面积 99 平方米。仅这两项，节省资金 1.82 万元。1988 年，兴建 7 层家属楼时，注意少投资，讲实用的原则，共节约资金达 4.63 万元。

回顾 23 年来，建厂建社的历程，使我们深刻认识到，当时靠的是自力更生、艰苦奋斗的精神，今后全社的发展壮大，仍然要继续发扬这种精神。愿自力更生、艰苦奋斗的精神，代代相传，发扬光大！

刘家瑞

九、责任意识团队精神的体现

一

1970年，《郧阳报》编辑部共有干部15人，全年有12人下乡34人次，每人下基层的时间，短的不少于半个月，长的有4个月，再加上调出去搞其他公务的人员，一般只有十一二个人办报。这年的第一季度，报纸是三日刊，从4月1日起改为二日刊，报纸刊期缩短了，用稿量加大了，而采编人员未增加，工作很紧张。到了12月，地委召开学习毛泽东思想积极分子和"四好单位""五好战士"代表大会（简称"两代会"），在11天的会议期间，报纸出版由二日一刊四版改出一日二刊（上午版、下午版）六至八版，工作量一下子增加了三四倍。这且不说，"两代会"是在均县（丹江口）召开的，与编辑部相距一百多公里，路途遥远。当时电话不够畅通，报社又无汽车，给信息沟通、稿件投送和报纸出版带来了极大的不便。在困难复困难的情况下，编辑部一分为二，组成两个班子，一个班子留守编辑部工作，一个班子开赴均县驻会。驻会的班子负责采访消息、策办专栏、整理典型、摄影插画、审稿改稿，做到每项工作、每个环节责任到人，任务到位，一步不错，一丝不苟地确保文字稿件、摄影底片一天两次交长途客车捎给编辑部。留在编辑部的同志按时到车站接稿，按时组版划样，按时发排校对。特别是校对，由平时的一班子增加到三班子，保证通宵达旦不间断。印刷厂也忙碌得不可开交。职工们除了承担日常社会印刷业务外，还要在几天之内为"两代会"印制10万册先进典型材料。加上一日印两期报纸，且套红多，工作量比平时增加了5倍。

面对条件差、时间紧、人员少和任务重、要求高、责任大的情况，全社精心指挥，全力协作，从领导干部到普通员工，牢牢树立"一盘棋"思想，日夜奋战，连续作战，眼睛熬红了，身体消瘦了，没人喊累，没人诉苦。就这样，在"两代会"的11天时间内，我们出版了20期报纸。

二

1976年，省确定全省28家印刷厂为出版《毛泽东选集》第五卷的定点厂，郧阳报社印刷厂是其中之一，这对报社全体职工是极大的鼓舞。

1977年3月，省毛主席著作印制办公室给报社印刷厂正式下达印制《毛选》第五卷10万册的任务。第五卷纸型于3月22日运抵我区。当天下午，在地委的领导下，在地委有关部门的支持下，报社在防空洞会议大厅里召开了职工动员大会，号召大家以饱满的政治热情，以最快的速度，以最好的质量，完成印制任务。

报社职工以实际行动谱写了一曲抢时间、争速度、艰苦奋战的颂歌。按照省里要求，五卷第一批印制任务必须在4月10日前完成，4月15日在全区各新华书店发行。动员大会后，在车间里，在机器旁，劳动竞赛一浪高过一浪。排字车间浇版工人肖大同、刘本洲争分夺秒地化铅、浇版、镀铁，一环紧扣一环，连续奋战14小时，完成了220多块铅版的浇铸、镀铁任务，为机印车间提前开印创造了条件。3月25日，开始装版印刷。机印车间六号机领机、共产党员、副厂长周国正和工人江基鼎一马当先，以超产1.8万印的成绩走在全车间的最前头。这时，三号机领机、共产党员、车间副主任张德禄等人奋起直追，吃饭时也不停车，日夜不下岗，以超产7000印的成绩赶到六号机前面。在战斗的日日夜夜里，何止是六号机与三号机你追我赶，装订车间折页组19位女同志，多是30岁开外，为了按竞赛指标完成好折页任务，有的把孩子送到千里之外的家乡，有的进厂住宿，有的让家里送饭到车间，每天平均工作12小时以上，连续十几天单产日日递增。48万张对开书页，每张要刮折三次，大部分人左手的指关节和拇指尖都磨破出血，让医务人员贴上胶布后继续战斗。

保质保量印制《毛选》第五卷，是一首团结协作的赞歌。抢速固然重要，尤其要保质量，对每一本书、每一页面，都要严把规格关、压力关、墨色关、文字关，都要进行严格的质量检查验收。这项工作单靠几个质检员是无法完成的。面对这一薄弱环节，社领导当机立断，决定动员全体采编人员、行政人员约50人，先接受训练，后投入质检。他们白天坚守岗位，搞好本职工作，夜晚8—12点，星期天全天，全部尽义务投入质量检验。经过18个日日夜夜的努力，4月9日，《毛选》第五卷正式成书；到4月13日，提前96小时完成了第一批印制任务；4月15日，《毛选》第五卷在我区各县市正式发行。又经过一个多月努力，10万册书全部完成。至此，报社的印刷出版工作揭开了新的一页。

周鸿寅

十、弘扬《十堰日报》报风

报风，体现了报纸的风格，报社的风气，报人的风骨。在庆贺报纸创刊60周年之际，应大力倡导弘扬《十堰日报》报风。

我是1971年进入报社的，在报社工作了30多年，亲身经历了风风雨雨，目睹了发展变化，深感报社的今天来之不易。回首往事，总结经验，我感到无论对个人的成长进步，还是对报社事业的发展提升，有一条经验是至关重要的，那就是办好报纸要有一个好的报风。在长期的办报实践中，《十堰日报》逐渐形成了自己的报风，即党性强，作风正，纪律严，业务精。

党性强

我进入报社以后，先当记者，后当编辑。在政治学习和业务学习会上，报社领导人张先迪、周鸿寅、刘正安等经常讲："《郧阳报》(《十堰日报》前身）是党报，姓党，我们办党报要把讲党性放在第一位。"这句话，给我留下了深刻的印象。

讲党性不是一个口号或一句空话，它要求报纸宣传在政治上和党中央保持一致，始终坚持正确的舆论导向。几十年我们一路走来，尽管经历过不同的历史时期，有时道路也不尽平坦，但报纸总是把握大局，围绕地方党委的中心工作，出色地宣传党的路线、方针和政策，深得党委信任和读者好评，使我们感到莫大欣慰。

讲党性，在通常情况下似乎不难，可在某些时候，也不是那么容易。20世纪80年代末，我刚任报社主要负责人不久，就遇到了那场政治风波。一时，从中央到地方，形势不明，舆论转向。在关键时刻，我和报社党委一班人一起，夜以继日地做工作，统一干部职工的思想认识。在郧阳地委坚强领导下，《郧阳报》始终坚持正确的舆论导向，没有发表一篇错误报道和文章，报社干部职工包括家属，没有一人上街游行，为稳定大局做出了贡献，受到地委表彰。

作风正

有了明确的办报方向，还需要一批作风过硬的新闻从业人员。报社历届党委都把采编人员的作风建设放在重要的位置去抓。

20世纪70年代，为了锻炼队伍，报社轮流把一些骨干编辑记者派到农村驻队，一面劳动，一面采访。记得有孔翔翎、黄宏福、袁绍北、宋瑞祥等同志，他们采写的来自农村一线的鲜活新闻很受欢迎。当时，地委还办有"五七干校"，报社把我们送到干校学习锻炼。

随着时代的发展变迁，新闻队伍作风建设的内容和手段也发生了变化。尤其是在新时期，市场经济和社会风气，无时无刻不在影响新闻队伍，如何建设这支队伍，始终保持艰苦奋斗、廉洁自律、严谨细致、奋发有为的作风，是一个新的课题。报社围绕党的建设、作风建设和队伍建设，不断进行探索和实践，取得了很好的成效，逐步培养建设了一支具有良好传统和作风的新闻队伍，使办好一流报纸有了可靠保障。

纪律严

办好党报，还要遵守宣传纪律，这是确保正确的舆论方向，防止出现舆论导向错误和偏差的重要一环。

在长期的办报实践中，我们常讲一个词叫"把关"，特别是总编辑和部室主任这些人，人人负有把关责任。平时，大家头脑里都紧绷一根弦：什么稿件能登，什么稿件不能登；什么稿件可以公开发表，什么稿件只能作内参处理。这些，都要慎而又慎。遇到重大新闻和突发事件，对待热点新闻和焦点新闻，更要保持清醒头脑，处理得当。为了做到万无一失，长期以来报社建立起了包括版面审查制度、重要稿件送审制度、办好内参制度、保密制度等一系列行之有效的规章制度，以确保舆论导向正确无误。

严格遵守宣传纪律，不是对办好报纸的约束，而是使报纸的新闻宣传更准确，更健康，更有力。几十年来，报纸坚持新闻改革，锐意创新，版面不断扩大，内容更贴近实际，贴近生活，贴近百姓，更有可读性、服务性。

业务精

采编人员不仅要有明确的方向，良好的作风，严明的纪律，而且还要精通报纸业务。

实际上，十堰日报社的新闻人员，出自新闻科班的是少数，大部分人和我一样学的是非新闻专业，或者是"半路出家"进入报社的。要想由外行变内行，具备过硬的新闻功底，只能靠勤奋学习，刻苦实践。

为了尽快熟悉报纸采编、出版业务，进入编辑部的人员，都要先从报纸校对干起，然后才能到采编一线上岗。编辑部经常组织采编人员以老带新到基层采访典型，内部不断组织业务学习和评报活动。这些措施，对加强新闻业务建设起到了良好的作用。

进入20世纪90年代以后，报业开始出现竞争。为了提高报纸质量，编辑部持续开展了创好新闻活动。从收集好新闻点子开始，到集体会商，派精兵强将采访，然后精雕细刻修改，每一篇好新闻的产生，无一不是群策群力的结果。在很长一段时间内，《十堰日报》的好新闻在全省、全国好新闻评选中总是名列前茅。争创好新闻活动的开启，提高了采编人员的业务水平，提升了报纸的整体质量，也提高了《十堰日报》的知名度。

郭崇久

十一、我在报社的七年

在报庆60周年的前夕，报社让我写几句话作为纪念。担任社长七年，自己评说自己，难免失于客观。我一直相信"政声人去后，民意闲谈时"这句话，老百姓的口碑是评价一个人的最好尺度。不过，着眼党的报纸事业，想想和报社同人并肩携手、迎风冒雨、同舟共济的日子，谈谈改革过程的艰辛、发展路途的难行，说说工作中的喜怒哀乐、生活里的甜酸苦辣，也是一件有意义的事情。

在七年的时间里，我们立足发展，首先用了一年多的时间，新建了报业大楼，并实现了采编网络化办公。现在看不过是高仅五层、面积4000平方米的小楼一座，没有什么特别之处，但在当时却起到了在内凝聚人心、振奋精神，对外改善形象、引人关注的作用。同时，晚报编辑部从广播电视大楼搬回报业大楼，实现了原郧阳日报社和十堰日报社两个报社的真正合并。

在七年的时间里，我们坚持改革，不断深化改革，每年下半年开始设计第二年的改革方案，年终总结时推出，同时优化组合人员，完善规章制度，明确责任，加强管理，严格奖惩，激发采编人员积极性，报纸质量提高，版面增加。

在七年的时间里，我们调整战略，转换发展思路，突出发展重点，举全社之力做大做强晚报，使晚报广告收入成为报社收入的支柱，晚报成为市民爱看的报纸。

在七年的时间里，我们明确目标，改头换面，重塑形象。多方筹措资金，争取银行贷款，购置彩色印刷设备，使报纸颜色由黑白变成了彩色。

在七年的时间里，我们开放引进，出门学习考察，引进先进经验，结合本地实际，自建发行网络，成功地进行了报纸自办发行，反客为主，变被动为主动，把报纸经营权掌握在自己手里。

在七年的时间里，我们面向市场、盘活资源，开发房地产，实现了资源置换，新建起印刷厂。

在七年的时间里，我们勇于探索，"摸着石头过河"，寻找新的增收渠道，以报纸为平台，整合社会资源，尝试举办模特大赛之类的商业促销活动，在提高报纸知名度的同时，增加广告收入，达到名利双收。

这七年时间，在十堰日报社可以说是历史上发展快、变化大、效益好的七年。从1998年到2005年，广告收入从300多万元增加到2000多万元；固定资产净增1000多万元。

党报姓党，办好党报，要听党的话，当好党的喉舌。《十堰日报》是中共十堰市委机关报。这个名称表明了报纸的性质。因此，任何时候都不能忘记，报纸是党的喉舌，社会主义的宣传阵地。办报人要牢记党的宗旨，积极主动地宣传党的路线、方针、政策，自觉地围绕大局，服务中心，完成宣传任务。

报纸是新闻纸，新闻有它自身的规律。在坚持党性原则的前提下，争分夺秒抢新闻，在第一时间，让市民看到市区发生的新闻，是新时代报人的责任。市民在看到及时、准确的新闻报道的同时，也听到了党的声音，就实现了党报的党性、新闻性和人民性的统一。

报社是事业单位，但原郧阳日报社早在1987年就和财政"断了奶"，一切开支都要靠自己创收。换言之，报社的饭碗是本地自造的"泥巴碗"，随时都有打破的可能。所以，社长的首要职责是，不仅要让"社员"保住饭碗不被打破，而且碗里有饭，还要吃饱吃好，不能"又叫马儿跑，又叫马儿不吃草"。吃饭是为了办报。既要吃饭，又要办报；既要吃好饭，还要办好报。必须在办好报纸的同时，抓好以广告为主的经济创收。这是报社不同于同级行政局级单位和全额拨款事业单位而又少为外人所知的特殊情况。

事在人为，业在人创，路在人走，报社事业发展关键在人才。百步之内，必有芳草。人无完人，金无足赤。报社在自己的职权范围内，可以制定具体政策，激活现有人员，重用已有能干人才，引进外来特殊人才，培养可以造就的人才。

总编要"总"，社长要"统"。总编要"总"，即总揽采访、编辑、广告的全盘，不能重此轻彼，捉襟见肘。社长（书记）要"统"，即统筹全社大局，把报纸采编、广告创收、企业发展、队伍建设诸多环节连接组成一个有机系统，提纲挈领地抓改革、促发展，集中精力解决"钱从哪里来，人往哪里去"的问题。既有全面规划，又有重点安排；既有长远计划，又有眼前打算；既有工作部署，又有落实措施。目标既定，任务已明，就全力攻关，不达目的，誓不罢休。干好事业，领导要勤学习，时刻保持清醒头脑；肯吃苦，时时处处以身作则；能担当，勇于任事，敢于担责；淡名利，埋头干事，让人评说。作为报社社长，必须有政治意识、新闻眼光、经营谋略；不但会干、会说、还要会写。我当总编、社长期间，坚持身体力行，不当甩手掌柜，除主持日常编务，亲自组织策划、参与采写、修改编辑重要系列报道外，经常用笔名发表文章，已汇集成自然小品集《绿色物语》和人生哲学集《度》两本小书出版，作为一个过来人过去在报社工作的过时的纪念。

社长人人可当，只是水平不同。究竟当得如何，留待"社员"评说，不用自己啰唆。

李泽民

十二、抚今追昔诉衷肠

值此宾朋齐聚、群贤毕至共庆《十堰日报》60华诞之际，笔者记下这段文字，权作对报社发展壮大的见证。同时，也算对自己新闻从业生涯的回顾和感悟吧！

一

因为平生酷爱阅读和写作的缘故，加之还有其他原因，已过而立之年的我，于 20 世纪 80 年代初调入了《郧阳报》编辑部（《十堰日报》前身），做了一名编辑记者。光阴荏苒，转瞬已有 26 年。如今，我已由一个当年血气方刚、风华正茂的小伙子变成一个满头华发、年逾花甲的老人了。回首往事，那艰辛、那苦乐相伴、那奋斗的情景历历在目，仿佛就发生在昨天。

当年的郧阳报社，尚称不上十分强盛，社直机关和编辑部采编人员共数十人，一起蜗居在郑家沟一幢四层小楼里，办公条件极其落后。人员最拥挤时，一名老资格的工作人员竟被挤到四楼已废弃的卫生间里办公。那些年月里，冬夏实在忍受不了严寒酷暑时，就烧煤炉取暖，摇蒲扇驱暑。这种常态维持了多年，至今尚清楚地记得，初来上班的第一天，编办人员为我送来一只奇特的文具盒——印刷厂木工用木板钉成的小木匣。编辑编稿离不开纸、笔，先用红色毛笔修改原稿，然后誊正，一遍不行再来一遍。报社印刷厂排字车间里排列着一排排铅字架。工人排报时，要先按编好的稿件在字架上拣选铅字，再按设计好的版样组成一个个的小单元，最后拼接成完整的版面。这个过程，既费时又费力。若遇到重大新闻需要按时出版时，那就要考验编辑人员和排字工人了。记得有一年党中央开全会，报纸要在收讯翌日刊发全会公报。为了完成这一重大政治任务，当时的总编辑郭崇久亲自上阵，带领我们几名编辑加夜班。头天晚上 7 点钟进排字车间，第二天早上完工走出车间一看表已是 8 点，整整连轴转了 13 小时！人早已是晕晕乎乎。

后来，业内有人形容当时报纸编排印刷手段是"编辑离不开纸和笔，印刷靠的是铅与火"，那比喻是再形象不过了。

今非昔比。如今现代化办公大楼早已成为城市主干道上的一道亮丽风景，宽敞的办公间、电脑、空调、电扇等一应俱全。如今报纸的编排、印刷，只需鼠标轻点，高速印刷机转几圈，很快就能一切搞定。

过往艰辛成追忆，辉煌今朝耀人眼。巨大的变化后面，折射出的是祖国改革开放促经济发展的效应，折射出的是《十堰日报》人茹苦含辛，代代接力，奋斗求进的足迹。自豪之余，我想这些也许能让后来人能从中得到若干启迪吧！

二

民间有句俗语说，人过三十不学艺，但我调入报社时业已 36 岁。乍从过去熟悉的岗位上来到崭新的工作环境，一切又要从头学起。压力之大，可想而知。好在，我在这里遇到了一大批资深的新闻前辈，如黄宏福、袁绍北、孔翔翎等。他们亦师亦友，对我耳提面命，谆谆教诲，时时提醒，事事关照，领着我一步步走上新闻采、编的坦途大道。

平心而论，做一个合格的编辑记者委实不易。欲在新闻从业过程中有所建树，尤其不易。

有人说，新闻人其实相当于一个政治家，要有一个敏锐的政治头脑，一切言行要从大局出发，否则就成不了一个好报人；还有人说，报人其实就是一个杂家，所了解的知识不一定太专业、太精深，但对大千世界的各种知识必须均有所涉猎。江泽民同志曾希望新闻从业人员打好几个功底，其中我记忆最深的就是必须具备扎实的政治理论功底，扎实的新闻业务功底。功底不深不精，素质不高，很可能给党的新闻事业带来损失，就会在读者面前闹出笑话，进而影响到党报的公信力。

幸运的是，我有一大批政治、业务功底过硬的老师提点，加之我能不断学习充实自己，我才得到了较快的进步，将所学的东西运用到新闻实践中。如新闻报道不能忘记党的民族宗教政策，党和国家的民族宗教政策要求尊重少数民族的信仰和生活习俗。我在报道过程中就注意体现这一精神。再如，计量法颁布后，市计量管理部门曾派人员上门检查辅导，并要求我们带头在报道中不再使用那些不合规定的计量单位。自此以后，那些市斤、华里、公分等非法定计量单位，在报纸上出现的频率就大大降低。又如，《中华人民共和国宪法》规定，村民委员会是农村最基层的村民自治组织，其负责人是村民委员会的主任，而不是文学作品中尤其是电视剧中屡屡出现的"村长"称谓。在《十堰日报》的新闻报道里，"村长"一词几近销声匿迹。

语言文字功底的提高，要靠学靠悟。这种学和悟，既非一朝一夕之事，更不是单纯地啃书本。我的方法是既向书本学，也向专家学，向前辈学，向同行学，经常保持与同事们的交流沟通。近几年，我发表在本报《编读连线》专栏上的百余篇"咬文嚼字"，目的就是希望与同事们一起切磋技艺，共同探讨提高。

新闻作品的生命在于真实，其影响力在于新鲜，有时代感，其吸引力在于作品的精彩。而这些，都离不开新闻人的功底。回顾 20 余年的从业生涯，虽无轰轰烈烈显赫声名可在人前炫耀，然而正是由于有了领导的指导、同事的帮助，再加上自身的努力这三者的叠加，如今扪心自问，总算不负党和人民的厚望，交出了一份新闻从业者的满意答卷。

张明奎

十三、舒缓心情著华章

30 年前的 9 月 16 日，一个怀着理想和抱负的年轻人，从房县的大山深处来到初见雏形的十堰城区。他的新伙伴用一辆板车从三堰汽车客运站拉着他的一口木箱、两床棉被，来到郧阳报社。自此，30 年过去了，他一屁股坐在这个单位里再也没有动过窝。这个人就是我，迎接我的是同事兰瑞祥。

30 年过去了，我把我的全部热情毫无保留地奉献给了我所钟爱的摄影事业。往事钩沉，几多感慨，顺扬与逆沉，欢乐与淡定，令人不胜唏嘘，却始终无怨无悔。

一路走来，最值得我记忆和骄傲的事，是我主办了《十堰日报》和它的前身《郧阳报》30 年、40 年、50 年、60 年的报庆成就回顾展览。阅览了报社前 30 年的历史变迁，亲历了报社后 30 年的更迭兴荣。时逢报社 60 华诞，不说豪言壮语，说点几次办展览中的人事，以示纪念。

我是以绘画的特长从房县邮电局调到报社任美术编辑的。1980 年 4 月，报社要筹办 30 年成就展，展览的统筹设计任务自然就落到了我的头上。那时的我，少不更事却充满激情，在新闻前辈熊毅、周尚原的带领下，和同时从印刷厂抽调的李福才、叶克西，从编辑部抽调的张开梅、贺桂芝等同事一起，不分白天黑夜地奋战了两个多月，圆满地完成了任务。

那时的条件很差，设计手段也很原始，展板的制作完全靠手工绘制，我和叶克西、李福才一起，一笔一画地描绘，态度极其虔诚。叶克西当时是印刷厂车间副主任，由于抽出来办展览脱离了原岗位，恰逢厂里调工资，他数次要求回去上班我都霸着没放，结果公布调资名单上没有他，至今想起来还心存愧疚。

为确保展出效果，那次展览的图片全部要组织拍摄。记得我去郧县白桑关拍群众读报用报，认识了通讯干事周武，那时的他穿着一件破军棉袄，腰上扎着一条布带子，帮我背着包，黑汗水流地陪着我田边地头跑，令我十分感动，自此结下了深厚的友谊。没承想后来他也调到报社工作，几十年来，只要在一起谈到那次经历，两个人都会从内心泛起一种温暖的情愫。

报社40年展览，我同样担纲美工设计。为了使展览具有超越上次展览的创意，报社动用人脉关系，邀请书画名家为报庆留存墨宝。那时是友情赞助，没有润笔费的概念。我受命专程赴西安请罗国士作画，在大师家里待了十几天，由于是老乡的缘故，自然又多了一份亲近。天天看着大师作画，听他讲儿时家乡的故事，阿姨每天还变着方儿弄好吃的，使我终生难忘。十几天的学习观摩，成为我终生受用的精神财富。

办50年展览时，报社已经告别了铅与火，展览设计全部在电脑上制作。我那时刚学电脑设计没几天，对于电脑软件的运用还很生疏，当时还在建行工作的陶德斌给我推荐了在一家私营印刷厂搞设计的周波，他对于电脑软件、硬件的熟悉程度令我十分惊讶。从此，我们成了忘年交，他到报社工作后，更是成了我的电脑软件运用的老师和电脑硬件维护师，经常半夜三更打电话向他咨询软件运用中的难题，他也从来没有让我失望过。

写下此文时，60年展览还在制作中。我坚信这次展览一定会比前几次展览办得好。因为报社近几年的跨越发展，为我们提供了太多的素材，现任党委为报社未来勾画的蓝图，给我们带来足够的憧憬和自豪。舒缓心情，用一种仰视的角度去复制60年的报社发展史，岂不是我人生过程中值得珍藏的一件大事吗？

赵虹

十四、心怀感恩

今年7月1日，是《十堰日报》创刊60周年纪念日，屈指算来，我在《十堰日报》工作已整整10周年。2000年7月，我告别了洒有我青春汗水的讲坛，义无反顾地成为《十堰日报》麾下的一员。

其实我与《十堰日报》的缘分，还要追溯到20世纪80年代中期。1986

年，那是我大学刚刚毕业的年代，也是我心中有着多姿多彩梦想的年代。业余生活的枯燥，刚步入社会的茫然，迫使我"窝"在7平方米的陋室舞文弄墨。我清楚地记得，那一年的5月12日，我的第一首诗歌《我们要去闯一闯江湖》发表在当时《郧阳日报》（《十堰日报》的前身）的副刊上，别提当时心里有多么激动。仿佛一扇门被命运之手打开，从此，我的诗歌、散文、随笔、评论，不断地在《十堰日报》上露脸，并且从《十堰日报》逐渐走上了《湖北日报》《人民日报》《光明日报》等报刊，成了当地小有名气的诗人、作家。也是因为这个缘故，《十堰日报》向我抛出了"绣球"。

尽管我从事专业教学工作一直比较出色，发表了许多科研论文并出版有专著，30出头已经获得了副教授职称；尽管当年我可以走进《中国三峡工程报》《湖北日报》等我心仪的单位，但我最终还是选择了《十堰日报》。我始终认为，这是一种冥冥中的缘分，这是我生命中一种别无选择的选择。

时光荏苒，不觉间十载春秋已如白驹过隙。在这个特别的日子里，蓦然回首，10年间亲历的那些或浓或淡、亦真亦幻的岁月历历在目，心中充盈着说不出的感动、感激和感慨。我知道，10年已永远成为历史，那些挥之不去的日日夜夜已在我身后定格成一串深深浅浅的足印。

但我仍时时有一种回望的冲动。的确，走进新闻行列，对我这个非科班出身的人来说，是人生的一个大转折，是灵魂的一次大羽化。因为喜欢所以热爱，因为热爱所以执着，因为执着所以无怨无悔。记得刚刚跨入十堰日报大门的时候，我曾在日记的扉页写下了"永远忠于新闻事业"，为自己加油，为踏上新的征程壮行。我也曾放飞想象的翅膀，为自己今后的新闻生涯勾勒蓝图，相信只要付出，就不会被岁月辜负。

10年不寻常，甘苦寸心知。从普通的编辑记者到部主任、编委，从副教授到主任记者，始终怀着一份虔诚和敬畏，从未敢有丝毫的懈怠。记不清多少次奔波在路上，多少次鏖战在采访现场，多少次在灯下苦思冥想。竹山千人大营救、湖北省第十一届运动会、南水北调中线工程开工、第三届世界传统武术节、丹江口库区首批试点移民外迁……我为亲身经历这些大事而自豪，我为作为十堰历史的见证人而骄傲。最难忘的是省十一届运会期间，作为主力记者，除了正常的报道外，我还要写社论和专访，每天还要为特刊写一篇手记，几乎每天都忙到凌晨三四点；最惊险的是2005年十堰抗洪抢险，跟随时任市长的陈天会到重灾区采访，失足摔到山沟里，所幸只受了点皮外伤，后被洪水围困在房县四五天，在路断、通讯断的情况下，克服了难以想象的困难，每天坚持把稿件发回报社；最欣慰的是襄渝二线王家沟隧道抢险，从下午5点坚守在现场，直到第二天凌晨5点被困人员被成功救出，虽然疲惫至极，但心中有说不出的温暖；最幸福的是，一次深入基层、深入群众采访，老百姓的一声"谢谢"，让我热泪涌流……

著名作家列夫·托尔斯泰说过："人生不是一种享乐，而是一桩十分沉重的工作。"从事新闻工作的10年，我对这话有了更深切的感悟。因为我是报人，为了肩上那份职责和心中那份挚爱，上下求索，锲而不舍。10年，数千篇稿件，500多万字，捧在手里沉甸甸的，让我多少有点敝帚自珍的感觉；10年，新闻作品获奖无数，年年被报社评为先进工作者，先后荣获"十堰市十大杰出青年""十堰市十佳学习标兵""十堰市优秀新闻工作者""十堰市优秀共产党员""市政府专项津贴专家""湖北省优秀新闻工作者"等称号；10年，担任过李长春、贺国强、王兆国、俞正声等党和国家领导人到十堰调研的采访任务，得到了领导、专家、同行们的一致肯定和好评；10年，跟随数任市委主要领导采访，撰写的大量评论和新闻稿件，对全市工作起到了一定的指导作用……10年的过程是漫长的，虽然道路并不平坦，很多的时候都在超负荷工作，但我毕竟顺利地走过来了。也许我是微不足道的，但《十堰日报》的每一个亮点有我的一份光芒，人生的意义因之而崇高起来。扪心自问，我可以无愧地说："我没有因为虚度年华而懊悔。"

怀着一颗感恩的心前行。尽管这个社会纷纭繁杂，尽管岁月改变了许多东西，尽管生活中还有那么多的不如意，但我们还是在一步一步走向美好。10年是一个轮回，10年前我说过这句话，10年后我仍然是这句话："永远忠于新闻事业！"

吴社全

十五、传递幸福的闪电

来到报社之前，怎么也想象不出这份职业有多苦；来到报社之后，怎么也想象不出有哪种职业比现在更有趣。"这活有时累得我要死，有时让我烦得要命，但更多的，是让我乐不可支。"这是一位老报人的笑谈。细细一想，它还真说出了很多报人的心里话。

我想，这也许就是一种幸福。有着淡淡的苦，有着丝丝的甜，还有着长长的回味。1994 年，我到竹山县麻家渡奔小康。初春，乍暖还寒时，一大早便有老农在屋后的半山腰上侍弄自家菜地。老农用那磨得锃亮的锄头，将板结的黄土深翻过来，然后再用小锄一点一点把它捣碎。日上三竿，眼前的土地变得像被絮一样软和，一脚踩进去，细土瞬间掩住脚背……累了，老农会坐在田埂边，喜滋滋地看着用自己汗珠滋润过的土地，然后美美地抽上一口土烟，让烟雾随风散去。

说实话，这个场景给我留下了难忘的印记。10 多年过去，因为职业的缘故，我体味了更多的大喜大悲，感受了更多的大情大爱，见识了更多的大江大湖，也懂得了更多的大智大勇，但当年在竹山的那一幕，却永远留在了记忆。

多年以后，当我和报社领导、同事一起，在丹江口市三官殿下着瓢泼大雨的山道上，在全国人大代表辛喜玉初始承包的 600 亩泥泞荒山，在全国扶贫典型熊静驻守的张湾区西沟乡长坪塘村，在全国劳模刘合炳承建的一个个北京标志性建筑前，在全省劳模汤晓红播撒芬芳之爱的传染病医院，在非典特别时期优秀医务工作者张昆荣的导医台前，在南水北调中线工程治地楷模李书华的"长治"工程现场，在全省优秀乡邮员陈伦顺长年穿行的湖汊、孤岛、高山、深谷之间……我深深地感到，山水有情，心盟永系，这些采访对象是那么值得崇敬，尽管他们是普通人，却让我永远心生感激——感激他们让我最终清晰并明白，任何人都有自己的一方地，只有用心耕耘，才能收获。

多年以后，依旧在当年驻队的那个大庙一般空旷房子里，我再次踏上那片土地。再次回望，有一种恍然隔世的感觉。斯人已逝，草木犹香。淡淡月光下，有风吹过，有叶飘过，温存而缠绵。风过处，满地的庄稼像手掌一般满怀祈望地片片张开，盛着荡漾的光影。

走很远的路，也许就是要弄明白为什么极致的美总是让人感怀，就是为了弄明白为什么诗意的人生总是经历岁月的淘饬才能抵达真实的彼岸，然而，答案就藏在一年又一年周而复始的过程中：因为美、成长和付出，是同一个品质。

面对的是读者期待的眼睛，面对的是受众睿智的头脑，面对的是媒介理性的回归，不能让那颗心失望，不能让那方地荒芜——这就是我对自己的要求。也许很简单，做起来却并不容易。

海子有一句很有名的诗：那幸福的闪电告诉我的，我将告诉每一个人。从事新闻工作，其实就是要做这样一个使者，把"那幸福的闪电告诉我的"，传达给每一个心灵——这是我愿意并追求着的。

黄小彦

附录一 十堰报刊事业大事记

1924 年

1924 年后半年，郧县杨献珍等一批青年学生在武昌读书时，曾以旅省同乡会名义创办《郧县旅省学会月刊》。该刊以揭露当时郧县社会时弊为主要内容。该刊为 16 开直排本，用新闻纸印刷，其创刊、停刊时间及出多少期均不详。

1937 年

1937 年 2 月 20 日，由郧（郧县、郧西）均、房、竹（竹山、竹溪）、保（保康）七县旅省学生，在武昌创办《郧县旅省学友励进会季刊》。该刊为 16 开铅印直排文，曾宣称"本三民主义宗旨，革命之精神，研究学术，推广文化，尤其关于故乡之指责，与夫不良分子之攻击，实为本利之使命"。但从该刊发表的文章看，骂共产党为"赤匪"，其主要负责人均为国民党骨干分子。

1938 年

2 月，房县抗战动员会委员会（共产党外围组织）出版发行了《动员日报》（据参与办报的张云冕回忆，叫《抗战日报》，1940 年 11 月 5 日《湖北省新闻检查所月末工作概况》又称该报叫《抗战新闻》——编者），同年 3 月停刊。主要宣传抗日救国。

5月，一位名叫钟叙午的（光化人），在原郧阳老城西关娘娘庙创办了《志城报》（日报）。据《战时鄂北新闻出版事业概况》中说："郧阳方面的《志城日报》，在鄂西北是资格最老的一家地方报纸，内容贫乏，印刷也不良，在今年5月（1939年5月）也停刊了。该报为四开四版铅印。

1942 年

国民党竹山县党部和县民众教育馆合办一份报纸，初为《竹山周刊》，到1944年改为《竹山周报》，系八开石印小报。

1943 年

3月2日，国民党均县县政府以县民众教育馆的名义，创办了《新均县》报，该报为八开石印三日刊，共出200期，于1944年底停刊。该刊最早发行人为李成荫，后为王延锦（均为县民众教育馆馆长）。

9月，国民党郧阳县民众教育馆馆长长江新民，办了一份《新郧日报》，为八开石印小报，每期印500多份，发到全县各乡、保。1948年郧阳解放即停刊。

1944 年

国民党竹溪县县党部创办了《竹溪旬刊》，由县党部书记长冯益三负责。该刊为四开石印，每期印300多份，免费送给县直机关和国民党各区、乡分部，1946年暂时停刊，1948年1月又复刊，直到竹溪县解放。

3月29日，国民党三民主义青年团房县分团，在房县城东街38号创办了《房县青年》报，该报为八开石印，发行人为三青团房县分团干事长宋秉彝。停刊时间不详。

10月底，国民党陆军军官学校第八分校有几位同人，利用业余时间办了一份《正风月刊》，地址设在均县（现丹江口市）老营周府庵。该刊是三五位同人在"兴趣上支撑"办起来的，它是"有一餐米，做一餐饭，既无公款，亦无基金"，总编辑为燕鸣轩（郧县人，该校政治部副主任），《正风月刊》只办三期，于12月停刊。

12月31日，国民党中央陆军军官学校第八分校，在均县（现丹江口市）老营周府庵创办《武当月刊》，16开直排铅印本。该刊为武当月刊社编印，由八分校印刷所印刷，该校合作社及鄂北、豫南各书店代销。《武当月刊》是"以阐述国父遗教，总裁言论，研究军事、政治、学术为宗旨"。该刊起初由校务副主任张泽群为代社长，后由校务主任罗烈兼任社长，副社长由政治部主任、特别党部书记长杨啸伊兼任，总编辑是该校政治部副主任燕鸣轩。

1945 年

国民党行政院新闻局《鄂、川、黔新闻登记册》中，记载国民党郧西县县党部创办过《郧西周报》，负责人是蔡琴书，1945年1月4日登记，证号为9750号。

4月20日，国民党房县县党部创办了《房县旬刊》，警字第10046号，负责人是罗万仁，社址设在房县城南街14号。

10月，国民党均县县党部创办《均县周报》，八开二版石印。发行人为国民党均县县党部书记长张笑玄，出版者是"均县宣传委员会"。

12月，国民党三民主义青年团青年服务社创办了《青年日报》。该报发行人是三青团青年服务社总干事王宏济，社址设在均县老城民族街。该报为正风出版社印刷，系八开二版铅印（每隔三日出一版《新均县》报）。《青年日报》于1946年6月21日在均县停刊，社址迁至老河口。

1946 年

2月10日，国民党均县县政府创办的《新均县》报复刊。该报复刊后，每三天与国民党三青团青年服务社办的《青年日报》合印一版，为铅印。其内容尽是国民党均县县政府发布的政令，别无其他。

8月2日，国民党郧西县县参议会议定"新筹办小型刊物一件，定名为

《郧西三日刊》，借以沟通现实国内外及本县重要之消息，以启迪民智，促进三民主义建国之成功……出刊地点暂定县府"。此项议案是否落实，不详。

1948 年

1 月初，中国人民解放军四纵队十二旅党委，根据形势发展的需要，决定创办《鄂陕周报》，并派十二旅政治部宣传科干事刘紫池为报社负责人。

2 月中旬，成立鄂陕周报社。第一次筹备会议是在郧西县城南关召开的，会议由报社负责人刘紫池同志主持。会后不几天，报社全体人员就到郧西土门镇着手进行筹备事宜。

3 月 1 日，《鄂陕周报》在郧西土门镇出版。该报既是四纵队十二旅党委的报纸，又是鄂豫陕四地委的报纸（因十二旅党委奉四纵队命令兼任鄂豫陕四地委）。《鄂陕周报》是中国共产党在十堰地区创办最早的一份党报，该报为八开二版石印，用油光纸或白土纸单面印刷。主要宣传解放战争形势及宣传建立新政权，党在新区的各项政策。

5 月上旬，筹划报纸改为铅印，到处物色铅印工人。

6 月 11 日，"川干队"（代号"长江支队"），经过三个多月的徒步行军，从陕北到达郧西县，因形势的需要，上级决定"川干队"暂留鄂陕地区工作。在"川干队"里，有抗日战争时期在重庆办过《新华日报》的，也有在晋绥边区办过《晋绥日报》的，他们之中有编辑人员，也有熟练的印刷工人。这些同志分配到鄂陕周报报社后，充实和加强了报社的工作。工人同志们抓紧时间整理铅字和装配机器，为早日改出铅印报纸做准备。

7 月 1 日，《鄂陕周报》更名为《鄂陕报》，为两郧地委的机关报（因鄂豫陕四地委更名为两郧地委——编者），社址设在郧西县土门镇。《鄂陕报》起初为周双刊，后来逐步改为周三刊、周四刊、直到周六刊，四开四版铅印，社长由"川干队"分到报社工作的李衡同志担任，刘紫池同志任副社长。

9 月底，因国民党胡宗南部和地方反动武装向郧西一带骚扰，两郧地委决定将《鄂陕报》暂时停刊。为了适应当时战斗的需要，工人们将印刷机件全部拆除，并进行隐蔽。与此同时，报社部分人员向郧阳集中，留少部分人员在郧西土门坚持工作。留下坚持工作的同志，为了及时把人民解放军在各个战场上取得的重大胜利消息告诉给陕南全区人民，便出了一份油印新闻，它对稳定新区人民情绪，巩固和扩大解放区起到了一定的作用。

10月初，陕南区党委筹划成立陕南新闻社和陕南新华分社，并安排人员把埋藏在郧西土门的印刷机件搬到郧阳城。

11月，陕南区党委为筹备创办《陕南日报》出版了临时性报纸——《陕南新闻》，随后又成立了新华社陕南分社，陕南新闻社和陕南新华分社，社址都设在原郧阳老城"八高"旧址，为一个党支部，住宿办公都在一起。《陕南新闻》为八开二版，创刊初期为石印，随后便改为铅印。新华社陕南分社负责新闻采访、通讯联络以及电台新闻稿件的收发工作。

12月中旬一天傍晚，报社接到上级通知，有一股残匪利用我主力部队转战之时，可能夜间偷袭郧阳城。为此，全社的同志，从领导到炊事员，从编辑、记者到工人，大家全力以赴，拆印刷机，把铅字装箱，然后抬的抬，扛的扛，悄悄地把印刷器材运到汉江边船上，待命出发。接着，一部分同志回报社联络，一部分同志守在船头上。由于陕南军区做好了战斗的准备，敌人终于未敢妄动。第二天一早，敌情解除了，通宵未眠的同志们，不顾熬红了眼、划破了手，又紧张地开始工作，把船上的印刷器材，一件件搬回报社，很快安装好，保证了报纸的正常出版。

1949 年

1月，《陕南新闻》首次建立青年团组织，公开团组织的活动，这对团结教育全社青年职工起到了很好的作用。到7月，全社已有27名团员，约占全社青年职工人数的四分之一。

1月，《陕南新闻》的发行量倍增，因为三大战役以后，人民群众关心局势的发展，学习时事和读报活动越来越活跃。报纸发行面除两郧地区外，安康、商洛一些地区，通过部队和人民群众的转辗传递，《陕南新闻》已经传递到陕西镇巴老区了。

3月17日，陕南区党委发出通知，决定程文津同志为陕南日报社第一副社长，李衡同志任第二副社长兼任总编辑，周书同志为新华社陕南分社副社长。发出通知前，以上同志均已到职工作。

4 月 28 日，《陕南新闻》出版最后一期报纸，它从创刊以来，共出 84 期报纸。

5 月 1 日，陕南区党委的机关报——《陕南日报》创刊。创刊号刊头套红，并以《巩固现有阵地，准备解放全陕南》为题，作为代发刊词。《陕南日报》创刊就是铅印报，它名曰日报，实际在郧阳出版的报纸，均为四开四版二日刊。社址仍设在郧阳老城"八高"旧址。

5 月 11 日凌晨 2 点 45 分，陕南日报社编辑主任施旸同志，因长期积劳成疾，病逝于陕南军区卫生部医疗室。当天上午入殓后，下午 6 点半在报社附近安葬。施旸同志病逝时，年仅 27 岁。《陕南日报》于 5 月 17 日在二版和四版，分别刊登了施旸同志病逝的消息和悼念文章，还刊登了他的遗作——《蓝天底下的誓言》。

7 月上旬，我西进大军攻占了鄂陕要隘——关垭子，陕南区党委和陕南军区，要报社派记者参加随军采访活动。之后，记者就留在部队，成立了新华社陕南分社前线支社。前线支社成立时，由"川干队"的曾岛负责，"川干队"离开郧阳后，由姚宜民同志负责，记者有李辅卿、杨果行、李铎、东兵（女）等同志组成，采访的稿件直接发给报社。

8 月 1 日，陕南日报报费增加，由原来的每月每份中州币 120 元增加为 600 元。每期每份由中州币 8 元增加为 40 元。

8 月，中央电令"川干队"全部集中，陕南区党委决定留在陕南地区工作的"川干队"员于 8 月 24 日到郧阳茅窝集中。这时，在陕南日报社工作的"川干队"同志，陆续离开了报社。

9 月 1 日，《陕南日报》为纪念"九一"记者节，以突出版面和篇幅进行宣传报道。一版头条刊登了《长江日报》社论《关于开展批评和自我批评——"九一"记者节献词》，并转发了华中总分社纪念记者节给各分社、报社的贺电。二版刊登了《陕南日报》为纪念"九一"记者节致通讯员同志的信。四版作为"九一"记者节特辑，全版刊登了新闻业务方面的文章。

9 月 18 日，《陕南日报》为了联系群众，反映广大人民群众的要求，首次在报纸上开辟了"社会服务"专栏，专栏主要刊登群众的正当要求和意见、表扬、批评和建议，以及解答各项工作、群众生活等方面的具体问题。

9 月，中共陕南新华分社陕南日报社联合党支部和共青团支部，发展了一批党员和团员。

9月21日至30日，中国人民政治协商会议第一届全体会议在北京举行。《陕南日报》从政协开幕消息传来起，便把隔日刊四版改为日刊四版或六版，截至10月2日，共出版12期，58个版（其中除11个地方版外，用47个版报道了政协会议）。在此期间，全社同志不分昼夜地工作，从收讯、译电、编、排、校、印，每个环节都很紧凑，用实际行动保证把报纸按时送到读者手中，以表示庆祝全国政协的召开和中华人民共和国的诞生！

10月1日，《陕南日报》头版头条消息的肩题、主题和副题全部套红。主题"选毛泽东为中华人民共和国主席"用五行宋体字排印，十分醒目。这天共出六版报纸。《陕南日报》的发行工作，从10月1日起，除野战部队及郧阳城关各机关、团体、个人订报由报社发行科直接办理外，《陕南日报》首次委托郧县、郧西、房县、竹山、白河、平利、竹溪、商南、商县、洛南、山阳、丹凤等县邮局代办订报手续。这时的《陕南日报》发行3000多份。

10月，当安康解放、汉中临近解放时，报社就着手筹办《陕南日报》南郑版，并派姜桦同志随陕南区党委宣传部副部长、报社社长赵希愚一起，由商南到西安，再到宝鸡，然后入汉中，以待汉中解放后办报。

11月，陕南新华分社和陕南日报社，积极做好西进的准备工作。

12月6日，汉中解放，陕南日报社和陕南新华分社先遣人员，在军管会统一指挥下，接管了国民党在汉中办的《汉中日报》《扫荡报》，并临时出版了《陕南日报》（南郑版）。这时，在郧阳的《陕南日报》，仍然照常出版发行。

12月上中旬，陕南新华社分社和陕南日报社，随同陕南区党委、陕南行署和陕南军区机关，分水、陆两路开始由两郧西进，陆路乘汽车，因公路桥梁和路面均受到国民党胡宗南部的破坏，只好随行随修，直到12月底才赶到汉中。水路乘船，逆水行舟，船速较慢，直到1950年1月中旬才到汉中。

12月14日，中共两郧地委发出通知，"因陕南日报社及陕南新华社分社即将西迁，地委为了今后新闻报道的便利和交流工作经验，与广泛进行宣传教育等工作，经区党委批准，成立两郧新华支社，创刊临时性的《两郧新闻》报纸"。与此同时，两郧地委宣传部和两郧新华支社相继发出联合通知，通知说："随着形势的发展，汉中业已宣告解放，陕南日报社暨陕南新华社分社即将西迁，两郧新华支社已经成立，创刊临时性的《两郧新闻》报纸，并逐步改造与扩大，以达到党和广大人民群众联系的目的，希望各级机关、部队、团体宣教部门、新旧通讯员同志，除继续与陕南新华分社保持密切联系，选择典型材料与综合报道及中心工作总结报告材料等有全面指导意义，而不为时间所限制，稿件是一稿二投（分社、支社各送一份）外，一般性的零星报道与有时间性的新闻，以后须经常送交支社分别采用，除支社直接与通讯员同志取得联系外，尚望多加帮助督促是荷！"

12月18日，随着全陕南的解放，《陕南日报》在郧阳暂时休刊，陕南日报社即从郧阳西迁汉中。《陕南日报》从创刊到休刊，在郧阳共出版报纸125期。

12月25日，两郧新华支社和两郧新闻社联合给全区通讯员发出了公开信，动员通讯员参加报纸工作。公开信告诉通讯员同志，"两郧新华支社已奉命成立，并决定与1950年元旦创刊《两郧新闻》报"。

1950 年

1月1日，《两郧新闻》公开出版发行。《两郧新闻》系石印小报，八开两版三日刊。社址在郧阳老城原郧阳地委群团的院子里。《两郧新闻》的刊头是两郧地委宣传部部长张超题写的，负责人是两郧地委宣传部宣传科副科长董文南。

3月10日，因两郧地委划归湖北，两郧地委更名为郧阳地委。两郧新华支社和《两郧新闻》同时撤销和停刊。开始着手筹办《郧阳报》。

3月，从湖北省文工团调来十几位同志到报社工作，这些同志到报社后，因他们有一定的文化水平，又善歌舞，大大活跃了报社的文化生活。

5月，在筹备出版《郧阳报》期间，先用油印的办法，出了一份《新闻通讯》，主要是转载新华社播发的消息。《新闻通讯》每星期出两期，之后改为每天出一期，每期约印200份，发到全区各县县直机关。

5月，陕南日报从汉中来信，答应支援郧阳报社一部分五号宋体铅字。报社派狄希亮、王海清两同志到汉中，经一个多月艰辛跋涉，顺利地把铅字运回郧阳。

5月25日，中共郧阳地委宣传部发出了"关于迅速开展通讯报道及报纸发行工作的通知"。通知中强调了五点：一、省委批准我区办报，报纸即将出刊；二、各县委、区委一方面迅速恢复与加强原有通讯组织，一方面建立新的通讯组织；三、各级党委必须善于使用报纸，去推动工作；四、报纸所发出的采访报道提示，为目前工作中极为注意向党向人民的汇报内容；五、要求郧阳报发行到村及初级小学，部队发行到连队。报纸本身，则应极力朝着"群众化、通俗化、地方化"的方向努力。

7月1日，《郧阳报》公开出版发行，它是中共郧阳地委的机关报，也是郧阳专区农民自己的报纸。创刊时为八开两版三日刊，铅印。社址开始设在原郧阳老城金家巷，到1951年下半年迁至原郧阳老城西大街。郧阳地委宣传部长张超兼任报社社长，董文南同志任副社长兼编辑主任。

《郧阳报》创刊号全期用红颜色印刷。在创刊号上，地委、军分区主要领导都为报纸题了词。地委书记杨锐的题词是"开展批评与自我批评，加强党和人民群众的联系"。专员刘露洗的题词为"反映和指导群众的社会改革与生产运动，建设新郧阳"。军分区司令员梁厉生的题词是"消灭匪霸，发动群众，完成土改，建设新郧阳分区"。

7月，根据新闻总署"关于改进报纸工作的决定"，郧阳报社实行编辑、采访、通讯联络合一的组织形式，统称为编辑部。

7月4日、7日，地委、专署、军分区以及党、政、军、群等部门领导又相继为《郧阳报》题词。地委宣传部部长张超的题词是"老老实实，把报纸办到大众化、地方化、通俗化"。

郧阳军分区副政委黄文仲的题词是："介绍模范经验和典型人物，发挥和组织一切力量，进行祖国的建设事业。"

10月1日，庆祝中华人民共和国成立一周年时，报社青年职工组织腰鼓队参加庆祝活动，受到社会上的好评。

12月15日，《郧阳报》刊登启事说："根据当前形势和工作发展的需要，经上级批准，决定从1951年1月1日起，《郧阳报》由原来的八开三日刊改为八开隔日刊。"

1951 年

1月1日，在《郧阳报》上公布了《本报通讯员工作条例》,《条例》对通讯员应享受的权利和应尽的义务做了具体规定。

3月22日，《郧阳报》创刊一百期，全社除举行百期纪念活动外，还在报纸上组织了百期纪念专版。地委书记杨锐为百期纪念题了词。题词是"各种工作通过报纸的宣传组织，已起到显著的作用，抗美援朝，土地改革，镇压反革命，给敌人以沉重的打击，给群众斗争勇气以有力的鼓舞；恢复与发展生产上，提高了劳动热情，开展了批评与自我批评，树立了正气，打击了邪风。但这些作用还不够强，今后仍须大力贯彻，使党的主张和政策传播到每个角落，变为群众的行动，进一步密切党和群众的关系"。郧阳军分区司令员梁厉生的题词是"郧阳人民的喉舌"。

5月8日至16日。湖北省召开新闻工作会议。会议着重解决了报纸今后如何进一步，加强地方化、群众化问题，使到会同志明确了面向群众办报的方针。报社副社长董文南参加了这次会议。

5月22日，《湖北日报》刊登了郧阳报副社长董文南写的《肖公村读报组介绍》。从1951年后半年起，《郧阳报》对读报活动抓得很紧，宣传也很突出。报纸为中心工作服务，就是具体把群众发动起来参加党的建设事业，而组织读报是发动群众的最好方法。

7月8日，地委发出"关于各级党委必须注意报刊发行的通知"。通知说："在大规模经济建设高潮即将到来的时候，在土改以后，农民迫切要求的文化翻身运动将要到来时候，各级党委必须认真重视并注意加强报刊的发行工作。"通知指出：《郧阳报》减少数字竟达发行最高纪录四分之一以上，这种现象各级党委必须立即检查纠正。地委决定《郧阳报》下半年发行一万四千份。只准超过，不准减少。"与此同时，地委宣传部还制定了"关于加强办刊发行工作的决定"和发出"为建立县区发行机构与区村传递站的通知"。

7月，《郧阳报》开展了"大家来参加'组织起来发展农业生产'问题的讨论"。这次讨论，引起地委的重视，地委宣传部为此发出了通知，要求各级党委宣传部门认真领导干部群众参加这个讨论。

7月下旬，中共中央中南局召开报纸工作会议，郧阳报社副社长董文南参加了这次会议。会上，董文南同志就报纸的通俗化问题发了言。

8月1日，地委宣传部发出了"关于在全区普遍建立读报组织的通知"。通知强调："只有广泛建立读报组，才能使报纸和广大群众见面。"

8月22日，中共郧阳地委在报纸上发出了"关于《郧阳报》设立'党的生活'专栏的指示"。指示强调，《郧阳报》《党的生活》栏发表的稿件，全区党员应认真学习。各县、区委并有计划地组织农村支部开展讨论，以提高党员的政治觉悟和思想水平。

10月1日，《郧阳报》为照顾广大农民群众的需求，特决定从即日起，改为四开四版三日刊。其内容比改版前有所增加，如添了《山歌》《快板》《戏剧》《连环画》《农业常识》《农民课本》《农友生活》《问题讨论》等专栏。

10月25日，《郧阳报》从第200期起，由新五号宋体字改为老五号正体字排印。

10月31日，专员刘露洗在报纸上给房县县长写信，要求重视报刊的批评。信中说："《郧阳报》186期发表了你县青峰区仓库主任昝新忠，工作员任传贤对农友野蛮无理、私扣群众等一连串的错误。这是一件很严重的事情，你们必须高度重视。"信里强调："对犯错误者给予应得的处分；并督促犯错误者做出检讨，处分和检讨结果，都应在报上发表。"

11月1日，《郧阳报》的发行工作交邮局办理。

12月2日，郧阳报社发出第一批通讯员证。

1952 年

1月5日，《郧阳报》在一版显著位置刊登了"中共郧阳地委关于贯彻执行中央在报纸上开展批评与自我批评的决定"。为贯彻执行这一决定，报纸上曾开辟了许多小栏目。如《批评建议》《读者呼声》《读者意见》《读者来信》和《进一步开展批评与自我批评》等专栏。

6月，报社机构改革，编辑部设有总编室、农村组、宣传组和通讯读报组，全社设有秘书室。狄希亮同志被任命为总编辑。

9月，湖北省委宣传部在对地方报纸工作检查中，两处对《郧阳报》做了肯定。在讲到报纸要成为指导群众生产、生活学习时，说"《郧阳报》组织讨论，起了大规模教育和联系群众的作用"。在讲到报纸在群众中有一定的威信时，说"《郧阳报》活跃了读报活动，培养与成长了一批人，很多农民由积极分子变成了干部"。

11 月 15 日，因郧阳专区与襄阳专区合并，《郧阳报》即日停刊。《郧阳报》从创刊到停刊共出报 328 期。停刊这天，全社同志在一起合了影。

1953 年

春，湖北日报在郧县设立通讯站，负责原郧阳专区六个县（郧县、郧西、房县、均县、竹山、竹溪）的宣传报道工作。襄阳报也同时在郧县设立记者站，由陈辉明同志负责。

1956 年

7 月 1 日，《郧阳报》（指郧阳县县报）公开出版发行。初为四开四版三日刊，后曾两次改变刊期：第一次是 1958 年 7 月 1 日改为八开两版三日刊；第二次是 1958 年 8 月 11 日又改为四开四版隔日刊。该报为郧阳县县委机关报。它经过三个月筹备才出版的。

8 月 29 日，中共襄阳地委宣传部发出通知，"同意韦希周任郧阳报社（指郧阳县报）副主编"。

11 月 16 日，郧阳县县委文教部发出通知，韦希周任报社副主编；吴光恺任报社编辑部总编辑；编辑有：康邦锋、王同堂、周尚原、曲书英、田永顺、罗德泉。詹家钰任报社秘书；王克明任报社经理部副经理。

1958 年

7 月 1 日，《均县报》公开出版发行，为八开二版三日刊，它是中共均县县委机关报（现在的丹江口市）。该报："以农民和乡、社干部为主要对象的通俗报纸。"

7月22日，中共竹溪县县委向襄阳地委写了"关于《竹溪报》公开发行的请示报告"。

8月2日，中共竹山县县委向襄阳地委写了"为公开发行《竹山报》的请示报告"。

8月15日，中共襄阳地委批复了竹山县委关于公开发行《竹山报》的报告，批复中说："同意原内部发行的《竹山报》改为县委机关报，并从10月1日起，以四开四版三日刊公开对外发行。编辑人员应适当加强，群众工作应当进一步加强，保证报纸质量。"

9月1日，中共汉江丹江口工程委员会机关报——《丹江口报》在丹江口工程工地创刊，初为不定期刊，一期、二期报纸还是油印的。

9月4日，中共竹山县县委发出了"关于公开发行《竹山报》的通知"。

9月5日，中共竹溪县县委向全县各级党的组织发出了"县委关于认真办好《竹溪报》的指示"。

10月1日，《竹山报》《竹溪报》同一天分别在竹山、竹溪公开出版发行。两报均为四开四版三日刊。《竹山报》是从1957年9月25日开始试办的；《竹溪报》是从1958年3月21日开始试办的。

12月1日，中共房县县委机关报——《房县报》公开出版发行，初为四开四版三日刊，后改为八开二版三日刊。该报早在1956年11月就开始试办。

1959 年

3月1日，中共丹江口工程委员会的报纸——《丹江口报》，由原来不定期改为日刊，为四开四版。

4月15日，中共郧西县县委机关报——《郧西报》公开出版发行，八开两版三日刊，铅印。创刊号一版通版标题套红，刊登了县委关于办好县报的工作决定，县委书记孙龙章和县长申富宝分别为报纸写了祝贺文章，县委写作小组也为报纸写了《祝贺郧西报创刊》的文章。

4月19日，经中共汉江丹江口工程委员会批准将《丹江口报》的刊头更名为《丹江口日报》。

8月11日，郧西县县委组织部发出通知，任命马正中为《郧西报》编辑，黄代芳、杜仲孝为记者。

8月22日，均县县委组织部发通知，任命孙华波为《均县报》副主编，刘开太为编辑，潘成祥、蔡世俊、殷华珍为记者。

11月19日，郧西县县委组织部通知"王兴华任郧西报社副主编"。

1960 年

7月17日，"根据上级党委决定，原光化县和均县合并成立丹江县，《均县报》从本日出刊以后，即行停刊"。

8月1日，《丹江报》创刊，为中共丹江县县委机关报，八开二版三日刊。在《丹江报》创刊号上，县委书记郑少波为报纸写了《热爱丹江，建设丹江》的文章，县长梁生峰也为报纸写了祝贺文章。

12月14日，国务院决定，均县、光化两县合并，定名为光化县。《丹江报》随即更名为《光化报》。

12月底，丹江口工程委员会的机关报——《丹江口日报》暂时停刊。

1961 年

1月，中共房县县委机关报——《房县报》停刊。

1月9日，中共竹山县县委机关报——《竹山报》停刊。

1月16日，中共郧西县县委机关报——《郧西报》停刊。

1月17日，中共郧阳县县委机关报——《郧阳报》停刊。

1月24日，中共竹溪县县委机关报——《竹溪报》停刊。

9月1日，"为了适应工地形势的需要和满足广大职工的迫切要求，中共丹江口工程委员会决定，《丹江口报》在9月1日复刊"。复刊后，《丹江口报》是四开四版，每周三期，二、四、六出刊。

1962 年

3月底，中共丹江口工程委员会的机关报——《丹江口报》又一次停刊。

1965 年

8 月，恢复郧阳地区。起初，《襄阳报》在郧阳设记者站，后因各方面工作不方便，地委便酝酿复刊《郧阳报》，并和襄阳地委商定，委托襄阳报社驻郧阳记者站的刘正安、吴德胜两位同志负责复刊《郧阳报》的筹备工作。

恢复郧阳地区后，湖北日报社、湖北广播电台随即分别在郧阳设了记者站。

1966 年

1 月上旬，地委在召开的电话会上，把决定复刊《郧阳报》的意见与各县县委通了气。会上，各县县委一致表示支持，保证调哪个同志给哪个同志，有什么困难帮助解决什么困难。

1 月中旬，地委书记王文波写亲笔信给丹江口工程局负责人任仕舜，请他支援报社一套照相制版机。因办《三三〇报》和原《丹江口报》的照相制版设备已搬到宜昌葛洲坝。于是，报社刘正安和李耀武同志又到襄阳报求援，襄阳报社发扬互助友谊精神，支援郧阳报社一部对开印刷机，一部铸字炉，一部切纸刀，同时还支援了三名技术工人。

1 月下旬，地委授权刘正安、吴德胜二同志提名调编辑人员。当时提了10 名，地委后来又加了 2 名。这些同志都是随调随到。

1 月 31 日，中共郧阳地委正式发出了《关于复刊〈郧阳报〉的决定》。

2 月上旬，郧阳地委、专署拨给报社一万元开办费。

2 月 15 日，郧阳报社编辑部和郧阳专区邮电局联合发出了《关于做好〈郧阳报〉发行和投递工作的通知》。《郧阳报》复刊后即交邮局发行。

2 月 16 日，出版《郧阳报》试刊号，试刊号全文转载了《毛主席的好学生——焦裕禄》长篇通讯。出这期试刊号，是对出版《郧阳报》的筹备工作一次全面检查。

2 月 16 日，报社派刘正安同志到湖北日报社制《郧阳报》刊头，刊头是用鲁迅字体拼的。是当时在郧阳搞"四清"工作的湖北日报副总编辑刘江峰建议的。

3月1日,正式出版发行《郧阳报》。社址设在原郧县老城十字街65号,仅借十几间陈旧古老的民房作为编辑部的办公室和同志们的宿舍。就餐在地委机关食堂。报纸由郧县印刷厂承印。

3月4日,地委批准建立郧阳报社编委会,实行社长领导下的编委负责制。编委会由朱志彩、彭作师、刘正安、吴德胜、王兴华五位同志组成。下设编辑组和群众工作组。当时编辑部只有14个同志,他们是:朱志彩、彭作师、刘正安、吴德胜、王兴华、孔翔翔、黄宏福、周尚原、雷向元、徐泉源、刘明栋、胡继南、刘家瑞、屈申。

3月4日至4月13日,《郧阳报》用五个版面,在"学习焦裕禄,建设新山区"的通栏制题下,陆续报道了全区干部、群众开展向焦裕禄同志学习,建设新山区的活动情况。

4月10日,经地委研究、省委同意,朱志彩同志任郧阳报社副社长。

4月,经地委同意,把郧县印刷厂党支部书记李耀武同志借调到报社,协助印刷厂的筹建工作。李耀武同志曾多次赴均县(现丹江口市),调回一部60匹马力的柴油机(带有35千瓦发电机)和20千瓦电动机,以及其他大、小电机与高压线,还在均县机械厂自制一套打版设备。

5月1日,中共丹江口工程委员会的报纸——《丹江口报》在停刊四年多后又复刊了。

5月9日晚,郧县县长张志谓同志到郧县印刷厂召开干部会议,要求全厂职工对地委办报纸要有正确认识,地委让县印刷厂承印《郧阳报》,是地委、专署和全区人民对印刷厂职工的信任,要求大家一定要保证质量,迅速准确地印刷好《郧阳报》。

6月,郧阳报社购回第一台东方红发电机组,价值1.6万多元。

7月,郧阳报社购置了照相制版机镜头、网版,当时没有机架,工人师傅便自己设计制成木机架,用土法上马的办法解决了报纸制插图、图片的问题。在此之前,报纸的插图、图片、栏题,靠求援于《襄阳报》《湖北日报》和《丹江口报》。

9月,郧阳报社决定到十堰工区(现在的十堰市)建社建厂,先由朱志彩、彭作师、刘正安、吴德胜同志到十堰选点、定点。最后选定在三堰郑家沟,随后,派朱志彩、吴德胜、刘家瑞、徐泉源、王佩缜、欧阳学忠、李德林、余星仁、蔡永刚、蔚启武、葛少松、侯凤山、李德有等同志到十堰兴建编辑部和印刷厂。

1967 年

1 月 12 日，《郧阳报》被群众组织夺权封闭到月底。在此期间，编辑部的同志们用刻蜡版、油印的办法，宣传党中央的声音。

1 月，《丹江口报》被群众组织夺权封闭。

2 月 1 日，由群众组织进驻报社办报，把《郧阳报》改为"《郧阳报》新生号"。报纸刊头由原鲁迅字体改为仿毛主席字体。

3 月 15 日，中国人民解放军湖北省郧阳军分区抓革命促生产办公室接管，主办了《郧阳报》。

3 月，郧阳报社编辑部和印刷厂在十堰工区郑家沟破土动工。

4 月 1 日，《丹江口报》在抓革命促生产办公室扶植下新生了。

4 月 4 日，郧阳报社为筹建自己的印刷厂，第一次招收 13 名工人。

8 月，由抓革命促生产办公室支持的《丹江口报》新生号，被群众组织又一次夺权。

8 月 19 日，由郧阳军分区抓革命促生产办公室主办的《郧阳报》被群众组织夺权，报纸又改为"《郧阳报》新生号"。

9 月底，郧阳报社基建任务基本完成。由于在三堰兴建社、厂的同志们发扬艰苦奋斗、勤俭建社建厂的精神，住牛棚、睡地铺，与建筑工人一起，一身泥、一身水，团结奋战，建成了办公室、车间 39 间，生活用房 67 间，总建筑面积 3215.85 平方米，总投资 17.5 万元。从选点到建成仅用了一年时间。

10 月，在郧阳军分区抓革命促生产办公室的主持下，郧阳报社与郧县印刷厂协商调工人的问题。通过协商，郧县印刷厂同意支援郧阳报社一批技术工人和青工，成为郧阳报社印刷厂的骨干力量。

10 月 25 日，郧阳报社发出"关于启用'郧阳报社印刷厂'印章的公函"。从此，报社有了自己的印刷厂。

11 月 15 日，郧阳报社由郧阳老城迁至十堰三堰郑家沟。

1968 年

1 月 22 日，郧阳报社成立革命委员会。革命委员会由干部代表和群众代表组成（缺军队代表）。朱志彩同志被选为报社革命委员会主任。

3 月 18 日，丹江工程局的报纸——《丹江口报》又一次新生。

3 月 19 日，《郧阳报》在一版发表了《全面落实'三七'指示，迅速复课闹革命》的社论。这篇社论发表后，触动了社会上个别热衷于搞无政府主义的人，他们以批"三一九"社论为由头，再一次进驻报社近三个月之久。

5 月 10 日，郧阳地区革命委员会通知"《郧阳报》新生号"停刊。这次报纸停刊近一年时间（从 1968 年 5 月至 1969 年 2 月 28 日）。

12 月，编辑部除留家看门的同志外，其他同志全部由地区革委会组织宣传队到郧西贯彻八届十二中全会精神，历时近一个月。

1969 年

1 月，军代表进驻郧阳报社。

3 月 1 日，郧阳地区革命委员会发出"复刊《郧阳报》的决定"。从此，《郧阳报》成为郧阳地区革命委员会的机关报。

6 月底，丹江口工程局办的《丹江口报》终刊。

8 月 14 日，驻郧阳报社军代表孙远忠任报社革命委员会主任。

8 月，经湖北省省长张体学批准，郧阳报社首次购进收讯模写机。

10 月 1 日，郧阳报社印刷厂老工人陈保亨，作为郧阳地区国庆 20 周年观礼代表，光荣地到北京出席了国庆 20 周年观礼。

10 月，郧阳报社印刷厂热合机投产。

1970 年

4 月 1 日，《郧阳报》由四开四版三日刊改为四开四版隔日刊。

5 月，郧阳报社成立了民兵连。

7 月 4 日，地区革委会举行大会，欢送地直机关首批插队落户的干部。

郧阳报社革委会主任朱志彩和干部梅佳艺同志，被批准到农村插队落户。

8月，郧阳报社遭受洪水灾害，印刷厂仓库进水，部分新闻纸受潮。

1971 年

1月，郧阳报社第一次动工兴建一栋即可办公，又可住宿的三层楼房，面积445.4平方米，投资5.5万元。此楼1984年前半年改成家属楼。

3月27日，《郧阳报》由"郧阳地区革命委员会机关报"改为"中共郧阳地区委员会机关报"。

4月，经中共郧阳地区委员会机关委员会批准，成立郧阳报社编辑部和印刷厂党支部。

4月30日，由湖北日报社调来的柯亨发同志，动手安装收讯模写机，当天晚上就开始接受新华社播发的庆祝"五一"电讯稿。从此，报社结束了用手抄收记录新闻的历史，使时事新闻更加迅速、准确地与全区人民见面。

4月，郧阳报社第一次在全区各县、林区设记者站，先后选配了驻县、林区记者。

9月1日，《郧阳报》在三版开辟了《山花烂漫》文艺副刊。

1972 年

3月，经地委研究批准，建立中国共产党郧阳地区报社总支委员会。

4月，郧阳报社印刷厂动工兴建战备纸库（以片石为原料）296.1平方米，投资6.5万元，该库于当年11月建成并交付使用。

经地区工会批准，郧阳报社建立了工会组织。

1973 年

1月，军代表撤离地方，报社革委会主任由张先迪同志担任，并兼任中国共产党报社委员会总支书记。

2月21日，《二汽工人》报在十堰地区创刊。

3月，郧阳报社建立了医疗室，职工小伤、小病可随时就医。

6月，由吴德胜、孔翔翔、刘明栋、刘开太等同志一起，分别到襄阳、宜昌、孝感等兄弟报社学习办报经验和报社机构设置等情况。回来向地委汇报后，经批准成立了总编办公室，以及采编一组、二组，进一步健全了编辑部机构。

8月31日，《二汽工人》报更名为《二汽建设报》。

1974 年

8月，郧阳报社编辑部绝大部分同志到大寨、昔阳参观学习。

11月，郧阳军分区授予郧阳报社"大办民兵深挖洞"锦旗一面。

12月，郧阳报社印刷厂机印车间主任周国正，被评为地区农业学大寨先进工作者。

1975 年

3月，郧阳报社动工兴建机印、排字两层楼车间，面积1618.6平方米，投资20万元。1976年5月交付使用。

9月13日，郧阳报社又一次遭受洪水袭击，工厂部分车间和低洼的寝室进了水，使国家和部分职工受了一定的损失。

10月，湖北省革命委员会给郧阳报社颁发了"六市爱国卫生运动先进单位"奖状。

1976 年

5月，郧阳报社建立托儿所，后来逐步扩大为幼儿园，解决了职工幼儿教育后顾之忧。

9月，在毛主席逝世期间，全社职工怀着极其沉痛的心情，搞好本职工作，以实际行动悼念毛主席逝世。在此期间，从领导到炊事员，从干部到工人，大家不分昼夜，人人上阵，从收讯、排版、校对、制版、印刷，环环抢时间，全社上下呈现一派团结战斗，紧张严肃的工作景象。从9月10日到19日，10天出版报纸10期，计92个版，比正常增刊5期，增出报纸72个版。

10月，郧阳报社印刷厂购回胶印机一台，从此，印刷厂开始了胶印生产。

1977 年

1月26日，中共郧阳地委宣传部发出"关于压缩《郧阳报》发行量的通知"。通知说，由于报社用纸供应紧张，《郧阳报》发行量大大超过省出版发行局供应的指标。为了保证报纸的正常发行，决定从3月起，将《郧阳报》现有发行量压缩30%，不再增加新订户。

3月26日下午，地委毛主席著作印制发行工作领导小组，在郧阳报印刷厂隆重举行《毛泽东选集》第五卷授型大会。会上，地委副书记、地委毛主席著作印制发行工作领导小组组长王文波，代表地委向郧阳报社印刷厂授型。报社负责同志，以及各车间、各部门的代表在会上发了言。大家一致表示：一定要以最饱满的政治热情，严肃认真的态度，一丝不苟的革命精神，按时间保质保量地完成印制《毛泽东选集》第五卷的光荣任务。会后，印刷厂职工立即动手，依靠自己技术力量，对四开平台印刷机和对开平台印刷机以及部分圆盘机，进行了改造，搞印刷自动化，减轻工人劳动强度，提高生产效率。

4月9日上午10点，印刷厂承印的《毛泽东选集》第五卷装订成书。并向地委和地委毛主席著作印制发行领导小组报了喜。在印制《毛泽东选集》第五卷期间，全社职工全力以赴，日夜奋战，经过12个昼夜地奋战，全部成书。

7月，湖北省召开印制《毛泽东选集》第五卷先进单位代表会议。会上，郧阳报社印刷厂印制的《毛泽东选集》第五卷荣获高质量、高速度奖。

1978 年

6月，动工兴建容量153立方米水塔，9月交付使用。

6月20日，郧阳报社革委会副主任、总支副书记周鸿寅带领孔翔翔、陈奇、熊毅、白世忠、陈保亨、叶克西、江吉鼎等同志访问了宜昌、恩施两家兄弟报社。回来后，在全社开展了"学习恩施报，学习刘隆茂，搞好革命化，办好《郧阳报》"的活动，对全社的工作、生产起到了一定的促进作用。

7月3日，地委〔78〕43号文件通知，撤销郧阳报社革命委员会，恢复社长负责制。

10月，全国人防领导小组，授予郧阳报社"人防建设先进单位"锦旗一面。

11月，十堰市人防领导小组在郧阳报社举行了人防工程居住测试。省、地、市有关领导，报社、职工，以及附近的机关、学校和群众，共900多人参加这次居住性测试。测试会上，省人防领导同志宣布报社人防工程验收合格。

12月，《郧阳报》对房县粮食生产上《纲要》组织了系列报道。从12月23日到1979年1月11日，在连续六期报纸上，用消息、言论、文章、画刊等形式进行了报道。这次系列报道的所有材料，房县将其汇集成册，印发全县学习。

1979年

1月5日，郧阳报社编辑部召开全体工作人员会议，明确提出了建立岗位责任制的要求，开展了以好文章为主的"十好"竞赛（好文章、好版面、好标题、好形式、好专栏、好典型、好栏题、好版样、好插图、好图片）活动。从此，编辑部每月坚持评报一次，把"十好"落实到人，奖惩兑现。

1月27日，《郧阳报》将三版的《山花烂漫》副刊更名为《武当山》副刊。

6月，国务院副总理王任重在视察郧阳地区时，应原地委书记李海忠的请求，在回京路过郑州时，为《郧阳报》题写了刊头。

7月1日，《郧阳报》启用了国务院副总理王任重题写的刊头。

8月，动工兴建装订车间两层楼，面积1560平方米，投资25万元。1980年10月交付使用。

10月16日，经地委宣传部批准，建立中共郧阳报社委员会。从此，报社建制由原社长负责制改为党委领导下的社长负责制。社内设党委办公室，采编一科，采编二科，群众工作科，行政管理科、计财科。同日，地委同意建立中共郧阳报社印刷厂总支委员会。

10月22日，经地委同意成立郧阳报社党委纪律检查委员会。

10月，动工兴建编辑部四层办公大楼，面积为1350平方米，1980年秋交付使用，编辑部由平房搬到楼房。

12月，编辑部组织专班，对对全区粮食上《纲要》的典型和郧西县粮食上《纲要》组织了系列报道。这次系列报道一直延续到1980年元月。郧西县县委把《郧阳报》上发表的有关消息、言论、文章、通讯汇集成册，印发全县学习。

1980年

3月18日，郧阳报社编委会提出了报纸改革意见，其指导思想是："立足改革，办出特色，党委满意，群众喜阅。"并从四方面进行改革：一是加强经济宣传，突出山区方针；二是抓好典型报道，减少一般宣传；三是提高言论质量，加强群众评论；四是改革报纸版面，刷新版面面目；五是增加社会新闻，吸引读者看报；六是改进报纸文风，力求通俗易懂；七是精心设计版面，做到图文并茂。

3月27日，为筹备《郧阳报》创刊30周年纪念，成立了筹备领导小组，副总编吴德胜任组长。抽周尚原、李福才、叶克西、张开梅，贺桂芝、赵虹等同志具体筹办创刊30周年的展览工作。

4月21日，原湖北省副省长林少南给郧阳报社写信，对《郧阳报》准备刊登原湖北省省长张体学的故事《一个"特别的现场会"》初稿，提出修改意见。该文刊等在1980年4月29日《郧阳报》三版。

5月1日，全区试办第一份县报——《郧县报》试刊。郧阳报社派袁绍北、黄宏福同志帮助试办三期。

5月16日，郧阳报社党委书记刘正安同志，带领黄宏福、雷向元、咎大群、彭希学等同志，访问了《合肥报》《南京日报》《解放日报》市郊版、《文汇报》《盐阜大众报》《苏州报》《杭州日报》七家兄弟报社，学习了他们的办报经验。访问回来后，在全社开展了学习，对推动《郧阳报》的新闻改革起到了促进作用。

5月26日，郧阳报编辑部为了改进报纸工作，由群众工作科负责打印一份内部刊物——《群众评报》，不定期出刊，随时把读者对报纸的意见打印出来，帮助编辑改进工作。《群众评报》对编辑部年终总结工作也起到了一定的作用。

7月1日，郧阳报社全体职工隆重聚会，热烈祝贺《郧阳报》创刊30周年。地委、行署负责同志王萍、李才、崔明全、陈玉文、刘树立、雷学彬、王启珠、李至昌，省委宣传部新闻出版处负责同志，地直部、办、委，十堰二汽有关部门和《二汽建设报》《郧县报》的负责同志和代表，各县、林区通讯干事和部分公社通讯干事以及曾在报社工作过的老同志代表，参加了庆祝大会。江苏《盐阜大众报》发来了贺电。会上，报社党委书记刘正安汇报了《郧阳报》创刊30年来的工作。地委副书记王萍、李才，地委宣传部部长雷学彬在会上讲了话。会后，地委、行署领导及与会来宾参观了郧阳报创刊30周年展览。

8月1日，中共郧县县委机关报——《郧县报》正式复刊并公开发行。该报为四开四版周刊。

8月13日，地委组织部、地委宣传部第二次发出了"关于配备《郧阳报》常驻记者站的通知"。先后又在各县、林区配备了一名常驻记者。

9月11日至17日，在湖北省地、县报纸协作会上，《郧阳报》有六篇新闻作品分别被评为全省一、二等获奖作品。一等是：《刘员外露富》和《穷山沟变富，单身汉成双》；二等是：《"凤凰"飞进社员家》《县委书记带头只生一胎》《夫妻捕鱼走江河》和《一家人办起了缝纫组》。其中，《穷山沟变富，单身汉成双》被收入《湖北省获奖新闻选》。在这次协作会上，郧阳报社代表介绍了到《合肥报》《南京日报》等七家报社学习的过程和体会。

9月底，为了进一步办好《郧阳报》，在报纸上刊登了《请读者评论〈郧阳报〉的公开信》，要求读者对办好《郧阳报》提出建议和希望。

10月，襄阳报社副总编陈世寿到郧阳报社传经送宝。

11月，四川省甘孜报社张书记一行二人来郧阳报社传经送宝。

1981 年

1月，中共郧县县委机关报——《郧县报》由四开四版周刊改为四开四版五日刊。

4月2日，《陕西农民报》总编辑张光向郧阳报编辑部全体人员，介绍了办农民报的经验，为改进郧阳报工作提供了有益的经验。郧阳报社社长和副总编等，热情接待了张光一行。

5月21日，《郧阳报》不惜版面，采用各种新闻手段，报道了竹溪县水坪公社梧叶子沟大队社员何秀英、顾明贵、王冉忠为抢救落水儿童英勇献身的事迹。这次报道，在全区引起了强烈的反映。

6月10日，《湖北日报》副总编张应先来到郧阳报社，就坚持四项基本原则的宣传问题，向编辑人员讲了一些意见。

8月，郧阳报社副社长吴德胜出席了湖北省新闻工作者学会、记者协会，被选为"两会"理事。

10月19日，地委宣传部部长雷学彬，针对报社的情况，就领导班子、报纸工作、印刷生产、加强机关思想政治工作等问题，讲了一些应加强改进的意见。并对"编辑部是吃印刷厂的"错误议论提出了批评。

11月，郧阳报社首次兴建的五层宿舍楼动工，面积1170平方米，投资13.5万元，于1983年10月竣工。经党委研究决定，这栋楼全部分给了印刷厂职工住。

1982 年

1月1日，著名哲学家、中共中央党校原顾问杨献珍给郧阳报社编辑部寄赠彩色精制贺年片，祝家乡人民在社会主义建设中取得更大成就。

2月，湖北省人民政府给郧阳报社颁发了"计划生育先进单位"奖状。

4月25日，全省新闻志第二次会议在武昌饭店举行。郧阳报社党委书记刘正安以及李耀武、周尚原三人参加了这次会议。

5月12日，《人民日报》老新闻工作者向村，在参加湖北省第四次地、县报协作会后，来到郧阳报社，就"小报小办"问题与编辑人员进行了座谈。

5月13日，为落实新闻志第二次工作会议精神，报社党委书记刘正安，带领宋瑞祥、周尚原、彭希学一行四人，到宜昌、武汉、咸宁等地拜访了《郧阳报》创刊时期的老报人。这次拜访的老报人有：姚时进、狄希亮、董文南。除与他们分别座谈了《郧阳报》创刊时期的情况外，还请他们写回忆文章。

5月21日，《人民日报》著名女记者陈柏生，到郧阳报社向编辑人员传授采访经验。

5月21日，《郧阳报》在头版头条发表了《耿耿丹心》的通讯，宣传了郧西县福利院院长、女共产党员王太炳一心一意办好福利院的事迹后，接着又在报纸上开辟了《学习先进，争创先进》的专栏，连续报道了全区各地学习王太炳事迹的活动，推动了全区精神文明建设。

6月4日，由郧阳报社社长苗学久带队，到宜昌、襄阳、沙市、荆州、谷城等地印刷厂学习企业经营管理经验。

6月18日，四川日报社的曾祥惠、金笙两位老报人来到郧阳报社，由副社长、副总编吴德胜陪同与部分编辑人员进行了座谈。

6月，郧阳报社印刷厂为第二汽车制造厂承印了《东风产品介绍》。该产品是报社印刷厂建厂以来第一次生产的新产品。其产品、质量受到用户好评。

7月13日，郧阳报社对故意造成延误出报的责任事故者，做出了"关于对7月3日《郧阳报》未能及时发出有关责任者的处理意见"的决定，并通报全社，以教育职工加强责任心。

8月15日，原中共十堰市委决定成立十堰报社。

8月17日，宜昌报社、西陵报社（宜昌市报），派傅义等四位同志，来郧阳报社交流新闻志工作经验，由周尚原同志介绍了收集整理新闻史料的情况，副总编孔翔翎参加了座谈。

9月1日至15日，郧阳报社全体干部职工，用十二大精神宣传党的十二大重要文件和重要新闻。半月时间共出版《郧阳报》12期，46个版，比正常出版增刊四期，增加14个版，增印报纸48463份。做到抢收讯、抢发排、抢印刷，使十二大重要新闻第二天见报，和广大读者见面。

10月，《新闻战线》第十期在《地市县报园地》栏目里，刊登了中共郧阳报社委员会的文章，题目是《热情关心采编人员》。

11月,地委书记王萍,地委秘书长金元荣,同郧阳报社主要负责同志研究如何报道好山区,在"山"字上做文章,并拟定了《要得富,山上下功夫》等11个题目。《郧阳报》就这些题目发表了11篇社论,对促进山区生产的发展,起到了一定的作用。

12月2日,郧阳报社邀请参加全区农业技术推广工作会议的农技干部16人,就《郧阳报》农村科技宣传问题进行了座谈,与会同志提出了许多宝贵意见。

12月9日,黑龙江省新闻研究所副所长高赓和《四川日报》新闻研究所所长李策来到郧阳报社,就新闻的定义、新闻的价值和新闻体制改革等有关新闻理论问题,与全体编辑人员进行了座谈。副社长、副总编吴德胜,副总编孔翔翎、郭崇久热情接待了高赓、李策同志。

1983 年

1月,湖北省地市报纸协作会在宜昌召开。郧阳报社副总编孔翔翔参加了这次会议。

2月21日至4月2日,郧阳报社党委书记刘正安和周尚原同志,到全区各县调查了解解放前各县办报纸的情况。回报社后,写了《关于郧阳地区各县报史的调查报告》(此报告被收入《湖北省新闻史料汇编》1985年总第七辑)。

3月11日,地委书记王萍、地委宣传部部长李名权,在地委常委会议室听取了郧阳报社党委书记刘正安,副社长、副总编吴德胜关于1982年报纸工作情况的汇报。王萍同志对今后如何办好《郧阳报》做了重要指示。

4月19日,湖北省新闻志第三次工作会议在省军区招待所召开。郧阳报社党委书记刘正安和群众工作科副科长周尚原参加了会议。刘正安同志在会上介绍了经验。

4月24日,郧阳报社应江苏《盐阜大众报》之邀,派副社长、副总编吴德胜和采编二科副科长袁绍北到盐城市参加了该报创刊35周年纪念庆典。会后,访问了《苏州报》《杭州日报》《浙江日报》《经济生活》《福建日报》,学习了兄弟报纸改革的经验,制定了郧阳报改革的初步方案,并开展了新闻职称的改革。

5月25日，中宣部新闻局李叶同志（女），在郧阳报社编辑部全体同志会上，就在报纸上开展批评与自我批评，以及新闻工作者根本任务等问题讲了话。使同志们受到一次新闻工作者应保持和发扬的优良传统和作风的教育。

8月1日，应全区广大群众和农村基层干部的要求，郧阳报社在办好《郧阳报》的同时，出版了《郧阳报农村科技版》，六天一期，八开二版，随《郧阳报》赠送订户。

8月中旬至9月上旬，郧阳报社党委书记刘正安参加省记协组织的"东北行"采访活动，并参观访问了《哈尔滨报》《沈阳日报》《天津日报》等七家兄弟报。

10月10日，全省地、市、县报协作会议在郧阳地区召开。会议交流了一年来各报社搞好宣传报道和新闻改革方面的经验，及评选好新闻。郧阳报社党委书记刘正安，社长苗学久，副社长、副总编吴德胜，副总编孔翔翔、郭崇久参加了会议。地委领导雷学彬、金元荣到会上看望了与会代表。在这次会上，《郧阳报》的《老犟筋拜秀才》等七篇稿件被评为好新闻，另外还评了两个好标题、一个好版面。

10月14日，宜昌报社赵德春同志（女），在郧阳报编辑部全体人员会上，介绍她怎样办《我爱宜昌》专栏的经验。

10月25日，郧阳报社党委书记刘正安，在全体编辑人员会上，传达了省、地、市、县报协作会精神，并针对《郧阳报》的情况，提出今后要求，强调小报要抓大事，以及职称改革的经验。会后，根据《郧阳报》实际，从一版的改革进行了具体研究，拟定了报纸改革的二、三、四版报道面要宽，各个门子的报道都要办得引人入胜，吸引读者。

10月28日，郧阳报社编辑部召开会议，就小报如何抓大事问题，开展了热烈的讨论。

11月，郧阳报社派周尚原、陆秀山两位同志到河南许昌、陕西省西安市、商洛地区等地拜访陕南时期在郧阳办报的老报人，并注意收集陕南时期的新闻史资料。这次访问收获丰富：拜访的老报人，有的写了回忆录，有的提供很多有价值的史料线索，尤其是在商洛地区档案馆里，收集到40多期十分珍贵的《陕南新闻》。后来，写的收集史料的情况，被《湖北省新闻史料汇编》1985 年第二期刊登。

11 月 12 日,《郧阳报》在 9 日一版登的《坚决按照党中央的战略部署,积极开展清除精神污染的斗争》消息里,出现重要差错。除在报上作及时更正外,还在编辑部召开各种会议,研究讨论今后防止差错的措施,并以编委会的名义向地委宣传部写了"关于报纸出现重要差错的检查报告"的书面检查。

年底,郧阳报社摄影记者赵虹拍摄的《妈妈不在身边的时候》,入选为 1983 年全国的好新闻照片展览。

1984 年

1 月,《郧阳报》1983 年 3 月 27 日刊登的《三张招生广告带来的忧和喜》通讯,被评为 1983 年全省好新闻受奖作品。

1 月下旬,《郧阳报》又一次连续报道了郧西县福利院院长王太炳(女)的事迹。对这个典型,报纸从多侧面、用多种形式进行了宣传。如围绕中央电视台拍摄的《公仆颂》电视片,连续发表了《王太炳接受中央电视台记者采访》《电视片〈公仆颂〉已开拍外景》《王太炳和她身边的人们》《〈公仆颂〉已拍摄完毕》《反映王太炳事迹的电视片 7 月 1 日同观众见面》等通讯,给读者留下了深刻的印象。

2 月 10 日,全省地、市报广告联合体第一次会议在襄樊市召开,郧阳报社派周尚原同志参加。会后,郧阳报社开始了广告宣传,并增设了广告发行科。

4 月,地委、行署有关领导,主持召开了有关部门负责人会议,要求把《农村科技版》办好。会后,从地区科委和农业局抽调两名科技人员,与报社一起编辑《农村科技版》。

5 月 14 日,由郧阳报社党委书记苗学久主持会议,研究公开出版发行《郧阳科技报》的有关问题。

6 月,郧阳报社总编辑郭崇久出席了湖北省新闻工作协会、新闻学会全会,并被选为"两会"理事。

6 月 9 日,《红旗》杂志社总编辑熊复,在地委宣传部副部长周鸿寅和郧阳报社副社长吴德胜陪同下，登武当山后访问郧阳报社。熊复到报社后，不顾登山的疲劳，趁兴填词一阕，调寄《蝶恋花》："一路盘旋入山中，策杖蹇行，直上紫霄宫。青山顾我始无言，我顾青山意会同。愿从青山借画笔，点染浓翠，青翠欲滴。洗尽人间尘与土，万类自由始无极。"填词后，熊复一行与编辑部全体同志合影。

7月21日，第四次全国城市报纸广告协作经验交流会，在吉林省延边朝鲜自治州首府延边市召开。参加会议的有全国26个省（市）、自治区一百家城市报纸的代表。郧阳报社副总编孔翔翔和广告科副科长周尚原参加了这次会议。

8月，郧阳报社副社长吴德胜和印刷厂党总支书记严健轩、厂长李腊生到深圳考察印刷生产，并购回烫金机一台。

9月，郧阳报社为编辑部职工兴建一栋两个单元的五层楼动工，面积1680平方米，投资23.8万元。1985年7月竣工。

10月1日，经地委研究决定并报省委宣传部批准，把郧阳报社试办的《郧阳科技版》改为《郧阳科技报》，并公开出版发行。

10月29日，地区召开报纸发行工作会议，郧阳报社副总编孔翔翎参加会议，并在会上就扩大《郧阳报》和《郧阳科技报》的发行问题发言。

10月17日至11月5日，郧阳报社党委书记苗学久和群众工作科科长雷向元，先后到竹山、房县、地区汽车容器厂，召开读者座谈会，征求读者对《郧阳报》意见，通过这次读者调查，对改进报纸宣传工作起到一定的作用。

11月，河南省首次省、市、地报纸广告工作会议在开封市召开。郧阳报社应邀派周尚原、柯亨发二位同志参加了会议。周尚原同志在会上就郧阳报开展广告工作的情况发了言。

11月29日，郧阳地区行署对郧阳报社印刷厂进行企业验收，并颁发了企业验收合格证。

1985 年

1月11日，郧阳报社总编、副社长郭崇久在编辑部会上，讲了1985年报纸改革的意见。提出了"一个增加""两个结合""三个搞活"的指导思想，即增加报纸的信息量；指导与服务结合；思想性、知识性、与趣味性结合；内容搞活、版面搞活、文风搞活。

1月16日，地委宣传部主持召开报纸宣传、报纸发行工作会议，郧阳报社总编辑、副社长郭崇久参加了会议。会上，第一次提出对扩大《郧阳报》发行的奖励办法。

1月下旬，全省1984年地、市、县报好新闻评选会议在宜昌召开。《郧阳报》有10篇新闻作品被评为省地报好新闻。其中，甲等四篇，乙等六篇。

1月27日，河南省洛阳日报副总编王英灿到郧阳报社传经送宝，28日在编辑部科长会上介绍了《洛阳日报》开展多种经营的情况与经验。

3月26日，地区工商局为贯彻落实省广告协会筹备会精神，在郧阳报社编辑部四楼会议室召开全区各县、市工商局长会议。会上，成立了地区广告协会筹备小组，郧阳报社广告发行科副科长周尚原被评选为郧阳地区广告协会筹备小组成员。

3月30日上午，地直成立了中心报道组，由地委秘书长柯德馨任名誉组长。郧阳报社总编辑郭崇久任组长，副总编辑等任副组长。

4月15日，在1985年度全省好新闻照片评选会上，郧阳报社记者赵虹拍摄的新闻照片《动人的场景》被评为三等奖。

6月7日至9日，在湖北省广告协会第一次代表会议上，郧阳报社广告发行科副科长周尚原被选为全省广告协会理事会理事。同时，在成立的湖北省广告协会报纸工作委员会上，周尚原同志又被选为广告协会报纸工作委员会副主任委员。

6月14日，郧阳报社领导主持会议，研究了关于建立和完善社长办公会议的问题。确定每月原则上召开一次会议。社长办公会议是行政领导集体办公的形式，主要研究办好报纸，搞好生产，以及后勤管理等重大问题。

7月1日，郧阳报社举行了创刊35周年庆祝会，行署有关领导，《湖北日报》《十堰报》、十堰人民广播电台、电视台等新闻单位的代表参加庆祝会。郧阳报社总编辑、副社长郭崇久主持会议，报社党委书记苗学久做了题为《总结经验，锐意改革，开拓前进》的讲话。

7月1日，郧阳报社副总编孔翔翎参加了新华社召开的部分地市报总编辑座谈会。会上，孔翔翎做了"小报大事不漏"的发言。

7月16日至18日，湖北省报纸美术研讨会在孝感地区召开。郧阳报社摄影记者赵虹参加了会议。会上，《郧阳报》有七幅美术作品被收入省新闻学会主办的《湖北新闻通讯》1985年第五期。

7月22日，郧阳地区编制委员会［1985］19号文件做出了"关于郧阳报社设立保卫科的批复"。同意报社设立保卫科。

7月27日，湖北日报新闻研究室主任张醒钟和助理冉中二位同志，到郧阳报社了解新闻史编纂工作进展情况，报社在家的几位主要领导到军分区招待所看望了他们，并由周尚原同志向他们做了有关新闻史料收集、编写工作的情况汇报。

8月，动工兴建郧阳报社印刷厂胶印车间两层楼，面积1404平方米，投资36万元。

8月23日，郧阳报社向地委宣传部写了"关于郧阳报发行变更定价的请示报告"。经地区物价局批准，《郧阳报》由原来每份3分钱变为4分钱。此价从1986年1月1日正式执行。

8月下旬，郧阳报社党委书记苗学久带领印刷厂有关同志，到陕西城固县访问。

9月24日下午，《郧阳报》创刊时期的副社长董文南到郧阳报社，在他的倡议下，邀请现在十堰、郧阳工作的20世纪50年代老报人到报社座谈创刊《郧阳报》的情况。原地委统战部长王香山应邀参加了座谈会。郧阳报社社长郑世杰，总编辑、副社长郭崇久和副社长吴德胜参加了座谈会。并与董文南同志一起合影。

10月15日，郧阳报社成立了老年人协会。

10月，郧阳报社摄影记者赵虹拍摄的新闻照片《垄上行》《曾经也有这样的童年》，入选湖北省青年摄影展览。

10月24日，在地区召开的宣传工作会议上，确定由地委宣传部、湖北日报驻郧阳记者站，湖北电台驻郧阳记者站和郧阳报社编辑部一起，在《湖北日报》上定期办《郧阳专页》专栏，在湖北电台上办《郧阳专播》节目。郧阳报社社长郑世杰，总编辑郭崇久参加了会议。

11月4日至8日，湖北省第四次新闻志工作会议在武汉市公安局招待所召开。郧阳报社派周尚原参加了会议，并在会上发了言。

11 月 5 日，《郧阳报》在头版头条以《芳香留人间——记舍己救人的青年农工罗芳》的事迹。罗芳（女），丹江口市园艺场青年农工。报纸在刊登她的事迹时，还配发了评论员文章，题目是：《向罗芳学习，树立远大理想》。接着，报纸又陆续刊登了地区"五四三"活动委员会、地委宣传部、地委妇联和地区工会等单位发出的"开展向舍己救人的好青年罗芳同志学习活动"通知，还在报纸上开辟了"学习罗芳精神，树立远大理想"的专栏，报道全区人民特别是青年人学习罗芳事迹的情况和成果体会。罗芳事迹在全区人民中引起了强烈反响。这次学习罗芳精神的活动，起到了推动和加强全区两个文明建设的作用。罗芳事迹的通讯，是郧阳报社副总编袁绍北和李秀莲、袁正洪等同志深入丹江口市羊山园艺场采访的。

11 月 11 日上午，湖北省委宣传部新闻处处长陈放和省记协秘书长毕祖荫来郧阳报社，在全体编辑人员会上，讲了报纸的宣传指导思想和有关新闻业务知识。

11 月 18 日，湖北省新闻摄影工作者学会在武汉市召开。郧阳报社摄影记者赵虹同志被选为省新闻摄影学会理事。在第一次理事会上，赵虹同志又当选为湖北省新闻摄影学会作品评选委员会委员，学会组织工作部委员。

12 月 19 日，郧阳报社党委委员、报社印刷厂党总支书记严健轩患脑溢血不幸逝世。严健轩同志的追悼会，由社长郑世杰主持，副社长吴德胜致悼词。

12 月，在湖北省新闻摄影学会主办的"五讲四美三热爱"新闻摄影展览会上，郧阳报社摄影记者赵虹、肖三两同志的新闻摄影作品《公仆》获三等奖。

1986 年

1 月，全省地报协作会于 18 日在咸宁结束。郧阳报社副总编袁绍北和总编室副主任潘承田参加这次会议。会上，《郧阳报》被评出十篇好新闻。

1 月 26 日，地委书记吴涛、秘书长柯德馨和农工部长宋德安等到郧阳报社检查工作。吴涛同志对报纸宣传工作提了要求：一、近期要突出报道总结1985 年工作，以便指导 1986 年工作；二、宣传"包山到户，永续继承，经营自主，种养自由"的山区政策；三、宣传山区发展工业的问题，要以工业促农业，以农业促工业；四、宣传农民经商问题；五、宣传不拘一格起用人才，引进人才问题。郧阳报社在机关的领导苗学久、郑世杰、吴德胜、孔翔翎、袁绍北等同志，一致表示认真贯彻地委指示精神。第二天，吴德胜、袁绍北、潘承田就到郧县、郧西组织落实。《郧阳报》在一个时期内，较系统、集中地贯彻了地委的指导思想。

1月27日，《郧阳报》刊登开辟《在新春佳节里》专栏征文启事。这个专栏从2月13日同广大读者见面，持续报道一个多月，评出获奖作品16篇，其中一等奖三篇，二等奖5篇，三等奖8篇。

2月24日至25日，中共郧阳地委宣传部在郧阳报社编辑部召开全区宣传报道工作会议。会上，提出"发扬愚公精神，唱好郧阳山歌"的指导思想。报社有关领导参加了这次会议。

3月，北京新华通讯社的《新闻业务》第三期发表《尺幅兼容天下事》的文章。文章对《郧阳报》的时事版做了充分肯定。文章说："湖北《郧阳报》的时事版办得颇有特色，它的整个版面坚持以时事政策报道为中心，每期上半版刊登10条左右电讯稿，辟有《国内一周要闻》《国际一周要闻》《国际简讯》等要闻栏目。下半版为自编的全国报刊文摘，文摘专栏报道面开阔，栏目丰富。如有《家事、国事、天下事》《党风小议》《瞭望台》《科技信息》《我国"六五"计划执行情况》《今日台湾》等。文章并引用了副总编孔翔翎在新华社召开的全国部分地、市报总编辑座谈会发言中提出的关于大事不漏的五方面的经验。

4月中旬，《郧阳报》为了组织对济南军区某部郧阳籍老山前线烈士王光华事迹的宣传报道，编辑部组成了一支强有力的采访班子，分赴山东济南、北京和烈士家乡郧县进行采访。到济南军区去采访的是总编辑、副社长郭崇久和总编室主任昝大群，郧阳军分区宣传科干事姚占宽。在济南采访期间，济南军区政治委员迟浩田等领导同志接见了采访小组。到北京采访的是副社长吴德胜和群众工作科科长雷向元。在北京期间，走访了中宣部新闻局、新华社解放军事部、解放军报和中国人民解放军总政宣传部。到王光华烈士家乡郧县采访的是副总编辑孔翔翎和科长黄宏福、李秀莲，以及郧县县报和县委宣传部的同志。《郧阳报》这次对王光华烈士英雄事迹的系列报道，持续有四个多月，受到济南部队和地区领导及全区群众的好评，对推动全区两个文明建设起到了较好的作用。

4月，郧阳报社新闻志编辑室周尚原和报社离休老新闻工作者徐志，到陕西省安康、汉中和四川省成都、重庆等地收集陕南时期的新闻史料，并拜访了曾在陕南时期在郧阳工作过的一些老同志，历时一个多月。随后，许多老同志都写了回忆录。

5月，郧阳报为了狠抓争创好新闻活动，编辑部成立了好新闻研究小组，拟定了《关于1986年争创好新闻的实施方案》，印发各科室贯彻落实。新闻研究小组组长由副总编孔翔翎担任，黄宏福任副组长。

5月中旬，河南省南阳日报副总编辑冀津璧一行10多人光临郧阳报社，交流了办报和经营管理方面的经验。郧阳报社领导郭崇久、郑世杰、吴德胜、孔翔翎、袁绍北热情接待了客人，并与客人一起合影。

5月24日，郧阳报社设新闻研究室，对外仍保留新闻志编辑室。新闻研究室由黄宏福、周尚原二人负责。社长吴德胜分管新闻研究室的工作。

5月29日，由郧阳地委宣传部副部长周鸿寅主持，在郧阳报社编辑部三楼会议室座谈成立郧阳新闻协会的筹备工作。报社总编辑兼副社长郭崇久、副社长吴德胜、副总编孔翔翎、袁绍北参加了会议。会上，推选郭崇久同志为筹备小组副组长。

6月7日，在创刊《郧阳报》时曾一度负责报纸出版工作的姚时进和夫人王爱群，由宜昌回郧西探亲后来到报社编辑部，同姚时进夫妇一起来的还有丹江口市市委书记申安基。郧阳报社社长郑世杰、副社长吴德胜、副总编孔翔翎，热情接待了客人。8日，报社又派老新闻工作者周尚原陪同姚时进、王爱群同志参观了二汽总装厂，并拜访了在十堰工作的老报人彭瑞珍、李虹、吴锦竹等同志。下午，报社领导和部分老报人与姚时进等同志合影留念。

6月15日至20日，郧阳报社副社长吴德胜、广告发行科科长余星仁到宜昌参加了中南五省、广告协作会。

6月27日下午，济南军区王光华烈士事迹报告团到郧阳报社编辑部座谈报纸宣传王光华事迹的情况。报社副总编孔翔翎向报告团做了汇报。汇报后，报告团团长、济南军区政治部组织处处长李清印介绍了济南部队宣传王光华烈士的情况与打算。报社领导苗学久、郑世杰、郭崇久、孔翔翎和地委宣传部部长李名权、副部长周鸿寅也参加了座谈会。会议途中，地委副书记吴华品、雷学彬、王良伟和副专员李至昌到报社看望了报告团成员。

7月1日至5日，湖北省新闻志第五次工作会议在襄樊市第一招待所召开。郧阳报社派副总编孔翔翎和新闻研究室周尚原参加了这次会议。

7月2日，地委副书记吴华品、行署专员王启刚以及地区财政、税务、人行等部门负责人一行，到郧阳报社现场办公，为报社解决了资金困难。报社在家领导苗学久、郭崇久、吴德胜、袁绍北和报社有关部门负责同志参加。报社党委书记苗学久、副社长吴德胜简要汇报了报社的经济情况后，地委、行署领导当场拍板，帮助解决一些具体问题。如财政、银行等部门，为报社建胶印车间解决资金25万元。地委、行署领导要求印刷厂1986年完成产值300万元，1987年争取完成产值400万元。08胶印机设备由人行帮助解决。

面向全国发行的《通讯员报》，在1986年7月8日报纸第二版转载了《郧阳报》1985年2月27日四版登的群众来信《知情姑娘你在哪里？》。

7月20日，在湖北省军区召开的全省地、市报和县、市报"民兵专栏"评比会上，《郧阳报》开辟的《郧阳民兵》《战士生活》等军事宣传栏目，被评为全省最佳专栏，受到省委宣传部、省军区政治部通报表扬。

8月，郧阳报社副社长吴德胜参加省新闻协会组织的"西北采访团"活动。赴河南、甘肃、新疆等地进行采访，和十家兄弟报社的同志一起交流了办报经验，以推动新闻改革。

8月22日，由省新华社印刷厂派出的五人技术小组，当天下午来到郧阳报社印刷厂，受到报社领导和印刷厂同志们的热情欢迎。这个技术组到印刷厂后，以报社印刷厂为中心，做好全区印刷技术的指导工作。他们和报社印刷厂工人一起深入车间生产，无私传授技术，为提高报社印刷厂平版、胶印技术和产品质量做出一定的努力。

9月，郧阳报社社长郑世杰，带领编辑部和印刷厂、计财科等部门负责同志，到襄阳、宜昌、荆州、沙市、黄石、黄冈、孝感、信阳、南阳、京山、咸宁、石花等地，考察了10家报社和12家印刷厂的新闻改革、财务体制及资金税收政策，工厂生产管理等情况，以改进郧阳报社的工作。

10月，郧阳报社应四川省东北片第八次工作会议的邀请，由党委书记苗学久和群工科副科长熊毅到达县参加了会议。

10月，郧阳报社总编辑、副社长郭崇久和经济科副科长欧金华到荆州参加湖北省地市（州）报第八次协作会议。

10月8日，全国发行的《通讯员报》刊登郧阳报主攻好新闻的消息。

10月底，郧阳报创刊时期的总编辑狄希亮随咸宁地区老干部考察团来郧阳，到报社看望一些老同志，报社副社长吴德胜热情接待了他。

11月1日，全国发行的《通讯员报》刊登了《郧阳报》的《纯洁无瑕的心灵》通讯，并配发了评介文章。

11月，湖北省新闻学会主办的《湖北省新闻通讯》第五期，刊登了郧阳报编辑部的文章《位置正，分量重，内容新，形式活——谈谈我们加强时事宣传的体会》。

11月，湖北省报纸经营管理工作交流会在郧阳报社召开。这是我省报纸系统解放以来集中研究经营管理工作的首次会议。郧阳报社社长郑世杰，副社长吴德胜、副总编袁绍北参加了这次会议。吴德胜在会上介绍了郧阳报《坚持改革，努力实现报社企业管理》的经验。会议期间，地委副书记吴华品向与会同志介绍了郧阳地区两个文明建设的情况，地委副书记雷学彬到会致了欢迎词。

11月15日，在地直机关召开的1986年先进集体、优秀党员表彰会上，郧阳报社编辑部，被地直机关党委授予先进党支部光荣称号。

1987 年

1月1日，《郧阳报》首次试印的彩印报纸与读者见面。这是创刊37年以来印刷上一次尝试，展示了全社职工在新的一年里，改进工作，办好党报的决心。这期彩印报，是用80克铜版纸印刷，共发16帧彩照，13个彩栏、提花、标题，八色胶印。与此同时，对版面也进行了改革。报头由原来间宽25字扩大到30字，取消日历牌；报眼由原来的404字增加到604字，各版横行缩2字，扩大中缝（10字宽），增加版面1520字，每期发稿量由原来的23000字增加到25000字，相当于每月多出一期报纸。

1月6日至10日，在全省地、市、州、县报的好新闻评选会上，《郧阳报》1986年度有七篇稿件被评为好新闻。其中，一等两篇，二等三篇，三等两篇，还被评出一个好版面、一个好专栏和一个好标题。

1月9日，1986年度，全省新闻摄影作品展览在潜江县评选揭晓，郧阳报有四幅作品入选。

1月9日，《郧阳报》头版发表消息和评论员文章，就"我区龙须草和苞谷能否外销引起争论"的问题，决定在报纸上开展讨论。1月13日，《郧阳报》在二版上开辟了《树立商品经济观念，振兴郧阳经济——关于我区龙须草和苞谷能否外销讨论》的专栏。这次讨论，一直延续到3月21日告一段落。在此期间，报社编辑部共收到参加讨论的稿件120多篇，选择发表了40多篇。参加讨论的人员有：地委退居二线的老领导；地委、行署有关部、办、委、局的负责人；专门从事经济研究工作的同志；还有区、乡、村的基层干部；以及工人、农民、个体户。报社通过此问题的讨论，对树立全区干部、群众的商品经济意识，发展山区经济，振兴郧阳起到一定的作用。同时，报纸开展这次讨论，也受到地委、行署领导和全区广大读者的好评。

1月13日，郧阳地区首次成立"新闻工作者协会、新闻学会"，这是全区新闻工作者一件大喜事。地委副书记雷学彬、地委秘书长柯德馨和地委宣传部领导出席会议；湖北省记协、省新闻学会，襄樊、宜昌等地市记协的领导应邀参加了会议；十堰报（指地、市合并前）、十堰广播电台（地、市合并前）、二汽新闻报和全区各新闻单位以及县市宣传部、大型厂矿企业、驻军等新闻通讯干事参加了会议。会议经过充分酝酿，民主选举产生了"两会"领导机构。地委书记吴涛担任名誉会长，郧阳报社长郑世杰任会长，副会长由总编辑、副社长郭崇久，副社长吴德胜和地区广播局副局长杨泽林、地委宣传部科长傅承江、丹江工程管理局宣传部副部长常怀堂担任。郧阳报社黄宏福任秘书长，地区广播局杨志华任副秘书长。

1月17日，中共郧阳地委发出1987年14号文件，同意原中共郧阳地委党校副书记、副校长刘正安调任郧阳报社顾问。

2月，郧阳行署办公室下发1987年14号文件，同意郧阳报社与印刷厂签订的"三定"，目标责任制和实施"两权分离"的合同书（"三定"，即定工业总产值、定年产值利润率、定还款；"两权分离"，即"所有权""经营权"分离）。

2月27日，中共郧阳报社党委发出1987年2号文件，通知成立郧阳报社印刷厂计财科、工厂办公室、郧阳报社车队。

2月28日，地委宣传部和郧阳报社编辑部联合举行会议，邀请地直理论、文艺、新闻界从事意识形态工作的领导和实际工作者座谈，交流怎样把反对资产阶级自由化的斗争引向深入的问题。

3月12日，武汉晚报主编郭令炘和武汉市新闻学会理事曾伟光应邀，到郧阳报社编辑部传授新闻业务。郭令炘同志以《突出改革，突出创新》为题，讲了"全国好新闻的标准是什么"和"怎样创好新闻"的问题。他在讲话中，肯定郧阳报在争创好新闻的一些做法。曾伟光同志以《增强好新闻意识，争创好新闻》为题，讲了"1986年全省好新闻评选情况""要重视消息写作"和"1987年好新闻展望"。他们的辅导课，对编辑人员增强好新闻意识，争创好新闻，起到进一步的推动作用。

3月18日，郧县成立新闻工作协会、新闻学会。

3月29日至4月20日，郧阳报社编辑部和郧阳地区新闻协会、学会联合组织了丹江库区的采访活动，并编印了《丹江库区行》一书。全书共15万字，印4000册。这次采访活动，和印刷的《丹江库区行》一书，受到地区领导和有关单位的好评。

4月18日，湖北省新闻学会通知，1986年度全省评选的好新闻揭晓。郧阳报有四篇新闻作品获奖。其中被评为一等奖的是《烈士留下的欠账单》（通讯）。三等奖是《保姆进了农家院》（通讯）；《昔日冷落在山野，今日登堂酬宾客——郧西县野生资源刺莓得到开发利用》被评为好标题。自全省开展好新闻评选以来，这是郧阳报获得好新闻最多的一次。

6月12日，湖北省郧阳地区职称改革领导小组发出了"关于成立郧阳地区新闻职称改革领导小组的通知"。郧阳报社总编辑郭崇久任副组长，成员有副总编孔翔翎和郧阳地区新闻协会、学会秘书长黄宏福。领导小组下设办公室（在郧阳报社内），黄宏福兼办公室主任。

6月下旬，中央宣传部新闻局洪一龙局长一行，在省、地委宣传部有关负责人的陪同下，莅临郧阳报社视察指导工作。郧阳报社社长郑世杰汇报了报社争创好新闻的情况。洪一龙局长就新闻改革、宣传报道、职称评聘等问题，与报社领导和采编人员进行了座谈。

7月1日，《郧阳报》头版头条刊登了《南潭之路——房县红塔区南潭乡综合治理面貌发生了巨大变化》的山区农业发展的先进典型，同时还加图配发了《学习南潭经验，加快山区建设》的社论。接着报纸以通讯、言论、图片，开辟《学习南潭经验，加快山区建设》专栏等形式，进行宣传，时间持续三个月。这是《郧阳报》宣传典型时间最长，花的版面最多，而且较为最突出的一次。地委、行署领导和全区读者都很满意。

7月3日下午，中共湖北省委宣传部部长王重农一行，光临郧阳报社检查指导工作。王重农同志就新闻改革和新闻宣传问题以及有关方面的同志进行了座谈。参加座谈的有：地委副书记雷学彬、地委宣传部部长李名权和郧阳报社党委书记等。

7月10日上午，郧阳报社举行颁发首批老新闻工作者荣誉证书暨1986年度好新闻授奖大会。郧阳报社有10名老同志获得中华全国新闻工作协会颁发的老新闻工作者荣誉证书和纪念章，有9位采编人员获得好新闻证书和奖金。地委副书记雷学彬、地委宣传部部长李名权代表地委、行署到会祝贺，并向10名老新闻工作者和获得好新闻奖的工作者、编者发了荣誉证书和好新闻奖证书。获得首批老新闻工作者荣誉证书的同志是：刘正安、吴德胜、黄宏福、周尚原、熊毅、柯亨发、李耀武、陈保亨、徐志、黄锦。他们都在新闻战线工作了30年以上，为郧阳地区的新闻事业的发展做出了一定的贡献。

9月，郧阳报社为了进一步争创好新闻，确保及时广泛捕捉好新闻信息，从各县市和地直机关聘请50名好新闻信息员。

9月2日至10月19日，中国人民大学委托新疆记协与湖北省郧阳地区记协联系，派出李健等五名中国人民大学新闻系八五级新疆班学生到郧阳报社实习。经过一个半月的实习，离开郧阳报社回校。

9月7日，湖北省第九次地、市、州报纸协作会议在十堰报社召开。会上，郧阳报社总编辑、副社长郭崇久以《适应商品经济发展，改革经济宣传报道——增强经济新闻服务性的体会》为题，在会上发了言。会议期间，新华社国内部地方新闻编辑部副主任沈宁、湖北日报副总编肖建业、省新协秘书长王焱华等，到郧阳报社讲新闻课，沈副主任和肖副总编，就如何办好地方报纸问题，分别讲了一些指导性的意见。报社社长郑世杰、副总编辑孔翔翎汇报了郧阳报的宣传情况，全体采编人员参加了会议。会后一起留影。

9月底，郧阳报副总编辑孔翔翎参加了全国部分地区首届业务研讨会。全国有18个省、自治区的40家地市报正、副总编辑出席了会议。会议着重解决了以下几个问题：1. 交流了新闻改革经验，探讨了新闻业务理论；2. 倡议评选好新闻；3. 办好《地报信息》。

10月14日，长江日报社顾问向佟心到郧阳报社座谈新闻改革，新闻队伍建设问题。

10月下旬，1948年3月1日在郧阳地区创办第一份党报——《鄂陕周报》的负责人刘紫池同志，由宁夏来郧阳故地重游。郧阳报社副社长吴德胜热情接待了刘老。当吴社长听说刘老想到战斗和工作过的地方——郧西县土门镇《鄂陕周报》旧址去看看时，便安排专人、专车配送刘老。刘紫池同志到郧西后，受到郧西县县委宣传部长李大尊、副部长王兴华等同志的热情欢迎，并陪刘老到土门镇。刘紫池同志看了《鄂陕周报》旧址后，向陪他的同志们讲述了当时艰苦办报的情景，使在场的同志受到一次党的优良传统教育。郧阳报社周尚原同志和刘老的家门侄子刘承祖（原地区供销合作社主任）一直陪着刘老活动。

11月30日，湖北省新闻职称改革领导小组发出了"关于确认孔翔翎等同志新闻高级专业职务资格的通知"。当日，省记协秘书长毕祖萌来郧阳报社，在全体编辑人员会上，讲了报纸的宣传指导思想和有关新闻业务知识。

12月，郧阳报社孔翔翎、吴德胜、郑世杰、黄宏福、刘正安5位同志具备主任记者（主任编辑）的任职资格。这是郧阳报社新闻专业职务中，首次有高级新闻业务职务的人员。

12月15日，郧阳报社群众工作科科长、编辑部党支部副书记雷向元，被选为十堰市茅箭区第二届人民代表。

12月底，根据上级有关指示精神，《郧阳科技报》停刊。该报从1983年创刊以来，出报263期，受到全区广大群众的欢迎。

12月29日，郧阳报社印刷厂、工会、团委联合举行1988年元旦和印刷厂建厂20周年大庆职工业余知识竞赛文艺晚会，在家的社领导出席了晚会，并和大家一起跳了秧歌舞。

1988 年

1月15日，1987年度湖北省地、市、州报纸协作会评选好新闻在黄冈揭晓。郧阳报有9篇新闻作品和1条好标题入选。一等奖作品是：《社会各方面同情道路依然艰辛》（消息）、《竹溪城关工商所建立"说情登记簿"》（消息）、《两代保姆和她们的主人家》（通讯）；二等奖作品是：《跑"金窝窝"走"银窝窝"回来治我"穷窝窝"》（消息）、《郧西县天河口建成我国第一座沙坝》（消息）、《拥有六项专利的发明人》（通讯）、《血缘企业害处多》（言论）；三等奖作品是：《全区42个农民智囊团活跃在田边地头》（消息）、《突破老框框，实行"五不论"》（消息）；一个好标题是：《三五步行遍天下，六七人百万雄兵》。

1月18日，全国地报好新闻评选办公室通知，郧阳报有6件新闻作品入选。入选作品是：《三张广告带来忧和喜》（通讯）、《知情姑娘你在哪里？》（来信）、《烈士留下的欠账单》（系列报道）、《保姆进了农民家》（通讯）、《两省记者解难，窑场炉火更旺》（来信）；《"牧司令"要安营，"草先锋先扎寨"》被评为好标题。这是郧阳报新闻作品首批在全国性评选中获奖。

1月23日，十堰市新闻协会、十堰市新闻学会成立（指地市合并前）。

1月25日，1978年度湖北省好新闻照片评选和湖北省地、市、州报好新闻照片评选揭晓，郧阳报社摄影记者赵虹拍摄的《武当重光》（组照），分别获全省和全省地、市、州报好新闻一等奖。

1月29日，在全区召开的通讯报道会上，中共郧阳地委书记吴华品到会做了重要讲话。在这次会上，地委、军分区领导还为通讯报道工作搞得好的先进单位颁发了锦旗。

2月5日上午，湖北省委宣传部新闻出版处副处长曹京柱，联系当前国内外新闻改革的实际，向郧阳报社全体采编人员谈了如何搞好新闻改革的问题。。

2月12日，中共郧阳报社委员会发出郧报党字〔1988〕1号、2号两个文件。1号文件就郧阳报社"关于发展横向联系的有关经济问题的具体规定"规定要求：一、关于客餐招待；二、关于送礼问题；三、关于对外单位帮助联系业务的奖励问题；四、加强业务监督；五、实行经济民主。2号文件的内容主要是：对郧阳报社的人事管理问题，做了一些规定。

3月7日上午8点10分，郧阳报社老新闻工作者、离休干部徐志同志，因病在去医院的途中突然逝世，终年57岁。徐志同志早在1949年1月就参加了《陕南新闻》社印刷厂工作，《郧阳报》创刊和复刊，他都是创始人之一，为郧阳地区新闻事业和印刷事业做出了一定的贡献。徐志同志逝世后，报社成立了徐志同志治丧委员会，由党委书记苗学久任治丧委员会主任、社长郑世杰、总编辑郭崇久、副社长吴德胜任副主任。8日下午2点，报社党委和行政领导以及编辑部、印刷厂等单位的代表，向徐志同志遗体告别。9日下午2点，在报社餐厅举行了徐志同志追悼会。追悼会由副社长和吴德胜主持，社长郑世杰致悼词。悼词对徐志同志的一生做了较高的评价。参加徐志同志追悼会的，有报社在家的领导和全社干部职工；还有徐志同志的亲属以及生前好友；地委宣传部、地区老干局也派代表参加了徐志同志的追悼会；郧县印刷厂也派代表参加了徐志同志的追悼会。

3月21日，是丹江口市解放四十周年的大庆日子，这天，丹江口市创办了《丹江口报》，为中共丹江口市委机关报。该报为周刊。

4月5日的《郧阳报》上，刊登了郧阳报社编辑部与郧阳地区保险公司联合举办"保险杯"新闻摄影竞赛活动的通知。这次活动，一直开展到9月底结束。在此期间，共收到新闻摄影作品100多幅，见报59幅，评出获奖作品15幅。此次"保险杯"摄影竞赛活动，对推动全区新闻摄影工作是一次尝试，对培养提高全区业余摄影通讯员业务素质有很好的促进作用。

4月7日，中共郧阳报社委员会以郧报党字〔1988〕3号文件，发出了"关于郧阳报社印刷厂机构调整及任职的通知"。通知说："原业务科和生产科合并为业务科；原技术科所属的机修班与技术科分开，单独成立机修车间；供应科对内称谓不变，对外称印刷厂物资公司、鄂西北印刷物资经销中心（后经地区工商管理局批准，称"郧阳印刷物资特约经销处"）。通知还对印刷厂的科、室干部的任职做了通知。

4月16日，中共郧阳报社委员会以郧报党字〔1988〕4号文件，针对报纸工作和经济工作任务重、改革要深化、青年职工大量增加的新情况，制定了1988年政治思想工作的意见。

4月26日，郧阳地区新闻记者协会，郧阳地区新闻学会召开理事会。这次会议更换了"两会"名誉会长，由地委书记吴华品担任"两会"名誉会长。

5月12日，郧阳报社编辑部好新闻小组举行会议，对"完善规章制度，强化好新闻意识"问题做了专题讨论和研究。重新落实了争创好新闻的任务，规定了严把好新闻的发稿程序，建立好新闻登记簿，并设立了"总编辑特别奖"，以奖励争创好新闻成绩特别突出的集体或个人。

5月24日，中南地区六省两市（湖北、河南、广东、广西、海南、湖南和武汉市、广州市）暨湖北省地市记协、新闻学会第二次协作会，在郧阳地区丹江口市丁家营镇解放军总后3545工厂隆重召开。郧阳报社社长郑世杰、总编辑郭崇久和副社长吴德胜参加了会谈。这次会议对推进郧阳地区新闻改革起到一定作用。

5月28日，省新闻研究室副主任王汉明、湖北日报社主任编辑郭实方和襄樊日报社戴叔尧一行三人，来郧阳报社检查、交流新闻志编写情况。郧阳报社副社长吴德胜、报社新闻志编辑室周尚原同志介绍了新闻志编写情况。

6月30日，为纪念《郧阳报》创刊38周年，举行老报人座谈会。会上，省计委原办公室主任、郧阳报创刊时的副社长董文南应邀参加了会议。老社长和老报人一起畅谈了创刊的艰辛历程。

7月16日，由中华人民共和国新闻出版署、中华全国新闻工作者协会、中国出版者工作协会主办的《新闻出版报》刊登消息说："湖北省《郧阳报》坚持办《群众评报》内部刊物，让社会舆论监督报纸，推动了报纸自身改革。"

7月，由雁北日报社主办的全国地市报第二届协作会，在山西省大同市召开。郧阳报社副总编袁绍北参加了这次会议，他在会上与兄弟报交流了《加强经济宣传，服务经济建设》的经验。

8月16日，郧西县成立了新闻学会，县委书记李明贵担任学会名誉会长；县委宣传部部长李大尊兼任学会会长。

8月28日上午，湖北日报社副总编辑卢吉安应郧阳报社邀请，向采编人员讲新闻业务知识。

9月10日，《新闻出版报》刊登了《纳百家言，寻脱贫路，〈郧阳报〉对"生产力标准"热烈展开讨论》的消息，消息赞扬《郧阳报》生产力标准讨论搞得好。

9月20日，中共郧阳报社社委员会以郧报党字［1988］9号文件发出通知，任命印刷厂党总支书记彭希学兼印刷厂副厂长（正科级待遇不变）。

10月，全国大型企业报理论研讨会在第二汽车制造厂召开。郧阳报报社社长郑世杰参加了这次会议，会议期间，省新闻学会会长樊坤（女）、副会长毕竹荫和中国新闻学会联合会会长胡绩伟、中宣部新闻局李野、中国新闻学会副会长钱辛波等，到郧阳报社与部分采编人员进行了座谈。中国新闻学会联合会副会长何光先，还给十堰地区新闻工作者讲课，郧阳报社部分采编人员参加听课。

10月，中国新协秘书处、新闻研究所、人民日报新闻研究生院联合举办全国高级新闻研讨班，郧阳报社总编辑郭崇久、副总编辑袁绍北参加了这次研讨班，并获得结业证书。

10月20日至23日，全省第五次县（市）报协作会在郧县召开。郧阳报社总编辑郭崇久参加了会议。会后，全省县（市）报负责人到郧阳报社交流了经验。

11月15日至17日，郧阳地区新闻学会在郧阳地区召开了郧阳地区首届新闻理论研讨会。参加会议的有地直、各县（市）新闻单位的负责人和神农架报社的代表，以及部分企业的通讯干部共50多人。地委副书记王良伟、地委宣传部副部长周鸿寅、地委宣传部调研员黄正林到会讲了话。郧阳报社社长郑世杰、总编辑郭崇久、副社长吴德胜、副总编辑袁绍北参加了会议。会上共收到学术论文39篇。

12月18日，湖北省青年记者协会在车城十堰宣告成立。郧阳报社青年记者曾谦谦（女），选为湖北省青年记者协会理事。

12月27日，郧阳地区新闻协会、新闻学会，在郧西县召开了全区首届好新闻、好论文评选会。郧阳报社总编辑郭崇久任评委会主任，副社长吴德胜、副总编辑孔翔翎和顾问刘正安，新协秘书长黄宏福任评委。这次会议共三天，全区首届好新闻，好论文评选于29日揭晓。《郧阳报》有20篇新闻作品，4篇论文入选。参加这次评选活动的单位有郧阳报社、郧县报社、丹江口报社、神农架报社，还有五县一市的广播站（台）及地区广播局负责同志。

12月，经湖北省新闻高级职务评审委员会评审通过，确认郧阳报社郭崇久同志主任编辑任职资格。

1989 年

1 月 18 日，湖北省 1988 年地、市报好新闻评选在宜昌揭晓。郧阳报社共有 10 篇新闻作品入选，入选率居全省参评单位之首，入选篇（件）数居第二位。入选作品有：《外来人的冲击》（通讯）、《房县在全县中小学开设商品知识课》（消息）、被评为一等奖；《在商品经济海洋里搏击》（通讯）、《黄士保和郧县原种场》（系列报道）获二等奖；另外还有四件新闻作品和一个标题、一幅照片获三等奖。

1 月 27 日下午，地委把湖北日报、湖北广播电台、湖北电视台三家驻郧阳记者站记者和郧阳报社负责同志，请到地委大楼三楼会议室，座谈新闻宣传工作。郧阳报社社长郑世杰、总编辑、副社长郭崇久参加了座谈会。

1 月 31 日，在十堰市的新闻单位为增进友谊，加强协作，中国第二汽车制造厂总工会与十堰市新闻界朋友在二汽工人俱乐部文艺厅举行了迎春联欢会。郧阳报社社长郑世杰在联欢会上即兴发言，《郧阳报》要为二汽实现三级跳、超产东风车、生产小轿车，创造良好的舆论环境。

3 月 1 日，郧阳报社以郧报社字［1989］发了两个文件。第一个文件是决定成立郧阳报社经济管理职称领导小组，做好报社经济管理系列职称评审工作。社长郑世杰任组长，副社长吴德胜任副组长，并设有办公室。第二个文件是决定报社成立房改领导小组，做好职工住房改革工作。副社长吴德胜任组长。

3 月 21 日，中共丹江口市委机关报——《丹江口报》创刊一周年，郧阳报社派总编辑郭崇久，副社长吴德胜前去祝贺。

4 月 15 日，荆门市委宣传部罗副部长，荆门报社社长余来仪和荆门市新闻出版局局长一行五人，到郧阳报社考察学习。郧阳报社领导郑世杰、郭崇久、吴德胜、袁绍北等热情接待了客人。

5 月初，接中国地市报研究会通知，郧阳报社总编辑、主任编辑郭崇久为中国地市报研究会理事。

5 月 16 日，中共郧阳地委发出郧地干［1989］31 号文件，对郧阳报社主要领导人做了调整。郭崇久同志任郧阳报社党委书记，吴德胜同志任报社党委副书记，社长（试用期一年），袁绍北、李腊生任副社长（试用期一年）。

5月20日，湖北省印刷工作会议在郧阳召开。郧阳报印刷厂的五种图书，有两种被评为优质产品，三种被评为合格品。

5月26日，安徽省淮南市新闻学会采访团团长、淮南矿工报副社长陆中新一行6人来郧阳报社考察工作。郧阳报社领导郭崇久、吴德胜、孔翔翎、袁绍北等热情接待了客人，并由吴德胜、孔翔翎同志向客人介绍了报纸改革和全社情况。

6月3日，中共郧阳地委发出郧地干〔1989〕40号文件，孔翔翎任郧阳报社党委副书记，李腊生、徐泉源、彭希学同志任党委委员。

6月3日下午，郧阳报社召开全体党员和干部大会。地委副书记王良伟在会议上宣布了地委关于调整报社领导班子的决定，报社体制定为党委领导下的分工负责制，并对新的领导班子分工问题讲了意见。会上，新的领导班子表示：一定要在地委领导下，在地委宣传部指导下，承前启后，继往开来，团结奋进，开创郧阳报社新局面。

6月16日，郧阳报社在编辑部四楼会议室召开了全社骨干会议，宣布报社领导班子成员的具体分工：党委书记郭崇久，主持全面工作，具体抓党委和人事工作；社长吴德胜协助党委书记抓好全面工作，主管全社经济、职称、财务、劳资等工作；党委副书记、副总编辑孔翔翎，协助总编辑抓好报纸工作，分管新闻研究室工作；副总编辑、副社长袁绍北，除协助总编辑抓好报纸工作外，主要抓好全社行政管理工作；徐泉源主要抓好纪检工作，并协助有关领导抓好人事工作；李腊生主抓经济工作，包括广告公司、物资印刷公司、服务公司的工作，同时抓好共青团、工会、民兵等工作；彭希学主要抓好印刷厂生产工作；顾问刘正安协助抓好报纸工作；苗学久协助抓思想政治工作和老干部工作。

7月8日，全国首届报纸文艺副刊好作品评选活动在河北省张家口市揭晓。《郧阳报》的文艺短评《山妹子的风采歌》获二等奖。

7月12日，由中华人民共和国新闻出版署、中华全国新闻工作者协会和中国出版工作者协会主办的《新闻出版报》，在第二版以"《郧阳报》旗帜鲜明反对动乱受表扬"为题，报道了湖北省《郧阳报》编辑部，始终保持清醒头脑，在政治上跟党中央保持一致，受到中共郧阳地委，郧阳行署的表扬和读者好评的情况。

7月22日,《新闻出版报》刊登湖北郧阳报社全体采编人员响应党的十三届四中全会号召,艰苦奋斗,勤俭建社,积极参加义务修路的劳动情景的新闻图片。

7月底,复旦大学出版社出版了由复旦大学新闻系主编的《全国地市县报好新闻通讯选评(1987—1988年)》一书,郧阳报社主任编辑、郧阳地区新闻协会秘书长黄宏福任该书编委。

8月,郧阳报社党委在贯彻党的十三届四中全会精神时,讨论做出了《关于贯彻四中全会精神进一步办好郧阳报的决定》《关于贯彻四中全会精神进一步抓好经济工作的意见》和《关于贯彻四中全会精神加强党的建设的决定》三个文件。

8月23日,北京全国性报纸——《新闻出版报》,以"《郧阳报》农谚简释栏目受欢迎"为题,报道了湖北省《郧阳报》加强科技宣传,寓科学性于通俗性之中,有效地服务农业生产,受到广大农民的欢迎的情况。

9月4日,《湖北日报》四版在组办的《奋力在中部崛起的湖北》国庆专栏里,以《兴田足食,兴山富民,兴工富县》通栏标题里,反映了建国四十年郧阳山区的巨变。这个专版是由郧阳地委宣传部和郧阳报社主编的。郧阳报社党委书记郭崇久,社长吴德胜,副总编辑孔翔翎、袁绍北都参与了专版的采编工作。

9月9日,《郧阳报》为组办《郧阳在前进》国庆专版,在一版刊登了组稿启事"告读者",同时在二版首先刊登了由郧西县委宣传部主办的《郧阳在前进》国庆专版。随后,各县、市及中央、省属在郧阳的大型企业组织的专版陆续刊出。这次组办的《郧阳在前进》国庆专版,以歌颂建国四十年成就为主题,突出特色,显示个性。

9月,在宜昌召开的全国地市州盟新闻摄影研究会上,郧阳报社社长吴德胜被选为会长,副总编辑袁绍北被选为秘书长,摄影记者赵虹被推选为研究会理事。

10月,湖北省新闻工作者协会在武昌召开全省新闻工作者先进集体和优秀新闻工作表彰大会。郧阳报社主任编辑、地区新协秘书长黄宏福和总编办公室副主任潘承田,被授予湖北省优秀新闻工作者光荣称号。

11月初,湖北省地市州报第十一次协作分会暨新闻理论讨论会在鄂西自治州召开。郧阳报社党委副书记、副总编辑孔翔翎和黄宏福、昝大群参加了这次会议。孔翔翎，黄宏福同志分别在会上发了言。

11月17日下午，我国著名新闻记者、中国社会科学院新闻研究所所长、全国地市研究会总顾问商恺，应邀到郧阳报社，他以《记者要塑造自己的美好形象》为题，向报社全体编采人员及地区电视台，十堰报（地市合并前的报纸），二汽新闻的部分同志讲了课。郧阳报社领导郭崇久、吴德胜、孔翔翎也讲了话。

12月，郧阳报社党委书记、总编辑郭崇久，副书记、社长吴德胜和摄影记者赵虹同志，先后到《襄樊日报》《宜昌日报》《荆门报》《荆州报》《鄂西报》，考察学习兄弟报的经营管理及办报工作等方面的经验。回社后，结合本社实际，组织副科长以上干部讨论制订了郧阳报社完善1990年经济承包责任制和新闻改革工作方案。

1990 年

1月13日，由郧阳报社印刷厂印刷、工人出版社出版的《中西五百年比较》一书首发仪式在武昌举行。来自北京和省大专院校的教授，对我厂精湛的印刷质量交口称赞。

2月10日，本社举行1990年经济承包签字仪式。地委书记吴华品、副书记王良伟出席签字仪式，并做了重要讲话。吴华品同志用"振奋精神，治理整顿，深化改革，搞活经济，办好报纸，服务人民"六句话来鼓励全社干部职工搞好1990年工作。会上，社长吴德胜与经济实体承包人在经济合同上签了字。

2月17日，湖北省地市州1989年度"好新闻评选"在孝感揭晓。《郧阳报》有九篇新闻作品入选获奖。《菜农心中的党员》（通讯）、《武当山镇16个免税村主动交税》（消息）被评为一等奖；《但愿"燕儿"展翅飞》（通讯）、《他走入深山麻风病院》（通讯）获二等奖；《精神"乞丐"村的警醒》（通讯）、《电视结婚告示取代传统婚礼》（消息）获三等奖；《刚下昆仑，又上武当——访特型演员孙飞虎》《吃的"商品粮"，穿的新衣裳，住的"小洋房"，睡的高低床——东河村五保户安度晚年》被评为好标题。

3月26日，收到全国著名画家、湖北省文联主席周韶华为纪念《郧阳报》创刊40周年而作的贺画一幅。

4月9日，收到全国政协副主席王任重为《郧阳报》创刊40周年题词。题词是"作党和人民的忠诚喉舌"。

4月10日，收到原中央党校顾问、著名哲学家杨献珍为家乡报纸创刊40周年题词。题词是："坚持正确的舆论导向，当好党和人民的喉舌，为振兴郧山汉水，改变鄂西北贫困落后面貌做出新的更大的贡献。"

4月底，全国首次边区新闻研讨会在江苏《徐州日报》召开，本社副社长兼副总编辑袁绍北参加了会议，在会上宣读了本报《开发边区新闻，繁荣边区经济》的论文，并做了大会发言。

4月29日至5月2日，中国地市州盟报新闻摄影研究会首届年会在广西柳州举行。在颁奖会上，本报荣获总编辑慧眼金杯奖，社长吴德胜和摄影记者赵虹荣获研究会金杯奖。

5月9日，收到中国人民解放军总参谋长迟浩田为《郧阳报》创刊40周年题词。题词是"团结奋斗振兴郧阳"。

5月9日至13日，本报党委副书记、副总编辑孔翔翎参加湖北日报社邀请召开的地市报负责人座谈会，研究报纸自办发行问题。

5月15日，为庆祝《郧阳报》创刊40周年，经党委研究决定，成立报庆筹备委员会。社长吴德胜任筹委会主任，副社长袁绍北、党委成员徐泉源、彭希学任副主任委员；成员有：雷向元、周尚原、白世本、李福财、周武、赵虹、蔚启武、蒋华、曾永强。经筹委会讨论研究，为报庆办"八个一"，即出一本《郧阳报四十年》书，办一个40年展览，出一期庆祝报庆墙报，开一个庆祝会，举行一次庆祝文艺晚会，装修一个会议室，修建一个篮球场，报纸上组织一次祝贺专版广告。

5月23日至24日，中宣部部长王忍之来我区视察工作，本社社长吴德胜参加采访，27日报纸刊发了王忍之视察我区的消息。

6月7日上午，《湖北日报》总编辑戴振民一行应邀来我社讲授新闻课。

6月5日至10日，省委宣传部在武昌举办了全省新闻工作学习研讨班。我社党委书记、总编辑郭崇久参加了这次研讨班。

6月12日至13日，陆续收到地委和行署领导为报庆40周年题词。省顾问委员、原郧阳行署专员冀青的题词是："坚持党性原则，服务人民群众。"地委书记、行署专员王启刚的题词是："坚持党的基本路线，坚持党的办报方向，为郧阳两个文明建设服务。"地委顾问、原郧阳地委书记王萍题词是："一定要坚持为社会主义，为群众服务方向。继续努力把《郧阳报》办得更好。"地委顾问、原郧阳行署专员李才的题词是："宣传党的方针政策，促进郧阳经济发展。"地委副书记王良伟的题词是："坚持党性原则，办好郧阳报，服务两个文明建设。"地委顾问、原郧阳地委副书记雷学彬的题词是："办好郧阳报，建设新郧阳。"原地委统战部长王香山的题词是："回顾战斗历程，发扬优良传统，宣传党的方针政策，团结组织教育群众，振奋精神，战胜困难，把郧阳报办出特色。"

6月30日与7月1日，本报举办隆重的庆祝《郧阳报》创刊40周年活动。6月30日，地市企业界朋友在新装修的编辑部四楼会议室举行座谈会。7月1日上午，地委党政领导和新闻界朋友在四楼会议室举行庆祝会，会后与会者参观了《郧阳报》创刊40周年展览。地委行署领导，十堰地区新闻单位的领导和代表，通讯员代表，郧阳地区新闻单位的领导和代表等应邀参加了庆祝会。地委副书记王良伟在庆祝会上讲了话，代表地委和行署对报社今后的工作提出了希望和要求。报社党委书记、总编辑郭崇久在庆祝会上向大家汇报了《郧阳报》创刊40来的工作情况，并正式提出"党性强，业务精，作风实，纪律严"的本报报风。7月1日晚上，在报社食堂内举办了文艺晚会。为庆祝《郧阳报》创刊40周年，编辑出版了《郧阳报40年》一书。

7月6日下午，王启刚、王金欣、王良伟、柯德馨、赵海青等地委领导、郧阳军分区领导和各县市委书记一道，前来本社祝贺《郧阳报》创刊40周年，并就有关问题和报社领导进行了座谈。

7月7日下午，本报成立了"郧阳报社老龄委员会"，苗学久任主任；刘正安、孔翔翎任副主任；徐泉源、彭希学、冷松龄、余继光任委员。刘端生任办公室主任。

8月19日至26日，全国报纸总编辑摄影研讨会在银川召开，会议的中心议题是：如何加强新闻摄影，并对1至7月报纸要闻版运用新闻照片的好版面进行了评比，提出报纸要克服重文字轻图片倾向。本社党委书记、总编辑郭崇久参加了此次会议。

9月4日上午，本报在编辑部四楼会议室举行了郧阳报社业余党校开业典礼大会。地直机关党委和地委宣传部的领导同志出席会议并讲了话，报社党委成员和全体党员参加了会议。业余党校校长由苗学久担任，副校长由徐泉源担任，教员由报社指定或在外聘请。内容是对本社全体党员进行系统的党的基本路线、基本理论、基本知识等方面教育。

10月9日至20日，湖北新闻工作者协会和新闻学会在武昌举行第四届理事会，进行换届选举。我社党委书记、总编辑郭崇久出席了此次理事会，并被推选为理事。

10月10日至15日，新华社全国地市报时事报道首届年会在辽宁省辽阳市召开。本报副总编辑、副社长袁绍北参加会议，并就向新华社推荐地方稿、时事版编辑工作等问题与会交流。

10月22日至25日，中国地市报研究会第四次学术年会在江西省宜春市召开，我社副总编辑孔翔翎参加了会议。孔翔翎撰写的《浅谈正面典型宣传的可读性》一文入选。

11月10日下午，《吉林日报》总编辑、吉林新闻协会会长、记者协会主席、高级编辑李准和《天津日报》副总编辑、《蓝盾月刊》总编辑、天津新闻学会副会长、新闻摄影学会会长、高级编辑朱某一行四人，在本报编辑部四楼会议室就新闻改革、新闻报道、新闻体制和新闻干部素质等问题与本报采编人员进行了座谈。

11月14日，本报党委书记、总编辑郭崇久陪同中宣部常务副部长徐维诚在房县视察，徐副部长应郭书记邀请给本报题了词：宣传党的政策，为农民致富服务。

11月20日至22日，全省首次新闻群众工作经验交流会议在江汉油田召开。本报与会代表群工科副科长熊毅在会议上发言。

12月12日，1990年度郧阳地区好新闻审评委员会，经地区新闻学会研究、地委宣传部同意成立并确定了成员名单。本报领导郭崇久任主任，吴德胜、孔翔翎任副主任。

1991 年

1月9日起，本社启用新记者证。自新证启用之日起，我社原发记者证作废。

1月10日至15日，全国地市州盟报1990年度好新闻照片评选活动在湖南怀化举行。本报荣获总编辑重视新闻摄影"慧眼奖"，袁绍北、赵虹荣获1990年度新闻摄影研究奖。

1月22至25日，1990年度湖北地市州报好新闻评选在沙市举行。《郧阳报》副总编辑孔翔翎同志参加了此次评选会议。本报参选作品9篇，入选8篇，入选率名列全省15家地市州报第一。

2月7日，本报党委召开全社职工大会。总结1990年工作、表彰先进大会。会上表彰了潘承田等34名先进工作者和先进生产者。

4月13日至15日，地委在柳林宾馆召开了全区新闻宣传暨表彰会议。会议总结交流了1990年新闻宣传经验，表彰了先进，提出了1991年宣传报道的总目标："保证数量，提高质量，狠抓典型，再上台阶。"参加会议的各县市分管宣传工作的副书记、宣传部部长、县市报社社长、广播电视台（站）长、地直新闻单位领导及有关负责人。地委宣传部长罗建中作报告。《湖北日报》副总编杨仁本和省电台、电视台、新华社湖北分社的同志应邀出席并讲了话。省新闻单位驻郧阳记者站和地直新闻单位负责人讲了报道意见。地委书记王启刚、专员曾宪武、副书记王良伟、地委秘书长柯德馨出席了会议，王启刚、王良伟做了重要讲话。

4月8日至14日，省委宣传部主办的全省报纸总编辑理论研讨班在武昌东湖宾馆举行。本报总编辑办公室主任潘承田参加了学习。

4月4日至9日，中国地市州盟报新闻摄影研究会和中国新闻摄影学会，在云南省玉溪地区联合召开了总编辑新闻摄影研讨会暨第二届年会。本报副总编辑孔翔翎和摄影记者赵虹参加了此次会议，并在大会上做了典型发言，发言的题目是《总编重视新闻摄影是实施两个提高的关键》。

5月24日下午，邀请各县（市）委宣传部长来报社评报、座谈，对近期本报的宣传报道工作情况进行评述，在肯定成绩的情况下提出了不足和希望。

6月，由郧阳报社、地区记协、地区新闻学会联合创办的新闻业务刊物《郧阳新闻窗》于 1991 年 6 月正式出刊。该刊为季刊，内部发行，16 开本。本月出版的创刊号印刷 500 本，每本共 32 面。创刊号刊有王启刚、王良伟、罗建中等领导同志的文章。刊物主编孔翔翎同志为创刊号写了《发刊词》。

7月 6 日，党委书记、总编辑郭崇久经上级安排，于 3 月 4 日赴省委党校初级干部班进修学习，于 7 月 6 日学习期满返回报社工作岗位。

7月 29 日，报社领导根据省出版局、地区出版局文件指示精神，成立了《郧阳报》自我审读小组，由熊毅、黄宏福、朱志泽、郭占柱、李翰华五位同志组成，熊毅任组长。

8月 4 日至 14 日，全国地市报总编新闻摄影研讨会在秦皇岛北戴河举行，社长吴德胜参加了会议。

8月 17 日，地委宣传部在郧阳报社编辑部四楼会议室召开了地直新闻单位贯彻落实《新闻工作者职业道德准则》动员会，郧阳报社、地区广播局、郧阳电视台全体同志参加了会议。

10月 6 日至 10 月 30 日，本报编辑办公室主任潘承田，参加了湖北省赴云、贵新闻采访团进行易地采访活动。先后专访了《贵州晚报》《安顺报》《玉溪报》《思茅报》《西双版纳报》，互相交流了经验。

11月 18 日至 24 日，湖北省记者协会在宜昌市报社举行了全省地市州盟报第十三届协作会议暨理论研讨会。本报副总编辑孔翔翎和地区记协秘书长黄宏福参加了会议。会议交流了各报的情况和经验；就有关新闻理论进行了研讨。

12月 15 日，《郧阳报·星期天》试刊。《星期天》刊头字为周韶华题写和罗国士题写。

1992 年

1月 1 日，《郧阳报》由隔日版改为周四刊，即每周星期二、四、六和星期日出版。

1月 5 日，《郧阳报·星期天》副刊正式出版。横排刊头字"星期天"三个字为罗国士所书。

2 月 24 日,《湖北日报》刊登一则消息,我省表彰报业经营管理先进单位和先进个人的光荣榜,本社社长吴德胜被授予全省报业经营管理先进工作者;本报广告科被授予报业经营管理先进集体。

10 月 8 日,地区行署专员曾宪武到郧阳报社现场办公,为办《郧阳日报》排忧解难,并要求全区各级党委、政府抓好 1993 年《郧阳日报》的发行。曾专员深入报社编辑部、印刷厂、广告公司等单位调查了解为明年改日报的准备情况。还听取了报社党委的汇报,并当场决定给报社拨款 5 万元,用于购买收讯设备。曾宪武还对报社的机构、人员、设备和税收等方面提出了具体解决的办法。

11 月 24 日,地委副书记王良伟、宣传部副部长刘开炳、王道德一同来郧阳报社,听取了报社党委书记郭崇久、副总编辑孔翔翎关于"以厂养报,以报创收,自我发展"的情况汇报。王良伟说,报社在意识形态方面冲破了单纯的政治观念,走上了既抓报纸又抓经济的新路子。

11 月 30 日至 12 月 2 日,本报组成考察小组,在社长吴德胜、副总编辑孔翔翎的带领下,为《郧阳报》改为《郧阳日报》,专门去襄樊日报社进行了考察学习。

12 月 28 日,郧阳报社在四楼会议室举行座谈会,庆祝 1993 年 1 月 1 日《郧阳日报》正式出版。应邀参加座谈会的有地委副书记王良伟,地委老领导冀青、李峰、李才、王金欣、雷学彬、旋敏,十堰军分区司令员吕荣忠,地委宣传部长罗建中。参加座谈会的还有地委、行署部办委的负责人、东汽公司、十堰市和地市各新闻单位的负责人及新闻记者。

1993 年

1 月 1 日,《郧阳日报》正式出版。《郧阳日报》是由原《郧阳报》周四刊改为《郧阳日报》周六刊。每周一无报。日报为四开四版,激光照排,高速胶印机印刷。年次发行 27000 多份。每张报价 0.15 元。《郧阳日报》的各版分工是:一版为要闻版,二版为经济版,三版为政宣版,四版为时事读者来信,《星期天》为副刊。广告随到随发,各版流。

6 月 11 日,全省地市州一季度报纸印刷质量评比揭晓,《郧阳日报》印刷质量名列前三名，获得评比一、二名的是《宜昌日报》和《黄石日报》。

10月，印刷厂六层宿舍楼一栋（共30户），于1992年6月开工兴建，1993年10月建成。建筑面积为2385平方米，投资约93万元。

10月6日，《新闻出版报》报道：在北京举办的、历时八天的中国报刊博览会于10月4日圆满结束。《郧阳日报》参展一个展板和部分实物。

10月26日，本报报道：全省地市州报协作会15次年会，于10月20日至23日在丹江口市召开。这次由省记协主持、郧阳日报社主办的会议，重温了中宣部、新闻出版署关于禁止"有偿新闻"的通知，交流了加强新闻队伍建设的经验。地委书记曾宪武到会致辞欢迎。

11月22日，郧阳日报社党委给地委宣传部并地委呈送了《关于郧阳日报出现重大差错的检查报告》一份。报告称：《郧阳日报》11月18日在刊登《中共中央关于建立社会主义市场经济体制若干问题的决定》时，将标题中"体制"二字漏掉，并在二、三版衔接处出现漏掉文字长达280个字。尽管我们19日在一版上刊登重要启事，20日在报上重登此稿，但已产生了严重的不良后果。报告称："出现这次事故的原因，除有关工作人员责任心不强，工作态度马虎外，有关领导负有不可推卸的责任。"

12月16日，郧阳地区新闻工作者协会、郧阳地区新闻学会，召开了副会长、秘书长会议，推举吴德胜为地区"两会"会长。并报地委宣传部批准。

12月18日，中共郧阳地委发出通知，地委同意郭崇久同志任郧阳日报社社长。

1994 年

2月4日，郧阳日报社党委以郧报党字（1994）3号文件，"郧阳日报社1993年工作总结"称：全社经济收入上了一个新台阶，1993年全社实现财政收入120多万元，比上年增长25.3%，上交各项税收近30万元。

2月23日，郧阳日报社党委"关于《郧阳日报》'11.18'重大差错的检查处理给地委宣传部并地委的报告"称：1993年11月18日，《郧阳日报》在刊登《中共中央关于建立社会主义市场经济体制若干问题的决定》中出现重大差错事故。党委决定扣发有关领导和责任人当月全部奖金和当月年终奖，有 2 人并处 50 元罚款；一、二、三、四版组版编辑（部室主任）公开做自我批评。

1 月 26 日开始，本社贯彻全区工资改革工作会议精神，到 4 月下旬基本结束，全社进行了工资改革。全社此次参加工改的职工共 405 人，其中在职正式职工 334 人，离退休人员 71 人。通过此次工资改革，全社在职职工每人每月平均增资近 110 元；离退休人员每月平增资 150 元。此次工改增资幅度是新中国成立以来最大的一次。

5 月 5 日至 14 日、6 月 16 日至 25 日，本报举办了两期新闻培训班，共计培训通讯员 68 人，参加学习的为全区五县一市的各乡（镇）和县直单位的通讯报道干部和业余通讯员。授课教师为本报编辑部总编辑、部主任。

6 月 8 日至 8 月 3 日，本报编辑部组织了"汉江大桥采访活动"。采访活动上自陕西白河县交界的郧西羊尾镇，下至河南的淅川县境内，共涉及两省四县 28 个乡镇，参加这次采访的 30 人，共撰稿摄影 40 多件，达到了预定目的。

6 月 8 日，为围绕"抓住机遇，深化改革，扩大开放，促进发展，保持稳定"这个全党工作的大局，本报从 4 月 21 日开始组织的《奋进在改革之年系列篇》大型采访活动顺利结束。这次大型采访活动历时近 50 天，共采写通讯稿 6 篇。这组系列报道，在读者中引起了很好的反映，称 6 篇文章是"六首歌颂改革的诗篇，六幅春潮涌动的画面"。

7 月，成都科技大学出版社的《中国当代著名编辑记者传集第二部，收录了《郧阳日报》郭崇久等六位同志的传记材料。这六位同志是：郧阳日报社党委书记、社长、总编辑郭崇久，郧阳日报社党委副书记、副总编辑、《郧阳新闻窗》主编孔翔翎，中国地市州盟报新闻摄影学会会长、郧阳地区新闻学会会长吴德胜，原郧阳日报社党委书记刘正安，《郧阳日报》新闻研究室主任雷向元，地区新闻学会秘书长黄宏福，这六位同志的专业职务分别是主任编辑，主任记者，其中有三位荣获中华全国记者协会颁发的"老新闻工作者荣誉证"。

8 月 24 日，印刷厂于 1994 年 7 月购进的一台四色胶印机投产。为 PZ4880—01B 型，购进价为 185 万元人民币。四色胶印机设计时速为 11000 时张。

10月29日，正式宣告郧阳地区与十堰市合并后，新的中共十堰市委于12月21日以（十发文［1994］4号）文批复了市委宣传部《关于理顺十堰日报、郧阳日报社体制的报告》。批复称经市研究同意：一、十堰日报社郧阳日报社合并，工作实行党委领导下的社长负责制；二、合并后的报社保留两个刊号，出版发行两张报纸，一张为市委机关报（新的《十堰日报》），一张为机关子报；三、积极创造条件将市委机关报改为大报，机关报的子报办什么类型的报纸，由报合并后的社党委提出意见，按程序报批。

12月26日，郧阳日报社发《郧报字［1994］14号》文称：郧阳广告公司关于更改名称报告收到，经研究同意将"郧阳广告公司"更名为"十堰广告公司"并办理有关手续。

1995 年

5月16日，新的十堰日报社诞生。新的十堰日报社党委在原郧阳日报社办公楼会议室召开中层干部大会，市委副书记冯友仁，市委常委、宣传部长关小兰到会致贺并提出殷切希望。市委决定，新成立的十堰日报社实行党委领导下的社长负责制，办两张报纸，一张是市委机关报《十堰日报》，一张是党报性质的晚报《十堰晚报》。在此之前2月5日，"十发干［1995］25号"文件发出《关于郭崇久等同志任职的通知》：郭崇久任中共十堰日报社委员会书记；杨亨荣、李君琦、孔翔翎、魏文沛任中共十堰日报社副书记；林锦富、欧金华、潘承田、杨志安、姚万国、周汉山任中共十堰日报社委员会委员。实行党委领导下的社长负责制。2月5日以"十发干（1995）26号"文件发出《关于郭崇久等同志任职的通知》：郭崇久任十堰日报社总编辑；杨亨荣任十堰日报社社长；李君琦任十堰日报社副总编辑；魏文沛任十堰日报社副社长（正县级）；孔翔翎、林锦富、欧金华、潘承田、杨治安任十堰日报社副总编辑；姚万国、周汉山任十堰日报社副社长。

6月30日，《十堰日报》1995年7月2日刊登照片说明称："（今年）6月30日，《郧阳日报》走过了45年的光辉历程，圆满完成她的历史使命，告别读者。图为报社领导及印刷厂负责人在观看刚下线的最后一期（总第5374期）《郧阳日报》"。这也就是说，《郧阳日报》于1995年6月30日，即《十堰日报》创刊前夕正式终刊。地市合并后的《十堰日报》于1995年7月1日正式实刊。创刊号头版在显著位置刊发了市委书记曾宪武、市长吴发育、市人大主任王良伟、市政协主席孔庆藻为庆贺《十堰日报》创刊题词。市委副书记冯友仁的文章：《发挥党报优势　促进十堰发展》（代发刊词）也在头版刊登。

9月6日，中共十堰日报社委员会以〔十报党字（1995）1号〕发出"关于党委成员分工的决定"：郭崇久、杨亨荣主持报社全面工作；郭崇久主管党务工作，报纸工作；杨亨杨主管行政、经营、财务工作，报纸发行工作；李君琦主管党务、纪检工作，经营开发工作；孔翔翎分管日报报纸工作，主持日报编辑部工作；欧金华分管日报报纸工作；潘承田分管日报报纸工作，日报发行工作；杨治安分管晚报报纸工作，主持晚报编辑部工作；姚万国分管经营开发工作；周汉山分管行政工作，晚报发行工作。

12月20日，为了加强晚报编辑部工作，经报社党委研究决定，决定成立十堰日报社晚报工作领导小组。领导小组由杨治安、林锦富、余兰平组成。组长：杨治安；副组长：林锦富。

1996 年

5月31日，《十堰日报》为进一步加强对市域经济发展和政策信息的宣传报道，经有关部门批准，正式创办了《十堰日报·经贸信息周刊》。该刊每周一期（星期五出刊）共4版，随《十堰日报》一起由邮局发行。

6月下旬，本报建造的一栋六层（外加地下室）职工宿舍楼，经过两年零8个月的施工，于6月初完工并交付使用。此楼总面积为3036平方，两个单元，共24户，实际造价为180多万元。

7月5日，省《新闻前哨》主编、高级编辑边静远同志来本报，在四楼会议室讲新闻业务课，本报编辑部全体编辑、记者参加了听课。

8月28日，十堰日报社以（十报社字〔1996〕15号文件）印发了给市委宣传部并市委"关于将《十堰日报》改为对开大报的报告"。报告称：《十堰日报》由现在的四开四版小报，于1997年元月1日改出对开四版大报，每周出报纸6期，全年出报纸312期，市委副书记冯友仁、市委宣传部长彭景伦分别于 9 月 9 日和 9 月 7 日签出意见。彭部长签出的意见是："《十堰日报》改版问题，市委常委已议定，现在报社提出的意见基本可行。"冯书记签的意见是："同意彭部长的意见，积极做好准备，认真办好大报。"

9 月 27 日，中国地市报群研究会第六次年会，于 9 月 9 日至 15 日在山东省泰安市举行。本报孔翔翎、雷向元同志参加了会议。会议评选了群众工作方面的好论文、好内参、好来信版面、好稿件。本报送评的两件作品《十堰汽车市场掮客猖狂呼吁清理整顿》和《摊派挂历与年画忙了教师苦了娃》均获奖。

12 月 18 日，《十堰日报》对开四版从即日起试刊。试刊的第一期为《十堰日报》总期数的第 448 期和 449 期。报头《十堰日报》四字为毛泽东手书体拼合组成。

12 月 31 日，本报隆重举行扩版座谈会，市领导曾宪武、王良伟、彭景伦、王铁军、鲁修轼及市直有关单位、市新闻出版单位负责同志到报社表示祝贺。市委书记曾宪武做了题为《坚持正确的舆论导向，激励全市人团结奋起振兴十堰》的祝词。他殷切地希望：坚持正确导向，紧跟市委中心，面向广大群众，办出一张具有鲜明地方特色的党报。

1997 年

1 月 1 日，正式出版《十堰日报》扩版的对开报纸。期号为第 458、459 期。本期共有 8 个版。一版刊发了《十堰日报隆重举行扩版座谈会》的消息，市委书记曾宪武题为《坚持正确的舆论导向激励全市人团结奋起振兴十堰》的祝词，以及题为《坚持正确导向提高宣传艺术》的社论。

2 月 14 日，十报党字（1997）3 号文件，根据工作需要，经党委研究，对党委成员分工作如下决定：党委书记、总编辑郭崇久，社长、党委副书记杨亨荣主持报社全面工作；郭崇久侧重抓党委工作、报纸工作。分管干部、纪检、理论学习、党建、报纸审读工作。管纪委、监察室；杨亨荣侧重抓经营工作、行政工作。分管报纸广告、职称、劳资、老干部工作；副总编辑、党委委员欧金华主持日报编辑部日常工作。分管日报报纸业务、编辑部财务、新闻研究、评报工作；副总编辑、常委委员潘承田分管日报报纸业务、摄影、支部、好新闻、日报发行、内参、通联工作；副总编辑、党委委员杜华分管日报报纸业务、行政管理、报纸出版、职称工作；副社长、党委委员姚万国分管报社经营、财务、基建、行管、环卫、安全保卫工作；副社长、党委委员周汉山分管报社经营开发、群团、计生、晚报发行工作。

3月30日，十堰市新闻工作者协会、十堰市新闻工作学会于3月30日宣告成立。市委常委、宣传部部长彭景伦当选为"两会"会长，十堰日报社党委书记、总编辑郭崇久、十堰市广播电视局局长郭学耀，十堰市新闻出版局局长彭少华，十堰日报社社长杨亨荣分别当选为副会长。

4月4日，市长马荣华专程来到本报看望工作在采编一线的编辑记者和印刷工人，了解报社发展情况，参观了日报微机室、印刷设备，对《十堰日报》在较短时间内能从4开小报迅速转为对开大报表示赞赏。

6月2日，中国地市报研究会第三届全体理事会，于5月31日至6月2日在河北石家庄召开，会议选举了一届中国地市报研究会领导成员。本报社长杨亨荣参加了这次会议。

6月23日，从即日起本报有43人分三批在市科器公司进行电脑培训，每期培训10—12天，参训的采编人员初步了解了电脑使用的有关知识。之后，要闻部、综合新闻部、总编室先后购回三台电脑。

8月16日至19日，本报副总编辑潘承田、摄影部主任赵虹，在山西省晋中地区参加了第八届中国地市州盟报新闻摄影年会暨总编辑新闻摄影研讨会。本报社党委书记、总编辑郭崇久当选为研究会副会长，摄影部赵虹为副秘书长，原郧阳日报社社长吴德胜为名誉会长。

12月9日，《十堰日报》编辑部邀请市委宣传部、文化局、市文联等有关部门负责人及十堰地区部分读者、作者进行座谈，广泛听取社会各界对《十堰日报·星期天》的意见和建议，以期在新的一年将《十堰日报·星期天》办得更具特色。

1998 年

2月9日，十报党字（1998）4号文件《关于进一步完善科级干部聘用制的意见》，社党委对社直机关各部门正、副科级干部、日报编辑部、晚报编辑部各部室正、副科级干部、未进行企业改制的社直有关企业正、副厂长（经理）继续执行聘用制。聘期一般为两年。受聘期间享受同级待遇。工资、岗位津贴等随职务升降而增减，并载入档案，调动工作时随档案转移。同时，明确了"男满 55 岁、女满 52 岁的科级、副科级干部，不再担任实职，安排适当工作，待遇不变，党委不再续聘职务，到退休年龄统一办理退休手续"的规定。

3 月 5 日，经社党委研究决定：成立"十堰晚报编辑委员会"。杜华、周汉山、林锦富、吴鹏飞为编辑委员会委员。

6 月 24 日，市委书记阎增福，副书记冯友仁，市委常委、宣传部部长彭景伦，市委常委、秘书长王铁军到十堰日报社调查、研究、指导工作，对报社工作给予了充分肯定并提出了要求。

7 月 10 日，十堰市委发出〔1998〕66 号任职通知的文件：李泽民同志任十堰日报社党委副书记、《十堰日报》总编辑职务。同时免去郭崇久同志《十堰日报》总编辑职务。

7 月 22 日至 26 日，由湖北省记者协会主办、十堰日报社承办的"湖北省新闻群众工作研讨会"在十堰市柳林宾馆举行。湖北省 21 家地市县报共 56 人参加了会议。会议对 1997 年度各地市州报舆论监督好新闻进行评比并对在市场经济条件下，如何做好党报群众工作，发挥新闻舆论监督作用进行了探讨和交流。

8 月 19 日，市委书记阎增福同志对《十堰日报》发行工作批示：《十堰日报》是中共十堰市委机关报，担负着宣传党的路线、方针、政策，传达市委、市政府的工作部署，报道市情，宣传典型，联系人民群众，指导实际工作的重要任务，是组织和动员全市人民建设十堰、振兴十堰的必不可少的舆论阵地。当前，我市的改革进入攻坚阶段，发展进入关键时期，《十堰日报》要紧跟党的中心工作，充分发挥自身优势，坚持以邓小平理论武装人，用正确的舆论引导人，用先进的典型教育人，用改革开放的成就鼓舞人，在我市的两个文明建设中发挥先锋模范作用。希望报社全体干部职工继续发扬"党性强、业务精、纪律严、作风正"的传统报风，把《十堰日报》办得好上加好；各级党委务必以高度的政治责任感认真抓好《十堰日报》的征订发行工作。要在抓好报刊治散治滥工作的同时，加大《十堰日报》的征订推广力度，做到订阅不留空白点，力争在一两年内实现全市平均每百人拥有一份《十堰日报》的发行目标。

8月24日，十堰市委办公室、市政府办公室发出十办文〔1998〕47号文件：《关于认真做好1999年度〈十堰日报〉发行工作的通知》。通知从提高思想认识、加强组织领导、扩大党报发行面、确保经费落实、做好征订工作五方面，要求各县市区委、人民政府，军分区党委，市委各部门，市级国家机关各委办局，各人民团体确保《十堰日报》征订发行任务的完成。

11月24上午，《十堰日报》召开全体人员动员大会，宣布1999年度《〈十堰日报〉编辑部优化组合实施方案》。总编辑李泽民作动员报告，方案分指导思想、基本原则、操作办法、实施步骤四个部分。

11月30日，十发干〔1998〕95号文件，任命李泽民同志任十堰日报社社长；杨亨荣同志任十堰日报社正县级调研员，免去其十堰日报社社长、党委副书记职务。

12月9日，十堰日报社给市政府呈送了《关于请求将十堰日报社新闻综合大楼建设列入市重点建设项目投资的报告》，12月15日市委副书记冯友仁在此报告上批示：情况属实，确有需要，拟同意列入市重点建设项目，请市政府研究。

1999 年

元月14日，市长马荣华在十堰日报社《关于请求将十堰日报社新闻综合大楼建设列入市重点建设项目投资的报告》上批示：请列入1999年基建计划。

元月28日，市长马荣华在十堰日报社元月27日给市政府的《关于请求将十堰日报社新闻综合大楼建设列入市重点建设项目投资的报告》上批示：报社新闻大楼建设，请各有关部门予以大力支持，要本着能免则免、当减则减的原则，从简办理有关手续。

2月4日，市委副书记冯友仁、副市长李全正在十堰日报社召开十堰日报社综合新闻大楼建设现场办公会。会议决定：新闻业务大楼建设列入今年计划，财政分两年共拨款130万元；按旧城改造的政策，各有关部门给予大力支持，手续从简从快办理。参加现场办公会的市委宣传部、市计委、地税局、规划局、财政局、建材局、消防支队、华中设计院、市园林局等单位领导纷纷表示支持大楼建设。

4月30日十堰日报社新闻综合大楼破土动工。

6月23日，十堰日报社党委以〔1999〕8号文件通知：潘承田同志任《十堰晚报》主编；朱志泽同志任《十堰晚报》副主编；胡庆东同志任《十堰晚报》副主编。

8月2日，十堰日报社党委经过反复研究，拟从2000年1月1日起将《十堰日报》由周六刊增为周七刊。市委常委、宣传部长彭景伦8月9日在《十堰日报》"关于《十堰日报》2000年增刊的请示报告"上批示：拟同意，请冯友仁书记阅定。冯友仁副书记8月10日在此报告上批示：同意做好准备、做好宣传。《十堰日报》增刊后，报纸期价由0.45元降为0.42元，全年价由140.40元升为153.30元。

8月31日，湖北省新闻出版局232号文件对市出版局关于《关于〈十堰日报〉增刊的请示》报告上批复：同意《十堰日报》从2000年1月1日起由周六刊改为周七刊。

10月29日，市委书记李宪生在市委常委、市委秘书长王铁军陪同下视察了十堰日报社，听取了汇报，并深入采编部室与采编人员亲切交谈，详细了解报社事业建设、队伍建设、设备管理和生产部门的生产经营情况。李宪生强调：《十堰日报》要以宣传为中心，深化改革，加快事业发展，在坚持党性原则的前提下，做到社会效益与经济效益有机统一。

9月3日至11月7日，由本报举办的《十堰日报》有奖问卷调查活动，历时3个月顺利结束。此次活动共产生一、二、三等奖28名，其中彭跃文等20名获三等奖，侯金海等7名获二等奖，竹山县一中教师邵运群获一等奖。

10月10日，报社党委领导班子和县级干部"三讲"教育正式开始。为加强"三讲"教育领导，党委决定成立以郭崇久为组长的"三讲"教育领导小组，并下设办公室。"三讲"教育共分：思想发动、学习提高，自我剖析、听取意见，交流思想、开展批评，认真整改、巩固提高四个阶段，历时近3个月，于12月28日结束，全体党委成员均评价为合格。

11 月，本报向社会公开招聘工作人员，12 月底结束。70 多名应试人员经目测、笔试、操作等考试，从中录用了 5 名。这次招聘在本报用人制度上尚属首次。

2000 年

1 月 1 日，《十堰日报》由周六刊改为周七刊，对开周出 28 版。定价为：期价 0.42 元，月价 12.8 元，年价 153.3 元。

1 月 1 日，《十堰晚报》出四开四版彩报 56 版。

1 月 1 日，本报继续改革用人制度。实行全员聘用，全员考核，双向选择，竞争上岗，定岗定责。社直及编辑部中层干部和人员 1 月上旬全部到位。

2 月 19 日，十堰日报社为纪念《十堰日报》创刊 50 周年，于当日在一版刊发"我与十堰日报"征文启事，正式启动纪念报庆 50 周年活动。2 月 25 日，日报在一版刊发了第一篇征文：《〈十堰日报〉助我成长》。

2 月 20 日，市委书记李宪生在本报 19 日头版头条《站在实施西部开发战略的高度　大力推进武当山旅游产业开发》的消息上批示："稿子整理不错，且发稿比较及时。如果策划意识更强一点，更使其成为社会关注热点，可能版面更讲究一些，加配发表言论说明市里的意图，效果可能更好。"

2 月 21 日，《十堰日报·经贸信息周刊》正式在因特网上与广大读者见面。

2 月 22 日，本报收到第一封电子邮件投稿。投稿者赵巍，他是看了《十堰日报·经贸信息周刊》电子版后，通过主页上的信箱向本报投稿的。

2 月 23 日，市委书记李宪生对本报 2 月 21 日头版《十堰，让我们重新认识你》的评论员文章批示："言论写得不错，还望再接再厉。"同时又对二版《西部大开发　郧县咋定位？》《纳入西部理所当然》两文批示："这组报道很好，只是版面安排还可更恰当一些。"

2 月 28 日，本社发文通知，筹备《十堰日报》50 周年报庆活动。报庆大体概括为"三个一"：一本书、一个展览、一个座谈会。成立以社长、总编辑李泽民为组长的报庆领导小组。

3 月 3 日，本社对《十堰晚报》招聘的 28 名采编人员进行了新闻业务理论等内容的闭卷考试。

4月10日至11日，全市报纸新闻奖在竹山县报社评选，本报共有23件作品获奖。其中一等奖6件，二等奖6件，三等奖7件。好版面2件，好标题2条。

4月11日至13日，湖北省新闻摄影学会第四届理事会暨第五届全省报纸总编辑、摄影记者新闻理论讨论会在我市丹江口市举行。本社社长、总编辑李泽民，摄影部主任赵虹当选为常务理事，摄影部副主任芮智敏当选为理事。同时，本报推荐参评的《市长救人》《无名墓前守墓人》《张自明创办科教兴农书屋》等7幅（组）作品分获1999年度全省好新闻作品二、三等奖。

4月16日，为祝贺《十堰日报》创刊50周年，本报组织市内部分著名书画家，为本报题词、作画。

4月22日至24日，本报编辑部及社直各部室的人员利用双休日时间，由原址郑家沟编辑部旧楼迁至市人民中路临街的新大楼。该大楼投资500万元，建筑面积为4250平方米。

4月25日，《十堰日报》社全体工作人员正式在新闻业务大楼办公。

4月28日，市委书记李宪生对本报4月28日头版头条《认清形势、明确任务、抢抓机遇，实现我市交通建设的超常规发展》做出批示："今天的这篇报道组织的不错，抓住了问题的要害。"

5月10日，全国政协副主席、中共中央统战部部长王兆国为本报报庆50周年题词："办一流党报，创一流业绩。"

5月11日，本报举行首次读报有奖知识竞赛抽奖仪式，竹溪县泉溪中学王景瑞获一等奖。至此，本报历时6个月的首次读报有奖知识竞赛圆满结束。

5月24日，《十堰日报》一版刊发市委书记李宪生《致市主要新闻单位的一封信》。李宪生在信中对包括本社在内的市属主要新闻单位的工作给予了充分肯定。李宪生的信以江总书记"三个代表"重要思想为指导，深刻阐述了党的新闻事业在新的历史时期的重要地位和党报坚持党性原则，增强政治意识、大局观念的重要意义。李宪生在信中要求新闻单位要正确处理党性原则与新闻规律、社会效益与经济效益、正确导向与导向有效、正面宣传与舆论监督、宏观策划与微观实施、新闻竞争与形成合力六大关系。25日，十堰日报社举行座谈会学习李宪生致市主要新闻单位的一封信，26日，《十堰日报》刊发评论员文章《进一步办好十堰日报》。

6月5日，市委书记李宪生为本报报庆50周年题词。

6月12日，市政协主席孔庆藻等到本报视察工作，并听取了社长李泽民对报社工作的汇报。

6月14日，市长马荣华、市委常委、市委宣传部长蒋显福到十堰日报调研。本社社长、总编辑李泽民向市领导汇报了工作。

6月15日，市委副书记赵斌，市委常委、宣传部长蒋显福，市委秘书长王华滔等专程到本报视察工作，看望采编人员，了解报社发展情况。

6月21日，市委副书记蓝官衡，市委常委、宣传部长蒋显福等专程到本报视察工作，看望采编人员，了解报社发展情况。

6月23日，为纪念十堰日报创刊50周年，《十堰日报》特出版纪念特刊，一至四版铜版纸印刷，对开四版，共20个版。

6月23日，《十堰日报》创刊50周年座谈会隆重举行，市委书记李宪生，市委副书记、市长马荣华到会祝贺并讲话。市委副书记蓝官衡主持座谈会，市领导冯友仁、孔庆藻、方鸿志、蒋显福、冀群凤出席，社会各界300余人到会祝贺。

6月23日，省新闻出版局局长梁前刚为本报报庆50周年题词："襄阳、郧阳和十堰，巡天径地五十年，历经沧桑千般难。今尝改革万宗甜，传令阐策重导向，顺令授术吟民言。高楼矗立两度兴，宏图再现新纪元。"

7月14日，原省人大副主任黄正夏来我市考察，在得知本报已创刊50周年时，欣然为本报题写了"加强十堰建设，为西部开发服务"的贺词。黄正夏1973年来十堰参加二汽建设，担任过二汽厂长等职，在我市政企合一时，曾兼任市委副书记、市长等职。

7月21日，本社设立十堰日报总编辑奖，并对奖励条件、程序、金额做出了明确规定。

9月13日，省委常委、省委宣传部部长缪合林在市委书记李宪生、副书记蓝官衡等陪同下到本报视察。

11月1日，为突显信息量大、实用性高、可读性强的报纸编辑特点，最大限度地满足广大读者需求，《十堰晚报》今起正式改版。改版后的《十堰晚报》由原来的四开 8 版周七刊，改为四开 12 版周五刊。除保留原版面外，晚报改版后新增版面有："影视娱乐""文化新闻"及"每日特刊"。

11 月 7 日，本社举行座谈会，庆祝中国第一个记者节。市委常委、宣传部长蒋显福到会向全社新闻工作者表示节日的问候，社长、总编辑李泽民讲话，本社部分老领导刘正安、吴德胜、郭崇久、杨亨荣、张羽、孔翔翎在会上发言。

11 月 8 日，在省记协召开的我省庆祝新中国第一个记者节表彰大会上，本报编辑部获先进集体殊荣。编辑一部主任林鄂平、《十堰晚报》副主编朱志泽获先进个人表彰。《十堰日报》在二、三版特辟专刊庆祝中国第一个记者节。

12 月 1 日，十堰日报《武当文化周刊》创刊，该刊为对开四版，每周一期。

12 月 1 日，《十堰日报》正式按 2001 年改革方案试运行。从当月起，日报每周出八期，周五除正刊外，附送《武当文化周刊》八个版。

2001 年

1 月 1 日，《十堰日报》从 2001 年起，正式改版为对开周七刊，周出 32 版。同日，十堰日报编辑部开始实行编委制。

1 月 19 日下午，市委副书记蓝官衡，市委常委、宣传部长蒋显福来我社走访慰问春节前坚守岗位的采编一线新闻工作者。社长李泽民陪同。

2 月 28 日，由《郧县报》社承办的 2000 年度十堰市新闻奖（报纸系列）评选活动揭晓，本报有 9 件作品获一等奖，晚报有 4 件作品获一等奖。

3 月 18 日，由省记协主办、本报承办的"2000 年度湖北新闻奖市州报初评会"在市华中大厦举行。本省 12 家日报和 9 家晚报的社长、总编辑到会，参评作品共有 510 件。省记协执行主席卢吉安到会讲话，市委书记李宪生、市长赵斌、市委常委、宣传部长蒋显福到会祝贺。

3 月 21 日，省市州新闻奖评选揭晓，本报有 18 件作品获奖，其中 3 件作品获一等奖。

4 月 2 日，全省 2000 年度好新闻摄影作品评选在武汉市揭晓。本报 6 件作品获奖。赵虹拍摄的《"洋教头"武当学功夫》获一等奖。

5月8日下午，十堰日报举行马克思主义新闻观和职业道德教育报告会，社长李泽民作专题报告。

6月26日，下午，十堰日报社举行庆祝建党八十周年暨熊静事迹报告会，全省优秀共产党员熊静应邀为我社新老党员作事迹报告。

7月30日，十堰日报二版报道："第四届全国人大报刊好新闻评选日前在北京揭晓，十堰日报记者党立杰撰写的通讯《乐当人大'旁听生'》，十堰日报记者李新成撰写的消息《要当副市长先过考法关》，均获三等奖。"

8月15日，新上任的市委副书记王树华专程到十堰日报视察工作。社长、总编辑李泽民向王树华汇报了报社发展情况，并陪同王树华一行看望了工作在采编一线的工作者。

8月16日，市委书记李宪生听取了市委常委、宣传部长蒋显福和十堰日报社长、总编辑李泽民关于计划召开的《十堰日报》2002年度发行工作会议准备情况的专题汇报。李宪生指出，要把报社事业当作文化产业来办，在丰富内涵的同时拓展外延。

9月20日，在国庆52周年到来之际，十堰日报社与十堰大市场联合在日报二版推出"老街情"散文征文大赛活动。

10月21日，在江西省井冈山召开的中国地市报群工研究会第十一次年会上，十堰日报有3篇作品获奖，即：内参《农民拒上义务工事出有因　干部随意用警械应该整改》、来信《为罚款搜身　不开单收钱　郧西县火车岭林检站做法欠妥》获三等奖；编辑傅书元撰写的《试论党报群众工作在市场经济条件下如何为办好党报发挥作用》论文获三等奖。

11月7日，为迎接第二个记者节到来，《十堰日报》、十堰市记协联合举办第二个记者节暨夏德彰从事业余新闻工作50年座谈会。

11月26日，在我市考察的省情专家考察团部分专家、教授莅临十堰日报社，为十堰日报社新闻改革、事业发展献计献策。

12月31日，市委副书记蓝官衡，市委常委、宣传部长蒋显福一行到《十堰日报》看望慰问新闻采编人员。

截至12月31日下午5点，来自《十堰日报》社发行中心的报表显示：《十堰日报》自办发行头一年，发行势头看好，发行数量较往年有大幅度提高，增幅为 20%；各县（市、区）都超额完成上级下达任务，其中郧县、竹溪达到每百人一份。

2002 年

1月1日，十堰日报社改革发行体制，引入市场机制，实行产销合一，自办发行。在巩固农村阵地的同时，扩大城区发行，设立县（市、区）、乡镇两级分站，将《十堰日报》与《十堰晚报》、各县（市）报、《十堰日报·地方版》捆绑发行。

1月1日凌晨6点，十堰日报社专用发行车载着《十堰日报》驶向三堰客运站、十堰客运南站和六堰客运站。一捆捆散发着油墨芳香的《十堰日报》，被送往各县（市）。

3月14日至18日，由中国新闻摄影协会、中国地市州盟报新闻摄影作品评选揭晓，本报记者阎洪的作品《世纪老人》获银奖。

3月26日至28日，湖北省新闻摄影学会第四届理事会三次全会暨第六次全省报社总编辑、摄影记者新闻摄影理论年会在宜昌召开。会议对2001年度湖北省优秀新闻摄影作品进行了评选。本报记者赵虹选送的《克隆技术进山村》、阎洪选送的《世纪老人》、芮智敏选送的《劳模车城喜相逢》三幅作品分获科技类一等奖和新闻人物现场肖像类三等奖。

5月24日下午，由《十堰日报》社主办的首期"十堰发展论坛"在本社举行。市委副书记关小兰，市委常委、宣传部长蒋显福到会祝贺。

5月26日，东风载重车公司总经理杨少杰、党委书记周强在十堰日报社社长、总编辑李泽民的陪同下，参观新闻采编大楼。

5月31日起，武当文化生活刊由星期五出版改为星期日出版。

6月28日，十堰日报以"南水北调中线工程水源区生态保护"为主题的十堰发展论坛举行。与此同时，由市委宣传部、十堰日报社、丹江口市委、市人民政府、市摄影家协会、市环保局、市美乐大酒店共同发起和主办的"南水北调水源区生态保护"摄影采风活动启动。

12月22日起，因2003年度《十堰日报》版面结构调整，武当文化生活刊停刊。

2003 年

1 月 15 日，十堰日报社党委决定自 2003 年起全面开展创建学习型报社活动。全力塑造学习型党委、学习型党支部、学习型部室、学习型职工。报社为此出台了《十堰日报社创建学习型报社实施细则》。

4 月 28 日，《十堰日报》正式出彩报。这是湖北省市州委机关报中首张天天出彩报的报纸。

5 月 14 日，十堰日报社党委为到"抗非"一线——市黄龙医院采访的记者余华韵、李红星举行壮行座谈会。

11 月 26 日，第八届湖北时事报道年会在我市举行，十堰日报 8 件作品、2 名个人获奖。

十堰日报社被评为 2002—2003 年度湖北省报业经营管理先进单位。

2004 年

3 月 19 日，在全省报纸印刷质量评比表彰会上，十堰日报获评报纸印刷质量优质奖。十堰晚报获评报纸印刷质量良好奖。

6 月 10 日下午，市委书记赵斌、市委副书记关小兰来到十堰日报社，就报纸采编业务、广告经营、报社事业发展等方面进行调研。

10 月 23 日，十堰日报编辑部党支部组织党员干部赴全市"三个代表"重要思想教育基地——张湾区西沟乡长坪塘村参观学习。

10 月 30 日至 11 月 5 日，十堰市人民政府主办，十堰日报社承办的 2005 年上海国际时装模特大赛、中西部赛区总决赛在市体育馆举行。

12 月 24 日，十堰晚报编辑部开通"市民点题热线"。

2005 年

4 月 22 日，由中华全国新闻工作者协会主办，中国新闻摄影学会协办，新民晚报社承办的第十五届中国新闻奖摄影作品复评暨 2004 年全国新闻摄影年赛在上海揭晓。十堰日报社记者陶德斌的《夫妻活体肾移植》组照，获中国新闻奖摄影奖组照类铜奖。

6月19日，湖北省新闻摄影学会换届工作会议在襄樊日报社召开，十堰日报社副社长赵虹当选为学会副会长。

6月28日，十堰日报社召开中层以上干部会议，市委组织部副部长王天祥宣布市委决定：叶章胜调任十堰日报社党委书记、社长。

7月1日，为纪念《十堰晚报》创刊10周年，晚报出版纪念特刊《城市档案》，共176版，广告创收70多万元。

7月8日，《十堰晚报》创刊10周年"香格里拉之夜"大型文艺晚会在市体育馆举行。

7月26日，市委书记赵斌陪同省委常委、宣传部长张昌尔一行来报社调研。

9月7日至16日，社长叶章胜参加第四期全国地市党报报社社长岗位培训班学习，经考查、考试合格，国家新闻出版总署颁发了《岗位培训合格证书》。

12月6日，十堰日报社召开2005—2007年度深化改革动员大会，社长叶章胜作动员讲话。

12月19日，十堰日报社党委召开中层干部任职集体谈话会，社长叶章胜讲话。同日，十堰日报社一般职工测评，开展双向选择、优化组合。

2006年

2006年，十堰市编制委员会重新下文明，确十堰日报社印刷厂为事业单位。

1月27日，市委书记赵斌、副书记蒋显福来报社看望社委领导班子及采编人员。

1月，《十堰晚报》通过公开招考，13名记者、热线员充实到采编队伍。

3月2日，十堰日报社举行民主选举，改选工会、共青团、妇联组织。

3月23日，市委常委、宣传部长冀群风一行来报社调研。

3月，十堰日报社被市爱委会授予"2004—2005年度卫生先进单位"称号。

4月6日，十堰日报社召开十堰新闻网建设专题会议，决定与武汉鼎盛数码科技公司合作，实行股份制运作。

5月，十堰日报社党委决定筹建十堰市新闻门户网站——秦楚网。《十堰晚报》推出《热线直播》专栏。

6月30日，十堰日报社召开庆祝中国共产党成立85周年大会，党委书记、社长叶章胜讲话。

7月15日至16日，社长叶章胜参加全省文化体制改革工作会议，十堰日报社纳入全省文化体制改革试点单位。

8月18日，十堰日报社在宏正大酒店举行"十堰新闻网——（秦楚网）开通暨十堰晚报读者节颁奖仪式"。

8月28日，十堰日报社印刷厂投资近600万元从美国引进的东方彩色轮转印报机正式投入使用，标志着我市彩印水平又上一个新台阶。

10月3日，秦楚网牵头组织"网络传爱心叶大行"爱心捐赠活动。

10月23日，十堰日报社在郧县金沙湾旅游度假村举行十堰市首届新闻摄影培训班开班暨十堰市摄影创作基地揭牌仪式。

11月23日，社党委决定李东晖任《十堰晚报》执行总编。

11月，十堰日报社被市委、市政府授予"2004—2005年度全市普法依法治理先进单位"称号。

12月10日，在中国地市报新闻摄影20年颁奖活动上，十堰日报社记者赵虹的《秦巴老屋》荣获"中国地市报20年优秀画册"金奖，陶德斌荣获"全国地市报首届新闻摄影百佳记者"称号。

12月15日，市委书记赵斌主持召开全市新闻宣传部门负责人座谈会，社长叶章胜汇报十堰日报社新闻宣传及报业经营情况。

2007 年

3月8日至12日，日报在一版刊发了《市长热线开通五周年系列报道》，4月29日，省委宣传部新闻阅评组在《新闻阅评》上撰文，对该系列报道给予充分肯定。

3月20日起，《十堰日报》主办的《秦楚网》改版。

3月29日，省市州报新闻奖评选揭晓，本报17件作品获奖。

4月1日起，《十堰日报》改版，每周增加各一期民生版和新农村版。

4月12日起，《十堰日报》改变报头部分版式，新版式更具有视觉冲击力。同时增加了蓝条（亮点）新闻。

5月8日，湖北新闻奖评选揭晓，《十堰日报》7件作品获奖。

6月1日，十堰日报编辑部与竹溪梅子贡茶场联合举办的"梅子贡杯——今日视角"新闻竞赛开赛。

6月，经国家新闻出版总署评定，本报主办的《十堰晚报》荣获"中国报刊优秀品牌"荣誉称号。

6月，由十堰日报社投资520万元的报社印刷大楼建成投入使用。

6月28日，十堰日报社印刷厂荣获省报协组评的2006年度报刊印刷质量优质奖。

6月28日，王清同志由市委宣传部调任十堰日报社副总编。

7月23日，由《十堰日报》和市双拥办联合举办的纪念建军八十周年专栏"老兵新传"正式推出，8月16日结束，期间共刊发稿件19篇。

8月24日，《十堰日报》推出《说说您身边的十堰好人》专栏，该专栏被评为2007年度省市州报、中国城市党报、中国地市报好新闻奖专栏类一等奖，成为十堰日报的品牌栏目。

9月4日，由《十堰日报》承办的省记协市州报委员会2007年会暨第二届理事代表大会在武当山特区召开。十堰日报社党委书记、社长叶章胜当选为副会长。

9月13日，十堰日报社被省语言工作委员会、省教育厅授予全省语言文字工作先进集体荣誉称号。

10月8日，本社主办的《秦楚网》再次改版。

12月1日，十堰日报社被省人民政府防治艾滋病工作委员会办公室、省全球基金艾滋病防治项目办公室、省健康教育所评选为"湖北省防治艾滋病新闻报道先进集体"，十堰晚报郭应均被评为先进个人。

12月6日，经市政府批准，十堰日报社开始承办"政府网"。该网与《秦楚网》两个网络使用一块牌子。

12月11日，《十堰晚报》荣获"市'五一'劳动奖状"先进集体荣誉称号，同时被市总工会授予"十堰市学习型组织标兵单位"荣誉称号。

12月21日，由市房管局、十堰日报社主办，市房地产开发企业协会和十堰晚报承办的，2007年度湖北（十堰）房地产"风云榜"评选揭晓。

12月27日，日报在二、三版刊发隆重庆祝郧阳解放60周年盛况新闻。12月28日刊发"央视激情广场"在郧县演出新闻。

12月31日，经过近一年的辛勤工作，《十堰日报社管理规程》一书正式成稿印刷。这是报社强化制度建设的一项成果，该书具有较强的针对性和实用性，对促进报社规范化管理有较强的指导作用。

12月，十堰日报社启动了2008年新一轮改革，到月底各项改革全部到位。

2008 年

1月1日，《十堰日报》扩版，对开周六刊，周出44版，同时报价提为246元。

1月15日，市纪委召开全市反腐倡廉新闻宣传工作座谈会，十堰日报社《十堰日报》编辑部、《十堰晚报》编辑部、《秦楚网》编辑部获全市反腐倡廉新闻宣传工作先进集体。日报刘祥惠、晚报张俊良等五人获先进个人称号。

1月20日，市委书记赵斌，市委常委、宣传部长冀群风到十堰日报社，亲切看望本报采编人员，并通过秦楚网网络视频向广大网民拜年，向全市人民致以新年的良好祝愿！

3月25日，本社创办的《旅游周刊》正式出刊，该刊为四开八版，每周一期，随《十堰晚报》发行。

5月12日，《十堰日报》首次推出了县市新闻版，在这一天《今日水都》正式与读者见面。5月14日和20日，日报又先后推出了《竹溪天地》《东部新城区》。6月13日推出《今日竹山》，6月26日推出《开放郧西》，11月28日推出《魅力郧县》等县市新闻版。

6月27日，《十堰日报》面向社会公开征集报徽，筹备改版。至7月9日共收到全国各地150多名作者的应征作品213件。7月9日，本报对应征作品进行了初评，并于7月10日至16日在《十堰日报》进行公示，7月21日，本报报徽征集评选活动结果揭晓，十堰市智信营销策划公司袁华琴设计的作品，被正式确定为《十堰日报》报徽。7月22日，《十堰日报》开始使用报徽，并正式改版为瘦身版。

7月25日，中共十堰市委举行新闻宣传工作座谈会，市委书记陈天会勉励全市广大新闻工作者恪尽职守，坚持正确导向，服务全市工作大局，为十堰改革、发展、稳定，营造良好的舆论氛围。

8月6日，十堰日报正式推出每天两个版的"奥运特刊"，至8月26日停刊。9月6日起日报又推出了每天一个版的"残奥会特刊"。

8月1日，推出"八一"特刊两个版，主题分别为：双拥人物、抗震救灾十堰兵。

8月7日，在省报协组织的2007年度全省报纸质量印刷评审会上，十堰日报社印刷质量获全省市州级报优质级第一名。

8月28日，《十堰日报》推出纪念汉江集团成立50周年专刊（四、五版）。

10月29日起，《十堰日报》推出"第三届世界传统武术节特刊"。10月29日至11月4日，共出版7期（彩印），每期四个版（10月29日开幕，11月2日闭幕）。

11月11日，《十堰日报》推出"说说你身边的故事——纪念改革开放三十周年"征文，截至12月25日，共刊发征文15篇。

11月18日，《十堰日报》推出"纪念改革开放三十周年"系列报道，截至2009年1月6日，共刊发系列报道12篇。

12月8日，十堰市召开第三届世界传统武术节总结表彰大会。《十堰日报》编辑部荣获第三届世界传统武术节突出贡献奖。《十堰日报》陶德斌、李玉伟、魏长虹，《十堰晚报》朱江、闫远霖、郭应均，《秦楚网》甘志国、黄宇坤荣获第三届世界传统武术节突出奉献奖。

2009 年

1月，社广告总公司成立，2008年12月，十堰日报社开始整合广告资源，组建十堰日报社广告总公司。经过自荐、民主测评、党委决定等环节，曾进任十堰日报社广告总公司经理，刘经华、刘冰任副总经理。社广告经营总公司于2009年1月，正式开始运作。

1月8日，湖北省第七届职工道德建设"双十佳"表彰大会在汉召开，十堰日报社副总编辑、十堰晚报执行总编辑李东晖荣获"湖北省职工道德十佳标兵"荣誉称号。

3月1日，十堰日报社党委副书记、十堰日报社总编辑李东晖主持十堰日报工作。日报编辑部同时出台了相应制度，以提升日报报纸质量。

3月10日下午，市委常委、市委宣传部部长冀群风在十堰日报社党委书记、社长叶章胜和十堰日报社党委副书记、总编辑李东晖的陪同下，在十堰日报社秦楚网检查指导工作，她强调，将秦楚网打造成十堰文化产业的新亮点。

4月9日至10日，陕西汉中报社纪念《汉中日报》创刊60周年"寻根之旅"采访团一行4人来到十堰日报社，寻访其前身《陕南日报》在郧县的旧址和其光辉的历程。

4月13日、14日，《十堰日报》在一版先后刊发了《南水北调北京推介会特别报道——水源区告诉世界：南北合作水源引来水缘（上）》和《水源区告诉世界：借水造势资源变成资本（下）》。这一系列报道，4月27日被新华网全文转发，5月5日又被中央深入学习实践科学发展观领导小组主办、人民网和中国共产党新闻网具体承办的官方网站转发。

4月17日，省委学习实践科学发展观活动指导检查组来十堰日报社检查指导工作，省委指导检查组组长李锦章对本报给予好评。他说，《十堰日报》为全市学习实践科学发展观活动的深入开展营造了良好的舆论氛围。

5月26日，秦楚网经过两个多月的筹划和调试，在听取众多网友意见的基础上，秦楚网博客频道于近日全新改版亮相。

十堰日报社秦楚网于6月12日开通了G频道，为广大市民开辟了一个3G知识学习、交流、答疑的网上平台。当日下午，中国联通十堰分公司总经理张伟文与社党委书记、社长叶章胜，社副总编辑、秦楚网执行总编辑王世昌共同为秦楚网3G频道举行开通仪式。

6月19日，《十堰日报》为庆祝新中国成立60周年而策划的《新中国六十华诞特别报道》正式推出。该特刊每周出版3期，7月20日后每周出版4期，每期一个版，特别设计的栏目有：《十堰标志性事件》《十堰风云人物》《十堰影像·记忆》《激情岁月——在新中国旗帜上》《我和我的祖国》《我与共和国同龄》，截至 10 月 21 日，共出版 60 期。其中三个系列各刊发 60 篇（组幅）；三个征文："我和我的祖国"刊发 55 篇；"激情岁月"46 篇；"我与共和国同龄"9 篇。同时于 9 月 28 日出版了纪念新中国成立 60 周年珍藏特刊《向祖国汇报》，四开四版 256 个版。

6 月 22 日，《十堰日报》在一版显著位置刊发了长篇通讯《激情燃烧的生命——记竹山县信访局党组书记潘口水电站移民工作队队长李传知》的典型报道，并配发评论员文章《生命因奉献而精彩》（为市内媒体首发）。

6 月 24 日，本社秦楚网开通了"交友频道"。

7 月 1 日，《十堰日报》编辑部出台了《关于调整机构改革机制改进流程的有关规定》，使《十堰日报》报纸质量提挡升级速度加快。

8 月 17 日，《十堰晚报》资助贫困大学生活动圆满结束。本次活动共收到善款 389726 元，29 名寒门学子圆了大学梦。

8 月 20 日，南水北调丹江口库区移民搬迁正式启动。首批丹江口市均县镇关门岩村、习家店镇封沟村、艾河村 75 户 333 名移民，举家迁往枣阳市南城办事处惠岗移民安置点和荆门市屈家岭新河移民新村。十堰日报在 8 月 21 日用两个版的篇幅，报道了这一重大事件。其中二版以"盛世移民搬新家"为栏题，用 8 幅图片报道了首批丹江口市库区移民外迁时的情景。

8 月 25 日，由十堰日报社与十堰移动公司深度合作，由本社《秦楚网》全力打造的以手机为载体的新兴媒体《十堰手机报》正式开通。市领导冀群凤、陈冬芝、冯艳飞出席开通仪式，社党委书记、社长叶章胜介绍了《十堰手机报》诞生的全过程，社党委副书记、总编辑李东晖主持了开通仪式。目前，《十堰日报》每天出版两期，分早报和晚报，设置有 20 个栏目，每天新闻信息量在 60 条左右，每期约 3000 字。

9 月 4 日至 6 日，中共中央政治局委员、全国人大常委会副委员长、中华全国总工会主席王兆国来十堰考察指导工作。4 日晚，本社党委副书记、总编辑李东晖参加了由全总副主席、书记处第一书记孙春兰召集的基层工会干部座谈会。

9 月 22 日上午，十堰日报社召开深入学习实践科学发展观活动总结大会，社党委书记、社长叶章胜做了总结报告。我社是全市第二批开展学习实践科学发展观活动的单位之一。3 月 23 日，市委深入学习实践科学发展观活动启动后，我社迅即召开党委会，成立了领导小组，并于 3 月 27 日召开了全社深入学习实践科学发展观活动动员大会。我社深入学习实践科学发展观活动经历"学习调研""分析检查""整改落实"三个阶段 11 个环节的各项活动，于 9 月 22 日结束。

9 月 22 日晚，因"1K 快捷文件夹"网络病毒暴发，造成十堰日报社局域网瘫痪。我社连夜采取措施使局域网恢复运行，并于 9 月 23 日做出几项规定，以保证局域网正常运行。

9 月 28 日，由市委宣传部主办，十堰日报社承办，《十堰日报》编辑部具体编辑出版的庆祝中华人民共和国成立 60 周年纪念特刊《向祖国汇报》出版发行。该特刊分为"发刊词""红色热土""数字十堰""十堰名片""革命老区行""影像记忆""十堰群英""标志事件""标志建筑""发展成就"10 部分，上、下两辑，四开四版型共 256 个版。全彩印刷，该特刊创收 133.8 万元，使日报当日实现广告刊登额（含量正刊、特刊）共 149.1 万元，成为日报创刊 60 年来之最。同时，日报国庆特刊 256 个版（晚报 2005 年 7 月 1 日成立 10 周年特刊 176 个版，广告创收 70 多万元），也创下了日报、晚报和本市报业单日出版版数最多、创收最多的纪录，取得了政治、社会、经济效益的全丰收。

11 月 27 日，由中国第四届文博会组委会办公室、中国经济报刊协会、新媒体产业联盟联合多家权威机构共同主办的"2009 中国新媒体盛典暨第二届新媒体节"在京开幕，同时揭晓 2009 中国百强新闻网，秦楚网作为市州级新闻网站，首次跻身"中国百强新闻网"。

12 月 2 日，市委书记陈天会到十堰日报社调研，陈天会一行先后来到《秦楚网》《十堰晚报》《十堰日报》编辑部看望在一线工作的采编人员。他强调，要进一步提高认识，坚持党性原则，加强主流媒体建设和新兴媒体建设，牢牢把握正确的舆论导向，不断增强新闻报道的亲和力、吸引力、感染力，不断增强舆论引导的针对性和实效性，服务全市工作大局，为经济社会发展营造良好的舆论环境。市委常委、常务副市长涂明安，市委常委、宣传部长冀群风，市委常委、市委秘书长陈家义，市直有关部门负责人参加调研。

12 月 22 日，报社正式启动 2010—2011 年新一轮改革，新一轮改革以建立权威责任媒体为重点，围绕组建传媒集团、建设亿元报社目标，按照"全面深化改革、创新体制机制、实施规范管理、提高经营效益"的总体思路，不断深化三项制度改革，建立现代传媒体制，推进报业战略转型，积极发展文化产业，实现报业又好又快发展。新一轮改革的重点是：机构改革、人事制度改革、分配制度改革、运行机制改革。12月30日，各项改革到位。日报编辑部设立编委会，由李东晖、欧金华、林锦富、王清、刘焱清、吕新华、赵虹、吴社全、杜虎等成员组成。另设立了7个部室：总编办公室（代行社总编室职责，主任：杜虎）、新闻研究室（主任：魏长虹）、采访中心（主任：肖帮明）、要闻部（主任：吴社全）、时事理论部（主任：王锡智）、专刊部（主任：李玉伟）、群工发行部（主任：方宏）。

2010 年

1月13日，日报为纪念《十堰日报》创刊60周年，开辟了"我与《十堰日报》征文"专栏，并于当日刊发征文启事，此征文共刊登了5次。1月28日，开始刊发征文。首篇征文题目是："人生路上有你相伴"。

1月26日，十堰市政府门户网站正式移交十堰日报社《秦楚网》承办。

3月4日，收到中国地市报研究会通知，十堰晚报被评为"中国地方最具品牌价值晚（子）报十强"。

3月8日，在市妇联主办的"庆三八·友好杯"健身秧歌大赛，在市体育馆进行，来自全市的20支代表队参加了比赛，十堰日报社代表队获一等奖。

3月16日，十堰市发改委正式发文，批准《十堰日报》社报业传媒大厦立项。

4月2日，《十堰日报》编辑部开展的"我是这样管理部室的"主任论坛活动首次举行。总编辑办公室主任杜虎、采访中心主任肖邦明、专刊部主任李玉伟分别做了题为《尊重·沟通·担当·关爱·合作》《人性化管理是前提》论坛发言。同时，启动了"三个一"学习工程，即发给每位职工一本制度汇编、一本业务书籍、一本工具书籍，要求职工照制度要求做事，学习业务知识，利用工具书办好报纸。

4月16日，《十堰晚报》推出全国首份3D报纸。读者戴上随报赠送的眼镜看看，报纸头版图片及C、D、E三叠上所铜版纸广告就以3D效果呈现在读者眼前。3D 图片都进行了立体影像处理：将 2D 图片分离成不同角度的红蓝两张图片，然后把这两张图片不完全套印在一起，合成为一张。在普通情况下图片模糊不清，戴上 3D 眼镜后，图片栩栩如生。

4 月 16 日，省委宣传部、省新闻出版局、省记协和省报协获悉《十堰晚报》推出了全国首份 3D 报纸后，来电来函表示祝贺。

4 月 20 日，《十堰日报》报道，该报推出的 3D 报纸引起海内外媒体关注。新加坡星岛报称"推出 3D 报纸，是该报出版技术和营销方式上的一次全新尝试。"截至 4 月 19 日，中新社、中国日报网（中文版）、羊城晚报、湖北人民广播电台、杭州日报等媒体都通过图文并茂的方式进行了报道，重庆时报记者也专门给本报热线 8110110 打来电话，了解相关情况。此外，1990 年创刊于美国的《侨报》、中国香港《明报》等媒体也有报道。同时，一大批外地读者则通过市集报协会收藏该期报纸。

4 月 22 日，河南周口日报社党组副书记、总编辑叶楠，中华龙都网主任郝柏松，副主任张剑峰一行在十堰日报社党委副书记、总编辑李东晖、秦楚网执行总编王世昌陪同下来秦楚网参观考察。

4 月 27 日，湖北省应城市政府办公室主任熊德琪一行六人，在秦楚网执行总编王世昌的陪同下到秦楚网参观考察。双方就新闻网站的建设和发展进行了交流探讨。

4 月 28 日，市住建委党委书记、主任郑文成，副书记陈建国一行在十堰日报社总编辑李东晖，十堰日报社副总编、秦楚网执行总编王世昌陪同下到秦楚网、十堰政府网参观考察。同日，十堰住房和城乡建设网（http://www.syzfjs.com/）全新改版上线，郑文成一行出席开通仪式。

4 月 29 日，《十堰晚报》编辑部荣获"湖北五一劳动奖状"。

4 月 30 日，十堰晚报采访中心被评为市"青年文明号"。

5 月 6 日上午，市政协常务副主席王庆华、秘书长梁正忠、副秘书长周兴亚在十堰日报社党委书记、社长叶章胜、十堰日报社副总编、秦楚网执行总编王世昌陪同下，到秦楚网、十堰政府网参观视察。同日，十堰政协网（http://cppcc.shiyan.gov.cn）全新改版上线，王庆华一行出席开通仪式。

5 月 5 日，市政府副市长刘学勤来十堰日报社研究建立创建卫生城市官方网站事宜。

5月6日，十堰市政协网站新版开通仪式在秦楚网举行，市政协副主席王庆华出席开通仪式并讲话。

5月8日，市政府办公室十政办发〔2010〕1号文件，印发2010年政府十件实事责任落实的通知，要求年内新建公共阅报栏100个，该项目由市委常委、副市长张维国负责，十堰日报社组织实施。

5月12日，叶章胜、马顺德出席在苏州召开的中国地市报研究会第六届理事大会。

5月17日，《十堰电信手机报》开通仪式在市电信公司举行。市委常委、宣传部长冀群风出席开通仪式并讲话，市人大副主任周友顺、市政协副主席朱世雄参加开通仪式。叶章胜代表十堰日报社与电信公司总经理朱国防签订战略合作协议。

5月24日—25日，由党组书记、社长吴书清，党组成员、副总编辑李国华带领的洛河日报社考察团一行5人，来十堰日报社考察改革创新及网站建设情况。

5月26日，湖北省政府办公厅副主任黄金龙、省政府电子政务办主任林竹青带领省市相关部门领导一行13人，来十堰日报社考察政府网建设运行情况。

5月28日，市委书记陈天会分别为《十堰日报》创刊60周年、《十堰晚报》创刊15周年题词。为《十堰日报》的题词是：尽职尽责办好党报，全力服务十堰发展；为《十堰晚报》的题词是：小报大文章、小报大平台。

6月7日，市委组织部发来十组干〔2010〕178号文件：市委同意刘端生、朱志泽、叶克西、周武、兰瑞祥、钱秋敏、魏长虹、周国正、张正江、俞苏青、於仲如、张明奎、曾学国任十堰日报社副调研员，退休。

6月11日，在市委宣传部副部长程雄陪同下，湖北省文化体制改革领导小组办公室主任祁国均一行来十堰日报社调研。

6月12日，叶章胜向市委书记陈天会请示，邀请市领导参加十堰日报社社庆纪念大会人选，陈天会做出明确安排。报社据此向参会市领导送发请柬。

6月24日在市长周霁，市委常委、宣传部长冀群风陪同下，省委常委、省委宣传部部长李春明观看《十堰日报》创刊60周年、《十堰晚报》创刊15周年报展。李春明对十堰日报社为十堰经济社会发展做出的巨大贡献给予了充分肯定。

6 月 25 日，《十堰日报》创刊 60 周年、《十堰晚报》创刊 15 周年纪念大会在武当雅阁国际大酒店世纪厅隆重召开。市政府副市长冯艳飞主持大会，叶章胜致辞；会议宣读了省委常委、宣传部长李春明和市委书记陈天会的贺信；中国报协副会长石国雄，湖北省记协主席江作苏，省新闻出版局副局长邵明义，市委常委、宣传部长冀群风先后在大会上讲话，报社战略合作伙伴代表贾国启、兄弟报社代表杜道中在大会上发言。会议还表彰了优秀特邀记者、通讯员和忠实读者。市领导吴世杰、张广新、王庆华出席纪念大会，省内外兄弟报社、市内外嘉宾及十堰日报社离退休干部、职工代表共 800 多人参加会议。晚上，十堰日报社在市体育馆举办了"阳光路上明星演唱会"，2000 多名市内外嘉宾观看了精彩演出。为纪念《十堰日报》创刊 60 周年，《十堰日报》出版《携手同行》特刊上、中、下三辑共 424 版；为纪念《十堰晚报》创刊 15 周年，《十堰晚报》出版《见证》特刊上、下两册共 279 版。

6 月 29 日，十堰日报社举行社庆活动表彰大会，36 名职工获得突出贡献奖。

6 月 30 日，《十堰晚报》举行第五届读者节启动暨高招热线开通仪式。

7 月 12 日，茅箭新闻网开通仪式在秦楚网举行，茅箭区委书记张慧丽、区长赵哲、区委宣传部长曾祥成、市外宣办主任王雪锋出席开通仪式并讲话。

8 月 9 日，市三城联创官方网站开通仪式在秦楚网举行，市委常委彭承志、市政府副市长刘学勤出席开通仪式并讲话。

8 月 19 日，市信访局副调研员李醇学受市政府常务副市长委托，带队来我社就日报印刷厂退休职工群体上访，要求与报社退休职工享受同等待遇问题进行调研。

8 月 24 日，《十堰日报》2010 年度新闻采访培训班于郧县金沙湾开班。

8 月 25 日，由市总工会、团市委、《十堰晚报》举办的"2010 年十堰市爱心资助贫困大学生捐款仪式"在报社五楼会议室举行。市委常委、市总工会主席彭承志讲话。活动筹集善款 194.3 万元，资助贫困大学生 437 人。

9 月 16 日，湖北省记协市州报委员会 2010 年年会暨"市州报战略突围和发展创新"研讨会在黄冈市召开。本社党委书记、社长叶章胜出席会议并发言。

9月18日，十堰日报社党报阅报栏项目开工建设。

10月17日，《十堰日报》推出中国首份3D党报，报道第四届世界传统武术节开幕盛况。

10月25日，湖北十大百万报刊建设工程高层论坛在武汉举行，本社社长叶章胜应邀参加会议。

11月6日，由十堰日报选送的舞蹈《我要看报》，在省记协组织的记者节文艺会演中演出并获得金奖。

11月7日，由市委宣传部、市记协主办，十堰日报社承办的"十堰市2010年优秀新闻工作者表彰暨记者节专场文艺晚会"在市艺术剧院举行。

11月12日，十堰市新闻工作者协会、十堰市新闻学会第三届理事会在堰丰宾馆召开，本报社长叶章胜、总编辑李东晖当选"两会"副主席。

11月16日，叶章胜、李东晖于武汉，分别向省委宣传部副部长陈连生、省文化体制改革领导小组办公室主任祁国均、省新闻出版局报刊处处长周凤荣汇报十堰日报社组建传媒集团请求，邀请其来报社考核。

11月24日，湖北省新闻出版局副局长邵明义、报刊处处长周凤荣等组成的考核组，就十堰日报社申报传媒集团问题进行实地考核，本社党委书记、社长叶章胜汇报报社情况，市委宣传部副部长王志林、赵国平参加汇报会。

11月29日，十堰政府门户网站新版开通仪式在十堰日报社举行，市委常委、宣传部长冀群风，市委常委、副市长张维国出席开通仪式并讲话。

12月2日，湖北省新闻出版局发来鄂新出发［2010］29号文件：湖北省新闻出版局关于安排2010年中央补助地方文化体育与传媒事业发展专项资金的通知，补助十堰日报社户外公共阅报栏项目80万元。

12月9日，新版十堰人大网开通上线仪式在十堰日报社举行，市人大副主任陈冬芝出席开通仪式并讲话。

12月10日，湖北省报协常务理事（扩大）会在襄阳市召开，叶章胜在会议上就广告资源整合、改革成果共享问题发言。

12月20日，湖北省新闻出版局正式行文，批准十堰日报社组建传媒集团。

12月27日，市长周霁召见本社社长叶章胜、总编辑李东晖，就新闻宣传和传媒大厦建设交换意见。建议传媒大厦移地建设，适当扩大用地规模，建成十堰标志性建筑。

2011 年

1月21日，中国报协2010年度理事会暨中国报业改革发展研讨会在北京召开。叶章胜参加会议。

1月27日，市长周霁带队来十堰日报社看望慰问社领导及全体采编人员。

2月11日，十堰日报社召开2010年工作总结表彰大会，各板块交流经验，叶章胜做年度工作总结。

2月22日，湖北省新闻出版工作会议在武汉召开，叶章胜参加会议。

2月24日，十堰日报社召开科级以上干部会议，市委组织部科长曾晓英宣读市委关于报社主要领导任免文件。叶章胜因年龄原因，改任调研员；李东晖任报社党委书记、社长、总编辑。市委常委、宣传部长冀群风，市委组织部副部长朱秀清在会上讲话。

3月29日，由中国报协主办，湖北省报协和十堰日报社承办的2011年全国报协秘书长工作会在十堰市世纪百强武当雅阁国际大酒店召开，全国20余家省级报协秘书长参会并作互动交流发言。市委常委、宣传部长冀群风出席会仪式并致欢迎词，李东晖介绍十堰日报社发展情况。

4月14日至17日，由湖北省记协主办，十堰日报社承办的第28届（2010年度）"湖北新闻奖"报纸系列复评会在十堰市国土资源局视频会议室召开，市委副书记、市长周霁致欢迎辞，市委常委、宣传部长冀群风出席会议，李东晖介绍十堰日报社建设和发展情况。

5月24日至7月22日，由市纪委、市委组织部、市审计局联合组成的市经济责任审计组进驻十堰日报社，对原社长叶章胜进行经济责任审计。

6月29日，经民主推荐，市委宣传部批准，王清同志任十堰日报执行总编。

6月30日，十堰日报社群团组织顺利换届，胡庆东任新一届工会主席，杨晓华任新一届妇委会主任，邓红波任新一届团委书记。

7月12日，十堰日报社党委批复创办DM杂志《十堰·城市刊》，组建《十堰·城市刊》编辑部，陈文同志兼任运营总经理。

8月3日至5日，由中国地市新闻网盟、十堰市委宣传部、十堰日报社联合主办，秦楚网承办的"2011第四届中国地市新闻网盟年会"在十堰武当山召开，市委常委、宣传部长冀群风致欢迎词，李东晖介绍十堰日报社发展情况。秦楚网当选网盟副理事长，单位荣获"全国地方十强新闻网站"称号，秦楚网执行总编王世昌当选"全国地方网站十大领军人物"。

11月25日，十堰日报社党委批复创办《教育周刊》，组建《教育周刊》编辑部，刘炜任运营总经理。

12月5日，社长李东晖、编辑黄小彦被选举为出席中国共产党十堰市第四次代表大会代表。

2012 年

为进一步将"走转改"活动落到实处，并丰富其报道品种及体裁，《十堰日报》于1月30日推出了"青年记者工作室。记者走基层"专栏，这个专栏每月一期，每期两个版，全年共出12期。该专栏主题连着中心工作、连着民生、连着百姓，题材新颖、图文并茂、可读性强。并评为2012年度湖北省市州报好新闻一等奖。

《十堰日报》于2月启动改版工作，3月14日，《十堰日报》开始刊登征集报头启事，连续刊登了7次，至6月10日止，共收到应征作品210多幅。

3月7日，省广播电影电视局批复：同意十堰日报社开办视听网络节目业务，省局已经予以备案。根据批复，十堰日报社开办视听网络节目的备案号为鄂备2011016，域名为www.10yan.com，可在全国范围传播。

3月19日，2011年度湖北省市州报新闻奖评选在荆州市揭晓，《十堰日报》、《十堰晚报》各有20件作品获奖。

4月28日，十堰日报传媒集团成立。成立大会在世纪百强雅阁大酒店举行，时任市委书记陈天会，省委宣传部副部长陈连生，时任市委副书记、市长周霁，省报业协会会长杨步国，省新闻出版局副局长郧明义，湖北日报传媒集团副社长杨书伦，市人大常委会副主任周有顺，市政协副主席杨立志出席大会。市委副书记董卫民在揭牌仪式上讲话。市委常委、宣传部长吴世杰主持仪式。当日，《十堰日报》《十堰晚报》还出版了纪念十堰日报传媒集团成立特刊。

7月1日，《十堰日报》《十堰晚报》全面改版。两报同时于当日开始全彩印刷。

7月9日至13日，十堰日报社与武当山特区管委会联合承办"全国晚报总编看武当"大型异地采访活动，来自全国51家晚报的100多位嘉宾参加了这一活动。全国各地晚报回去后共刊发版面近60个，扩大了武当山在全国的影响。

7月14日，十堰日报传媒集团秦楚网与湖北大悦风尚广告传媒有限公司正式签约，组建十堰25度大悦生活网有限公司。力争用3年时间，把大悦风尚和25度生活网办成具有足够影响力的媒体，到2015年实现全年利润120万的目标。公司注册资本150万元，由十堰日报传媒集团秦楚网控股，集团副总编辑刘焱清担任公司董事长、执行总编辑，大悦风尚负责人汪宏斌担任公司总经理。

7月17日，十堰首届"我最喜爱的旅游饭店"及"酒店餐饮行业领军人物"颁奖典礼暨"楚之游"网站上线仪式举行。市委副书记董卫民、市人大副主任梁吉祥、市政协副主席杨立志出席活动。

"我最喜爱的旅游饭店"及"酒店餐饮行业领军人物"系列评选活动由秦楚网承办。活动于2011年底启动，共有83家单位和19位行业代表报名参加。

"楚之游"电子商务网站是由市旅游局、十堰日报传媒集团主办，秦楚网和湖北灵秀旅游开发有限公司携手打造的区域性旅游电子商务平台，主要提供信息搜索、在线预订、资讯发布、优惠推荐、互动沟通、特产商城等六大服务，力争用三到五年的时间，把楚之游网站打造成区域第一、全省一流、全国知名的旅游电子商务平台。

7月23日，《十堰日报》《十堰晚报》在湖北省报协组织的2011年度全省报纸质量评审中，被评定为"精品级报纸"。

8月18日，十堰大悦生活广告传媒有限公司揭牌仪式暨封面模特媒体见面会在十堰日报传媒集团举行。2012年7月，十堰日报传媒集团将《大悦风尚》周刊与秦楚网"25度生活"整合，使十堰日报传媒集团的媒体增至10个。

8月24日，由团市委、十堰晚报、市希望工程管理办公室、市惠泽房地产开发有限公司联合主办的2012年十堰市"十一助"希望工程圆梦行动捐助仪式暨感恩思进座谈会在惠泽房地产开发有限公司举行。本次活动共收到 70 多个热心单位和爱心人士捐赠的 316 万元善款，助 486 名贫困学子圆梦。市委常委、宣传部长吴世杰、副市长刘学勤参加仪式。

8 月 31 日，秦楚网旗下的伯乐网与武汉峰阁人力资源开发有限公司十堰分公司进行组合，采用"线上招聘 + 线下招聘"互动的经营模式，独立核算、独立运作。公司注册资本 50 万元，双方各持有新公司 50% 的股权。

9 月 6 日，秦楚网全新改版上线。这是秦楚网上线 6 年来，进行的第 4 次全面改版。新版秦楚网风格清爽大气，色调沉稳庄重，板块分类清晰，栏目设置科学合理，网站功能更趋完善，内容信息更加丰富多彩，让人耳目一新。

9 月 9 日，团市委、市妇联和十堰日报传媒集团共同主办，秦楚网和十堰日报社传媒集团广告总公司具体承办的第三届秦男楚女相亲文化节，在人民广场成功举办。

9 月 20 日，第五届中国品牌媒体高峰论坛暨中国媒体品牌影响力颁奖盛典在广西桂林举行，《十堰日报》荣获"中国最具品牌创新力地市党报 10 强"荣誉称号。

9 月 27 日，在天津召开的第二届中国数字商务节暨传媒产业大会上，十堰晚报获评"2012 年度中国数字传媒领军品牌"。

9 月 27 日晚，《十堰日报》出版了武当大兴 600 年盛典"号外"，并送往会场，发至观众和市民手中。

9 月 28 日，我市作家欧阳学忠历时多年创作的《大武当》套书（三卷），正式由十堰日报社与中国出版集团世界图书出版公司联合出版，市委书记周霁为该书作序。

10 月，2011 年度中国地市报新闻奖评选揭晓，《十堰日报》31 件作品获奖。2011 年度中国城市党报新闻奖评选也于当月揭晓，《十堰日报》21 件作品获奖。《十堰日报》5 件作品获 2011 年度湖北新闻奖。《十堰晚报》有 4 件作品获 2011 年度赵超构新闻奖。

11 月 1 日，第四届全国地市网盟年会在四川省雅安市闭幕，秦楚网被评为"2011—2012 年度全国地方网站十大最具影响力品牌"。

11 月 11 日，由团市委、市妇联和十堰日报传媒集团共同主办的"秦男楚女白领相亲会暨 2012 秋季婚博会"如期举行，600 多名白领齐聚活动现场，寻找真爱。

11月15日，《十堰惠农手机报》发行工作暨专家座谈会在市林业局召开，副市长张歌莺出席会议并讲话。

11月19日，由十堰日报传媒集团投资千余万元购置更新的美国柯达直接制版、出版系统，上海高斯双塔8色报纸轮转印刷机，日本秋山大对开BT440四色胶印机，上海紫宏对开商务折页机等设备在十堰日报社印刷厂投入生产。

12月，十堰日报社户外公共阅报栏荣获中国报协颁发的"2012中国户外媒体经营创新奖"。

12月8日，由中国出版协会、中国新闻出版研究院主办的2012（第六届）全国新闻出版业网站年会在京召开。秦楚网被评选为"最具影响力网站"，十堰政府网被评为"最佳服务网站"。

12月20日，由中国广告主协会、中国人民大学新闻学院、中国传媒大学广告学院主办的"2012中国企业领袖与媒体领袖年会"在京举行。《十堰晚报》被授予"影响中国2012年度最具广告传播价值城市报"奖牌。

12月28日，中国地市党报"十佳"颁奖盛典在江西南昌举行。十堰日报荣获"2011年度全国城市党报发展创新奖"。

12月30日，十堰日报社荣立全市创卫集体二等功，喻传华、李龙伟、李平、徐正国、黄铭被评为先进个人。

12月底，由全国网络传播联盟、中国互联网品牌评价中心主办的"第三届中国互联网品牌大奖"评选活动结束，秦楚网荣获"全国地方网站最佳本土传播力品牌"荣誉称号。

2013 年

1月1日，《湖北日报》十堰分印点开印。该分印点为十堰日报社印刷厂。

1月9日，《十堰日报》刊登《全省市州报"荆楚行"采访活动再擂战鼓》稿件，随后于1月11日，开始刊登学习贯彻十八大精神全省市州报"荆楚行"和"荆楚行现场短新闻竞赛"专栏稿件。至2月1日结束。

1月18日，十堰日报传媒集团首届巨型报展在市文化广场展出。

十堰日报社日前荣立"武当大兴 600 年活动"集体二等功，陈杰荣立个人二等功。李玉伟、刘焕俊、张建波、朱江、沈进虎为先进个人。

3 月 18 日，《十堰日报》开办《生态滨江新区》周刊。

3 月 27 日，秦楚网《武当大兴 600 官网》专题，《2012 十堰大事件》网页设计，分获湖北新闻奖（网络新闻）一、二等奖。

3 月 28 日，湖北省市州报 2012 年度新闻奖评选揭晓，《十堰日报》22 件作品获奖。

4 月 10 日，中国报协四届四次理事大会暨成立 25 周年纪念大会在京召开。本社党委书记、社长李东晖获中国报业经营管理先进个人称号。

4 月 12 日，《十堰日报》《东风新闻》复刊。我市命名表彰 78 名市级劳动模范，《十堰晚报》朱江获市劳模荣誉称号。

（2012）第 24 届全国摄影艺术展 5 月 1 日在广东省佛山市南海区颁奖。《十堰日报》记者陶德斌的《南水北调移民》（12 幅组照）获纪录类"金质收藏作品"奖杯。这是新中国成立以来，我省获此荣的第四人，十堰市的第一人。5 月 5 日，央视新闻频道《朝闻天下》播出相关内容，其中有陶德斌画面。5 月 28 日，十堰日报社举办了陶德斌作品研讨会。

5 月，《十堰日报》记者兰瑞文获十堰市青年杰出人才提名奖。

3 月 22 日，湖北日报刊登一位老新闻工作者的来信。4 月下旬，十堰日报社在全社范围内，组织开展了"我是建设者"大讨论。全社"两报一网"新闻工作者撰写体会文章 166 篇，5 月 21 日，《十堰日报》开办了《我们同是建设者》专栏，至 6 月中旬，共推出 18 期，刊发体会文章 18 篇。

5 月第 30 届（2012 年度）湖北新闻奖评选揭晓，全社共 11 件作品获奖。其中《十堰日报》6 件作品获奖，《竹山"十星"创建 19 年回望》系列获一等奖。《十堰晚报》3 件作品获奖。秦楚网 2 件作品获奖，《武当大兴 600 年官网》获网络宣传一等奖。

6 月 2 日，《十堰晚报》开办《创模进行时》周刊，副市长成佳刚作发刊词，常设栏目《创模在行动》《重点项目巡礼》《亮点扫描》《曝光台》《创模大家谈》等。

第一期主打稿：《十堰投资 64 亿元建设宜人宜居生态城》《2013 创模"十大工程"稳步推进》《十堰创模大事记》。

6月3日至4日，全省"我是建设者"主题研讨班在汉举行，省委宣传部、省记协在会上表彰了全省"走转改"活动先进单位、先进个人和优秀作品。十堰日报社获先进单位荣誉称号，陶德斌为先进个人，《十堰晚报》采编的新闻作品《十堰最美搬运工》被评为全省"走转改"活动优秀新闻作品。

6月21日，十堰集报协会成立五周年。

7月9日，湖北省新闻工作"建设者奖"颁奖大会在汉举行，《十堰日报》记者陶德斌作为我市唯一获奖者参加会议。全省共95人获奖。

7月，第11届（2012年度）中国地市报论文奖评选揭晓，《十堰日报》6篇论文获奖，《经营性专刊的策划艺术》获一等奖。8月，第27届（2012年度）中国地市报新闻奖评选揭晓，十堰日报34件作品获奖，其中消息《把银行人员请到劳务输入基地放贷》获一等奖。

8月18日，鄂豫陕渝首届区域新闻网盟年会在武当山举行。8月19日，十堰日报社秦楚网出版纪念特刊《合作与共享》。

秦楚网手机客户端正式上线。

8月27日，为纪念十堰市首届50强企业隆重发布，《十堰日报》出版纪念特刊《脊梁》。（八开60版）

9月15日，全市宣传系统运动会闭幕，十堰日报社获团体总分第二名，并获"道德风尚奖"。

9月22日，第六届中国品牌媒体高峰论坛暨中国媒体品牌影响力排行榜发布，《十堰日报》荣膺中国地市党报品牌影响力10强。

9月24日，湖北日报分印点印刷质量和时效管理交流会在十堰举行，十堰日报传媒集团印刷厂质量考评排名第一。

10月18日至20日，中国晚报工作者协会第28届年会在江苏盐城举行，会议选举产生了协会新一届理事会，《十堰晚报》当选为中国晚协常务理事单位。十堰日报社调研员、《十堰晚报》原总编辑马顺德荣获"中国晚报杰出贡献总编辑奖"。

12月3日，创刊于1950年7月1日的《十堰日报》，至2013年12月3日，已出版6000期。

2013年评定的《十堰日报》2012年度各级各类好新闻获奖情况：湖北新闻奖6件、湖北市州报新闻奖22件、中国地市报新闻奖35件、中国城市党报新闻奖 17 件、中国地市报论文奖 7 件、其他类别省版面、时事等奖共计 9 件。2012 年度《十堰日报》共获奖 96 件。

12 月 10 日,十堰日报传媒集团、十堰广播电视台传媒双子座正式破土动工。

12 月 10 日上午,十堰日报社召开中层干部竞争上岗,职工优化组合动员大会,启动了全社新一轮改革。至 12 月 20 日,全社各板块《十堰日报》《十堰晚报》《秦楚网》、社直机关改革到位,新任职的中层干部到位上岗。

12 月 14 日,2013 中国企业领袖与媒体领袖年会暨 2013 年度中国最具广告影响力传媒盛典在京举行。十堰晚报荣膺"品牌贡献榜·中国最具广告传播价值城市报"这也是十堰晚报连续四年获得这项被誉为中国品牌传播界的"奥斯卡"的大奖。

11 月 22 日至 12 月 4 日,十堰日报社记者历时 13 天,全程踏访南水北调中线工程。《十堰晚报》于 12 月 15 日在一版和 A2. A3 版介绍了南水北调中线工程及这次采访的基本情况、线路。12 月 17 日,《十堰日报》《十堰晚报》同时开始刊发系列报道《一路向北——南水北调中线受水区见闻》至 2014 年 1 月 1 日,13 篇见闻系列全部刊发见报。

12 月 23 日,我市"一县一品"文化品牌创建工作暨第二届"武当文艺奖"颁奖大会举行。2011 年至 2012 年度公展、公演、发表的 18 件文艺作品获奖。其中,有 3 件作品获一等奖,《十堰日报》记者陶德斌的摄影集《迁徙》获一等奖。

由市直机关工委、市总工会、市文体局联合主办,十堰日报社承办,十堰市体育中心、张湾区文体局、茅箭区文体局协办的,纽崔莱健康跑暨 2014 十堰城区第二十届迎新春万人长跑活动于 12 月 26 日举行。此次长跑活动的主题为:"挥洒活力,跑向未来。"

2014 年

2013 年 12 月 16 日,十堰日报社"南水北调中线行"采访组完成全程踏访南水北调中线工程,历时 15 天。

2013 年 12 月 17 日至 2014 年 1 月 1 日,《十堰日报》一版刊发"一路向北——南水北调中线受水区见闻"系列报道，共计13篇。

2013年12月16日至2014年1月1日，《十堰晚报》刊发"一路向北——南水北调中线受水区见闻"系列报道，每期两个版，共刊发14期。

2014 年

1月1日，《十堰日报》报型恢复为宽幅报型（2013年12月30日、31日试行2期）。

1月12日，在广西北海举行的中国传媒大会2013年年会上，《十堰日报》荣膺"中国地市报公信力品牌十强"称号。

1月15日，由十堰日报传媒集团举办的"2013十堰传媒大奖"颁奖典礼在世纪百强大酒店举行。当天由十堰日报传媒集团主办的十堰乐GO汽车网举行了开通仪式。

1月17日，《十堰晚报》出版《2013，市民生活报告》特刊（100版）。

1月18日，由十堰日报传媒集团主办，《十堰晚报》编辑部、十堰日报社广告经营总公司承办的"辉煌十堰精彩再现——2013十堰市民生活报告"巨型报展在六堰人民广场开展，历时两天。当日，秦楚网推出《十堰县域发展报告》。

1月19日，由洋河股份（苏酒集团）、湖北梨花村酒业有限公司、十堰日报传媒集团共同举办的"2014绵柔·梨花村群星演唱会"在市体育馆举行。十堰籍歌星华晨宇携众星放歌十堰。

1月21日，由市旅游局、十堰日报传媒集团秦楚网联合开发的"十堰智慧旅游客户端"正式上线。

2月21日，由十堰日报传媒集团旗下的乐活科技传媒主办的十堰市首届微信共赢高峰论坛在郧阳师专举办。

3月20日至23日，2013年度湖北省市州报新闻奖评选在孝感日报传媒集团举行，《十堰日报》共有22件作品获奖。

4月12日，湖北省"年度摄影人物"颁奖典礼在襄阳市举行，《十堰日报》记者陶德斌凭借作品《南水北调移民》荣获湖北省2013年度摄影人物创作奖。

4月16日，《十堰晚报》《本埠热线》版全新改版。

4月24日，我市首届平面广告大赛颁奖仪式在市工商局举行。本次大赛分公益作品、商业作品两个组别，共产生金奖2名、银奖4名、铜奖9名、优秀奖30名。其中，金奖获得者徐志刚、李劼分别得到10000元现金大奖及荣誉证书。我市首届平面广告大赛是由市工商局、市广告协会主办，十堰日报社承办，东风总医院、东风商用车有限公司大力支持的大型赛事。大赛自2013年7月25日拉开帷幕，据统计，截至2013年9月15日，大赛组委会共收到平面广告作品393幅，市民共参与投票215315张。

6月12日，在黄冈市举行的2014年湖北省报业协会年会上，《十堰日报》被省报协授予2013年全省报纸印刷质量"精品级"荣誉称号。

6月18日，秦楚网策划推出《奉献——为了一江清水向北流》网络专题。

6月28日，从湖北省印刷行业职业技能大赛组委会获悉，经过第四届全省印刷行业职业技能大赛平版印刷工项目的理论与实际操作比赛，全省共有10名选手入围全国总决赛，十堰日报社印刷厂职工魏林顺利入围。入围选手将代表湖北省参加7月30日至8月3日在上海举行的第四届全国印刷行业职业技能大赛总决赛。

9月12日上午，十堰日报社举办了以"爱岗敬业，感恩社会"为主题的2014年第3期道德讲堂，特邀张湾区人民检察院检察委员会委员、监所科科长黄柱荣现场作演讲。黄柱荣是全省优秀检察官、全省十佳办案能手，被纳入全国检察机关民事行政工作专家人才库。活动现场，她以《天道酬勤》为题，结合自己多年办案实践和在检察机关的成长经历做了演讲。

9月15日，《十堰日报》记者赵虹秦巴系列摄影集第二部《秦巴老艺》作品研讨会在市体育中心召开。

10月14日，《十堰晚报》推出南水北调中线调水特刊《大江北去》，至10月24日刊发完毕。共计11期，刊发版面92个。

10月15日，十堰日报传媒集团与中南民族大学文学与新闻传播学院在世纪百强雅阁国际大酒店签署战略合作协议。这是继2013年签署实习实践基地建设协议书后，双方深化合作的又一举措。

10月16日，首届中国报业新媒体大会在浙江省温州市举行。本次大会由中国报业协会主办，浙江温州报业集团承办，来自全国130多家报业负责人参加会议。本次会议对 2013—2014 中国报业融合发展 10 强，2013—2014 中国报业十大最具影响力城市门户网站，中国报业新媒体创新发展 50 强，中国报业新媒体融合发展十大领军人物、十大创新人物、十大新锐人物以及一批优秀论文作者进行了奖励，并颁发证书。十堰日报传媒集团荣获"中国报业新媒体创新发展 50 强"荣誉称号，集团总经理、秦楚网总编辑王世昌荣获中国报业新媒体融合发展十大领军人物称号，王世昌是中国地市报传媒集团唯一获此殊荣的个人。王世昌在大会上做了题为《实施全媒体发展战略、探索报业数字化转型之路》的发言。

10 月 20 日，"2014 中国报业文化产业（演艺）联盟成立大会暨转型高峰论坛"在河北唐山举行，十堰日报传媒集团作为联盟会员单位参与了此次活动。

10 月 24 日，《十堰晚报》《大江北去》南水北调中线工程调水纪念特刊巨报展在六堰人民广场巨幅再现，同比放大 100 倍的 92 个版矩阵排开，蔚为壮观，众多市民驻足观看。24 日，《湖北日报》以《铭记历史触发共鸣〈十堰晚报〉推出〈大江北去〉特刊》为题，对十堰晚报特刊进行了报道。报道说，在南水北调中线工程即将通水之际，《十堰晚报》14 日起至今推出的调水系列纪念特刊——《大江北去》，以情动人，引起读者强烈共鸣。在跨越半世纪的南水北调工程中，十堰人民做出可歌可泣的奉献。该特刊分"起、承、转、合"四大篇章，从调水起源、十堰担当、转型发展和南北合作双赢四方面进行了系统报道，知识性与可读性兼具，也颇具史料价值。搜狐、凤凰等网站均对《湖北日报》的报道进行了转载。这是十堰晚报举办的第 3 次巨报展，前两次展出的是《我们的 2012》和《2013 市民生活报告》，均为 100 多个版面。本次巨报展在六堰人民广场展出 3 天，10 月 31 日在郧县郧阳广场展出。

10 月 25 日在贵阳举行的 2014 传媒中国年度盛典，发布 2014 传媒中国百强榜，《十堰晚报》获颁"2014 传媒中国年度十大创新力城市晚报"大奖。2014 传媒中国百强榜，由中国人民大学新闻学院、清华大学新闻与传播学院、北京大学新闻与传播学院、中国传媒大学媒体管理学院、暨南京大学新闻与传播学院等联合评选发布。此次荣获"2014 传媒中国年度十大创新力城市晚报"，是《十堰晚报》继获得中国地方都市类报纸最具品牌价值十强、影响中国·最具品牌传播价值地市报、品牌贡献榜·中国最具广告传播价值城市报等荣誉后，又一次荣获全国品牌大奖。

11月16日，第七届中国品牌媒体高峰论坛暨中国媒体品牌影响力颁奖盛典在湖南长沙举行。颁奖仪式上，中国媒体品牌影响力排行榜正式发布，《十堰日报》荣膺"2013—2014中国地市党报品牌影响力10强"。本届中国品牌媒体高峰论坛，以"融合与突破"为主题，由中国人民大学、复旦大学、北京大学、清华大学、武汉大学、南京大学等9所大学的新闻学院联合主办，由中国品牌媒体联盟、中国报业网承办。中国媒体品牌影响力评审，是由北京大学、清华大学等国际国内知名大学的教授、传媒界专家等组成专家组，通过对媒体品牌影响力的"软指标"和"硬指标"进行科学监测评估后，产生的本届中国品牌媒体。

11月23日上午，我市第二届100强企业发布会暨市委理论学习中心组学习活动在市行政会议中心举行。市委书记周霁，市委副书记、市长张维国，市委副书记郭俊苹，市人大常委会主任王铁军，市政协主席陈家义，市委常委、常务副市长龙良文，市委常委、政法委书记师永学，市委常委、市委秘书长贺盛有等市委中心组成员及我市企业家代表出席会议。周霁、张维国向100强企业授牌颁证。中国著名经济学家、北京大学党委常委、常务副校长、北京市政协常委刘伟教授应邀作专题讲座。此次发布活动由市企业家协会、市统计局、十堰日报传媒集团共同主办，在去年成功发布我市首届50强企业的基础上，参照国际、国内通行的做法，以2013年企业主营业务收入为入围标准，确定2014年我市100强企业名单。东风商用车有限公司、中铁十一局集团第三工程有限公司、东风小康汽车有限公司等企业荣登我市100强企业排行榜。

12月5日，北京工美集团有限责任公司党委书记、董事长李节一行，在十堰日报传媒集团及市轻工协会、市招商局相关负责人陪同下，考察位于我市城区的神农鸡血玉加工厂，表示将对口帮扶这一新玉种的研发工作。2014年6月，十堰日报传媒集团与宜昌兴发集团神旅股份经协商达成协议，由十堰日报传媒集团控股共同开发神农鸡血玉。据了解，神农鸡血玉是近年来新发现的深藏于神农架原始森林中的珍贵玉石，它以鸡血红为主色调，伴生有黄、白等丰富色彩。该地距竹山县麻家渡镇绿松石核心产区仅80公里，在同一山系发现一红一绿两种宝石，实属罕见。据地质学家考证，千古美玉和氏璧很可能即为此玉。

12月5日至6日，第三届中国地市报"十强""十佳"颁奖大会在上海举行。十堰日报传媒集团获三项殊荣：十堰日报传媒集团获评"第三届中国地市报新闻创新十强"；《十堰晚报》获评"第三届中国地方都市类报纸影响力十强"；十堰日报社总编辑王清荣获"十佳"总编。本届评选活动由中国地市报研究会主办，参评的党委机关报社有200多家，市报子报子刊有200多家。

12月7日至8日，湖北省第十九届时事年会暨2014年度好新闻评选活动在我市举行。《十堰日报》共有8件作品获奖。

12月15日，十堰日报出版南水北调中线通水纪念特刊《水脉》，共104版。

12月20日下午，由市作家协会、市南水北调办和十堰日报传媒集团共同主办的"浩浩三部曲浓浓故乡情"著名作家梅洁南水北调三部曲座谈会在十堰日报传媒集团举行。副市长张慧莉出席座谈会。梅洁，十堰市郧阳区人，国家一级作家，中国作家协会会员，享受国务院特殊津贴专家。从1991年创作8万字的报告文学《山苍苍　水茫茫》，到2005年创作41万字的史诗性巨著《大江北去》，再到今年出版发行的长达90万字的《汉水大移民》，梅洁与家乡的汉江结下不解之缘。

12月20日，2014中国企业领袖与媒体领袖年会暨2014年度中国最具广告影响力品牌颁奖盛典在京举行。《十堰晚报》荣膺"品牌贡献榜·影响中国2014年度最具广告传播价值城市报"。这是十堰晚报连续5年获得这项被誉为中国品牌传播界的"奥斯卡"大奖。此次荣膺"影响中国·2014年度最具广告传播价值城市报"，是《十堰晚报》继获得中国地方都市类报纸最具品牌价值十强、影响中国·最具品牌传播价值地市报、第三届中国地方都市类报纸影响力十强、2014传媒中国年度十大创新力城市晚报等荣誉后，又一次荣获的全国品牌大奖。

12月26日晚，"2014湖北微博之夜暨新浪湖北网络盛典"在武汉万达汉秀剧场举行。十堰晚报官方微博@十堰晚报获2014湖北年度突破力微博大奖，我市唯一入选的微博账号。这是@十堰晚报继去年获2013湖北年度影响力媒体微博后，获得的又一大奖。

附录二　有关图片汇总

《鄂陕周报》

《陕南新闻》我军解放南京的报道

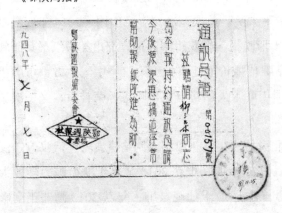

鄂陕周报通讯员证

陕南新闻第 78 期

鄂陕文工团成立合影

报社庆祝中华人民共和国成立两周年

《郧阳报》编辑部工作场景

《郧阳报》人员合影

《郧阳报》1950年7月1日创刊号

《郧阳日报》终刊号

二汽新闻更名号

二汽新闻终刊号

《十堰日报》创刊号

《十堰晚报》创刊号　1995 年 7 月 1 日

《十堰晚报》出版了中国首份 3D 报纸

《十堰晚报》 网络在线

后　记

　　《汉水上游报刊史话》，是以原郧阳地区郧阳报社新闻志编辑室周尚原同志，从 1983 年到 1990 年收集的史料为基础，加上报社魏长虹同志提供的部分内容，整理汇集的一份极为珍贵翔实的报刊史料。

　　《汉水上游报刊史话》的内容有：史料、回忆录、新闻人物、大事记，以及收集史料的情况等。它既可供人们了解汉水流域上游报刊发展历史，特别是十堰地区报刊事业的发展过程，又可为总结汉水上游报刊事业发展的历程，促进今后的新闻改革，并对年轻的新闻工作者进行传统教育，都将起到一定的作用。

　　在收集史料的过程中，湖北省图书馆，《湖北日报》社资料室，省新闻志编辑室，原郧阳地区档案局，原郧阳地区党史办，原郧阳地区各县档案局，各县党史办，各县地方志办，以及陕西省档案馆，陕西省图书馆，陕西省商洛地区档案馆，四川省图书馆，重庆市图书馆等单位为收集工作提供了宝贵的史料，并为我们查阅资料提供了方便。借此，我们特致以深情的谢意。《汉水上游报刊史话》还得到原陕南区党委书记张邦英同志、原郧阳地委杨锐、张超同志以及刘紫池、程文津、周书、羊村、姜桦、杨果行、陈哲文、张定一、耿俊如、曾宪栋、李位明、陈如德、王克全、狄希亮、东兵、刘正安等领导和老同志们的热情支持，我们衷心表示感谢！

　　更让我们感谢的是，十堰市集报协会会长程培长和理事刘文汉同志以及张宝庆、孙文军、刘跃进、唐英、林云龙等同志，没有他们的热情支持，加之湖北省普通高校人文社会科学重点研究基地汉水文化研究基地开放基金课题资助，才使得沉睡了 20 多年的《汉水上游近代报刊史话》与大家见面。解决了我们多年的心结，让我们永生难忘！在这里，我们还要感谢十堰日报社社长李东晖、总编王清的关怀和重视，安排魏长虹同志协助，把 1990 年以后《十堰日报》从黑白小报到彩色大报、从铅与火到光与电，从单一纸质媒体发展到报、刊、网、户外报栏等多全媒体，实现了平面媒体与数字技术融合，成为全国地市级党报中媒体类别齐全、组合合理的地市级党委机关报的飞速发展资料充实进来，后期王锡志同志参与了校对工作。让《汉水上游报刊史话》更为珍贵，从而圆了我们多年的梦。

由于人数少，水平有限，《汉水上游报刊史话》中缺点和错是难免的，衷心希望大家批评，指正。

编者

2016 年 4 月 28 日

跋

　　一次偶然的机会，与十堰集报学会结缘，使我彻底改变了对老报纸的印象，当这一群年逾古稀的老前辈为了传承和记录汉水流域报刊发展的历史文化，将曾经奋斗的一段峥嵘岁月，可歌可泣的报刊创业历程逐字逐句地变为白字黑字时，我内心为之感动。正是他们对党和事业的忠诚、对汉水流域文化的热爱，感染了我，让我再次沿着汉水流域报刊史料脉络追根溯源，对十堰报刊史料进行了梳理和编排。经周尚原等老一辈新闻战线人员多年的收集，使得鄂陕沿线的报纸发展历史资料逐渐完善，也算是为三年来的汉水上游报刊史话的课题研究画上较为圆满的句号，完成周老前辈的一直未了的夙愿。

　　在《汉水上游报刊史话》书稿即将付梓出版之际，首先要感谢汉江师范学院校领导潘世东教授，他长期从事研究汉水文化研究，高屋建瓴，对书稿的架构与完善都给予了非常全面的指导，是他的鼓励与鞭策，让我逐渐打开了思路，并从文献史学及文化学角度对汉水文化进行了深度的探究。

　　此外，还要感谢十堰市集报学会的程培长会长，正是他不懈的坚持与执着的信念让我为之感动，常常为了完善资料而不辞辛苦、奔走操劳。书稿的编辑过程中得到十堰市实验中学的蒋露露老师的极大帮助，他从史学专业角度，花费了大量宝贵的时间与精力对本书的体例和结构做了调整与优化，汉江师范学院后勤文印室的王萍编辑利用繁忙的工作间隙无偿为本书文稿排版、版面设计做出很多具体工作，还有时任读书协会会员王鹏、张展云同学利用课余时间对本书稿的校对和编排中，做出了大量的工作，特别感谢我的家人，在书稿整理与课题的研究过程中给予我生活上的照顾与精神上的支持，借此机会呈上我最诚挚的感谢！

　　书稿历经 13 次修改终于完成了，但是却带给我太多的感动、感悟以及锤炼。老前辈孜孜以求的坚持努力、家人朋友的鼎力相助让我深深地感悟到学术研究的严谨与艰辛，也更加坚定了我沿着汉水流域文化脉络继续往前探究的信心，我将沿着汉水文化研究前辈的足迹砥砺前行，为汉水文化的传承与发展奉献自己的青春和热血。

付鹏谨识于汉师图书馆

2017 年 5 月 30 日晨